U0011987

數位麥克魯漢

Digital McLuhan:
A Guide to the Information Millennium

保羅・李文森◎著

宋偉航◎譯

貓頭鷹

獻給約翰寇金，一九二八—一九九三

中文版序

規格的力量：網路媒體的建造

李宏麟

我雖不是學新聞傳播的人，但對於麥克魯漢的媒體理論覺得很有意思。麥克魯漢最著名的話：「媒體即訊息」，用來解釋網路目前的情況實在很貼切。那句話常被解釋為他主張「內容不重要」，我常講，目前在網路上，「content 不是 king」，portal（入門網站）更重要，因此我也常被認為是不看重內容的人。

重點不在內容的爭論，重點在於規格力量的提醒。選擇了不同規格的媒體，力量就不同。在網路上，目前看來，傳統媒體形式的新聞網站，力量不及 portal 媒體，就像書籍、報紙、雜誌的影響力不及電視一樣。媒體工作者（或其他行業也一樣），常常忘了媒體競爭中的前面那一段，也就是規格。媒體工作者會覺得內容好壞是決定經營成敗的條件，所以 content is the king。但別忘了，我們已身處成熟的媒體環境，規格已無大變化，力量的排名已經清楚，不會改變，也就是，電視大於報紙，報紙大於雜誌。

想像報紙剛出來之時，它是目前這個樣子嗎？報紙是紙張時代的 portal，報紙的力量來自於整合資訊、綜合資訊，用一種形式把大量資訊整合在一個媒體的力量，因為它的整合力量大於雜誌，所以它的力量大於雜誌，更大量的資訊會吸引更多的人潮，而人潮決定了影響力與經濟力。報紙剛開始時可能不是今天的每天二十張、八十個版、六百條新聞、以及數以萬計的生活資訊，它可能是每天只有五十條新聞，但有人想出了每天提供一百條新聞的報紙形式，一百條的報紙贏了五十條的報紙，兩百條又贏了一百條，最後因為經濟限制，到達六百條的門檻而停止。

這就是規格的力量，不看重它，選錯了邊，命運就不同。同樣從新聞系畢業的同學，一個是雜誌總編輯，一個是電視台主播，後者的薪資會是前者的一倍以上。到電視台工作的同學會比到雜誌工作的同學優秀嗎？大部分不是，而是他們進了不同媒體，產生了不同的結果。由經濟的角度來看如此，由政治社會文化來看也會如此。

在媒體成熟時，內容的精緻度決定成功的條件，但仍未成熟的新媒體，規格決定成敗與大小。只要有機會做到，不應該放棄大規格的追求，因為它會產生大影響力、大經濟價值。

網路仍是不成熟的媒體，各種體系與知識都在建立之中。要建立新知識，最好先跳離自己的經驗，所有我們習以為常的習慣與認知，都要重新回頭認識。電話其實是人類最重要的媒體，但是今天我們不認為它是媒體，而認為由專業新聞人員生產出來的才是媒體。網路的媒體經濟有所不同，portal 會跟新聞網站競爭廣告收入，所以它是媒體；email 網站也會跟新聞網站競爭廣告，所以它也是媒體，更重要的是，它們的流量都大於新聞網站，而且它們的服務內容還在成長改變。麥克魯漢說，使用者就是內容，這句話在網路時代的 email、ＢＢＳ討論區都可得到驗證。所以，在網路上我們不能認為新聞網站才是媒體，才有影響力，我們必須放開心胸，重新探索新媒體。

看麥克魯漢的書，或看評論解釋麥克魯漢的書，都是很花腦筋的事，但像古典音樂、古典小說一樣，他的書具有深層的感動，思想上的啟發，能得到行動背後的支持力量，這種價值是很高的。

李宏麟　技術學院工管系畢業。曾任職於《商業周刊》、《遠見》雜誌等傳統大眾媒體；後任職於全球最大的電腦出版集團ＩＤＧ（國際數據）台灣分公司，擔任其中兩本刊物《環球資訊新聞》週刊及《Windows World》月刊總編輯兼副發行人。email: arthur@pchome.com.tw。

作者序

我第一次讀到麥克魯漢的著作，是在一九六四年，那時我還是紐約市立學院（City College of New York）大學部的學生。在此應該謝謝介紹我讀麥克魯漢《認識媒體》（*Understanding Media*; McLuhan, 1964）一書的教授。但是，對不起，當年我只有十七歲，忘了那位教授的大名，還有他為什麼指定我們讀這本書（我記得是教育心理學的研討課）。

直到十年後，我才又在學院的環境裡再度遇見麥克魯漢的著作，但這次裝備齊全，「不再只是一本書，而是以麥克魯漢為主的一門課」。而這次，我也變了，成了比較用心的學生。那門課的老師是寇金（John Culkin），他曾安排麥克魯漢在一九六〇年代末期在佛德翰大學（Fordham University）講學一年，還在一九七〇年代時，創設了獨立的「認識媒體中心」（Center for Understanding Media）和媒體研究碩士班，一開始是設在安提阿學院（Antioch College），後來改設在新社會研究學院（New School for Social Research），我在一九七四年進入該校就讀。寇金待人溫煦，授業熱情，對麥克魯漢有非凡的了解，若非有幸蒙寇金領我進入麥克魯漢學說的門檻，我不可能在學術和媒體理論的領域裡發展。寇金於一九九三年逝世，我再也無法親自向他致上謝意，但是，希望這本書能證明我有幸當他學生的福氣。

一九七六年時，我已經完成了新社會研究院媒體研究碩士課程，轉到幾個街口外格林威治村的紐約大學去讀「媒體生態」（Media Ecology）博士班。我讀博士班時，為我指點門路的明燈是波斯特曼（Neil Postman），到現在，他還是我的明燈，不僅教我怎樣當老師，也在麥克魯漢的著作及其對世界的影響上，給予我諸多啟發。由波斯特曼引介，我讀到了更多麥克魯漢的著作，進而還認識了麥克魯漢本人，而認識麥克魯漢，是這本書得以問世的種籽；關於這點，後文會再詳述。波斯特曼本人，是位影響力很大的媒體理論家，雖然他對媒體太過悲觀的批評，我偶爾無法同意，但是，我在這本書裡，依然認為他的著作於引用麥克魯漢學說方面，頗有可資借鏡之處。尼斯壯（Christine Nystrom）和莫蘭（Terence Moran）等多位紐約大學媒體生態博士班的老師，也都給予我許多指點，讓我更了解麥克魯漢。

我讀博士班時的同學，跟老師一樣，也是我挖寶的寶庫，給予我麥克魯漢學說諸多啟發。其中以梅洛維茲（Joshua Meyrowitz）和魏屈泰爾（Edward Wachtel），對我的幫助最大。有關他們的作品，我在書中都有引述。

我在一九七九年取得博士學位，當時有兩件大事發生，對我了解麥克魯漢有重大的影響，進而也影響到我寫這本書：一是麥克魯漢和我交上朋友，二是我當上了狄金遜大學（Fairleigh

Dickinson University）的傳播學助理教授。

我認識麥克魯漢的過程，以及我和他在他過世前短短幾年豐富的學術情誼，在書中屢有描述，因此，在此不作複述。我只想提出一點：麥克魯漢，不僅在他的書裡是我的作品中取法最多的對象，他的人，也是我畢生談話乞靈最多的對象。我們見過十幾次面，一起吃飯、散步、趕路，在電話上也不知聊過多少次，這些都是麥克魯漢著作的另類教材，涵括的領域差不多，但是，觀照的角度或是高度次次略有不同，而為我鋪出一條邁向理解的康莊大道。

在我的教學方面，我必須承認，雖然傳道授業解惑是樹人大事，但是，我喜歡教書，其實還有自私的理由：「教學相長」。我在我教的每一堂課裡，都會學到新的東西，也會有新的發現。一九七〇年代末和八〇年代初，我在狄金遜大學開的「大眾傳播理論」教的東西，當然幾乎都是麥克魯漢，他的學說主宰了課程；教授他的學說，讓我更清楚他的學說。同理，一九八〇年代早期，我在佛德翰大學研究所夏季班教授「媒體環境」，一樣讓我更加認識麥克魯漢；希望我教過的學生，也有同感。

我第一次以麥克魯漢為主題所開的課，是一九八九年在新社會研究學院的「媒體研究」碩士班，開「麥克魯漢研討會：時隔二十五年」（線上和面對面教學並行）。所謂「時隔二十五年」，是指從麥克魯漢一九六四年出版《認識媒體》一書，到我於該年開這門課，時隔二十五年；這門課一直開到一九九〇年初，接下來的數字當然隨之增加。而從學生的反應，教我更加確定：麥克魯漢的著作隨著時間遞嬗，愈來愈貼近我們的世界，現實的資訊世界，宛如依照他畫的藍圖在推進。一九九〇年代中、晚期，我在霍夫斯卓大學（Hofstra University）和佛德翰大學開的課，一樣為我的想法注入了新的佐證。

因此，我也必須謝謝曾經上過我講麥克魯漢課程的學生，因為，他們的問題和意見，也是催化這本書誕生的酵素。

我從一九七六年開始發表的幾十份論文、評論、書籍，不論是部分或是全部以麥克魯漢為主題，對我思考麥克魯漢當然都有助益，因此，我也應該謝謝每一位為我出書的編輯；這些著作在第一章以及後文裡，都有註明。

另外，我也要謝謝朱斯柯（Adrian Driscoll），他是我前一本書《柔刃之刀》（*The Soft Edge*）以及這本書的編輯，若非有他的鼓勵，這本書難以完成。

麥克魯漢的家人，在我研究麥克魯漢這幾年間，從來不吝給我支持，不論是私人的生活還是學術的領域。一九七〇年代末期，我和我太太蒂娜（Tina）多次到多倫多去看麥克魯漢，他太太寇琳（Corinne）次次熱忱款待，讓我們賓至如歸。直到現在，和寇琳吃頓飯，甚至只是聊一聊，依然和麥克魯漢生前同樣融洽；其實，不論何時何地和寇琳接觸，都很親切溫暖。麥克魯漢有一子，叫做艾瑞克（Eric），在麥克魯漢生前埋首苦寫《媒體律》（*Laws of Media*）時是他的得力助手，也是麥克魯漢身後始終孜孜矻矻應用麥克魯漢學說的學者，他對我的研究，始終大力幫忙。麥克魯漢另有一女泰瑞（Teri），就住在紐約市，這表示我們比較可以常常見面。泰瑞除了在她人類學的本行有傑出表現外，同時在她父親的學說裡，也是最聰慧的思考者。她多年來給我的指點，實難盡述。

而對我的家人，我虧欠得更多。一九七七年，我和蒂娜第一次到多倫多去見麥克魯漢時，她和我才結婚一年多。有天晚上，我們在麥克魯漢多倫多大學的辦公室待了一天，才剛從麥克魯漢家裡吃完晚飯，寇琳開車送我們去附近的公車站。我和蒂娜兩個，那天和麥克魯漢談得太興奮了，根本坐不住，結果，兩人手牽手走了一個多小時，回到我們在多倫多的旅館。那晚我們走過的街道，像是鋪了魔毯，我寫這本書時，就像重新再走了一次。

我們的孩子賽蒙（十四歲）和莫莉（十一歲），從加入我們的世界後，便一直跟我們走這條路。作家愛講「第一位讀者」，就是文章寫成後，可以第一個過目的人；我有幸有一家子人當我的第一個讀者，也是我最親近的討論對象及最專心的聽眾。我們談的事情，散落在我們的餐桌、車裡、假期……，孩子們的意見愈來愈透澈，愈來愈豐富，因而同樣會交織在這本書裡。這本書從某個角度來看，其實是他們那一世代的書，而不是我們這一世代，因為，他們才是新資訊千禧年的子民。

保羅．李文森
一九九八年九月

作者台灣版全新序（二〇一五）

十幾年前，我撰寫了《數位麥克魯漢》這本書，現在台灣的貓頭鷹出版社即將出版本書新版，我想也是時候更新一些相關的資訊——尤其是關於麥克魯漢身為社群媒體引導者的價值。還有，我將社群媒體稱為「新新媒體」，因為所有的媒體本身都是社群性的，而我們所稱的社群媒體正是這種新式的媒體，如部落格、推特等，都不同於只是單純的管理跟撥放資訊的播放器，如舊式的媒體 iTunes。使用新式媒體的消費者本身即成了製作人，儘管在我們文化中普遍地使用著「社群媒體」這個詞，但我認為，在本篇序中使用「新新媒體」這個名詞是最適當的。

麥克魯漢的媒體四大律是用來開始談論本篇的好工具。

媒體四大律

媒體四大律，簡而言之，是一種跨越時間紀錄科技的衝擊跟相互間關係的方式。它會向每種媒介或是科技提出四大問：這個媒介在文化上有何增強之處？削弱了什麼？所重拾回的焦點是什麼，畢竟在這之前這已經被削弱了？以及當被推展到極致，這個新媒介會轉化成了什麼？

譬如說，照片會擴大視覺記憶，捕捉世界實際的樣子；也削弱了繪畫、圖畫和素描，因為這些都是依賴畫家的詮釋跟圍繞著創作的主題。照片能夠從一池水中重拾世界的倒影，倒影中反映的即是這個世界真實的樣子。然後照片轉而成為動態圖片、3D立體全像攝影，或是最近的全球即時數位影像。

落在第四律經轉化過的媒體具有多重性，像是動態圖片、全像攝影、數位攝影，也能夠運用在媒體四大律的探討之中。照片同時也削弱了事件本身的口頭和文字描述，也因此一張照片能夠勝過千言萬語。一張照片也能重拾栩栩如生的回憶。但是，轉化提供了通往未來的入口，因此我們就來揭開照片是如何轉化成數位影像。

自拍就是一個照片轉化成新新媒體的最佳例子。在我將我跟麥克魯漢、其子艾瑞克．麥克魯漢在媒體四大律會議的合照PO到推特上之後，我就了解到這一點。這個研討會是我在一九七八年在費爾里．狄金生大學（Fairleigh Dickinson University）所舉辦的。媒體理論家艾恩．伯各斯特（Ian Bogost）在推特上問我有關照片的事情，「第四律在哪？」我馬上推文回覆：「第四個就是自拍。」意思是，相片中在一九七八年尚未出現的第四人就在那三個人之中；但到了二〇一四年，我們就知道這三個人之中任一個對著自身拍照就是在自拍。在自拍照中，在手機上的相機轉化了，它的鏡頭轉向了，從向外拍攝到鏡頭可以向內對著拍照者本身。

這種情形也發生在媒體四大律上。我們能夠將被轉化的媒體作一個四大律的分析。因此，自拍增強了拍照者跟被拍照者間的融合，將我們的世界削弱成只是布景，重拾回我們水中或是鏡中的倒影，以及轉化成……像是 Snapchat 的應用程式。Snapchat 能夠散布影像，包括自拍照。這些影像在幾秒鐘或是幾分鐘內就會消失。

當我們將照片視為能記錄永恆的媒體或是時間的延伸時，Snapchat 也的確能被視為是照片轉化而成的媒體。電影評論家安卓・巴新（André Bazin）便將照片的效應完美詮釋。他說：「照片能夠拯救影像自身於時間中的腐化。」在這樣的脈絡之下，照片削弱了飛逝的影像與回憶，重拾了定在過去（carved into stone）的影像，然後在這樣的數位時代中轉化回到 Snapchat 稍縱即逝的立即性。

再進一步應用媒體四大律才能更了解社群媒體革新中產生的其他視覺新媒體。以 Google 眼鏡為例，就非常符合眼鏡經過四大律分析之後的第四律——轉化。眼鏡能夠增加清晰度，減少視力不良，重拾我們年輕時曾有的裸視視力，然後轉化成 Google 眼鏡，使我們能在網路上隨時、隨地看見任何事物。雖然 Google 眼鏡無法吸引大眾持續的關注，卻引領出「穿戴式」媒體的方向，隨後的 Apple Watch 也如同 Google 眼鏡延伸我們的視野一般，將手錶帶入一個新紀元。我們也能為 Apple Watch 作獨立的四大律分析：傳統的手錶能報時，轉化成 Apple Watch 之後，當我們使用 Apple Watch 上網時，我們能夠**看透**錶面所顯示的時間來著眼過去，或至少可以參考過去。

媒體四大律當然也能夠使我們更了解我們所見的以及我們用眼睛在做的其他事情，如閱讀。這引發了一場討論是麥克魯漢對於 Kindle 電子閱讀器可能持有的看法。這個主題的重要性值得我們以一個篇幅來專門討論。

Kindle 電子閱讀器

書本轉化成了 Kindle 電子閱讀器，不只是以螢幕取代了紙張，用像素取代了印刷，同時還開啟了對媒體把關影響深遠的改革。在數位化時代前，那曾是媒體資訊傳播的特徵。

我曾因為湯瑪士．葛雷在〈鄉村教堂墓園中的輓歌〉一詩中所描述的對人類所失去的而感到震撼。那是一首對所有「無聲、臭名的米爾頓」（mute inglorious Miltons）的頌調。（譯註：John Milton，知名史詩《失樂園》〔*Paradise Lost*〕的作者，他的作品〈論出版自由〉〔*Areopagitica*〕則是為反對出版審查制而做。）這些人長眠於地下，沒人聽聞過他們的偉大作品，因為命運拒絕垂憐他們。

命運通常是以媒體把關者的形式出現，他決定了什麼能付印，什麼不能。有時候，我們能夠一窺這些媒體把關者，策畫編輯和出版商，會將約翰．甘迺迪．圖爾這類的人排除在外。圖爾的小說，《笨蛋聯盟》（*A Confederacy of Dunces*）在出版一年後獲得普立茲小說獎，這也是在作者因屢次遭傳統出版商拒絕而自殺的十一年之後。

當我在二十世紀末撰寫《數位麥克魯漢》時，當時一些媒體把關的關卡已經微開。但是直到二十一世紀初時，新新媒體的到來才將這些關卡各個擊破。部落客開始可以隨心所欲地在任何議題上發表自己的想法，無須經過任何人的同意。然後是臉書跟推特提供了任何議題即時性的、全球性的評論。

Kindle 則是讓出版書籍能夠如虎添翼。即使麥克魯漢也無法免於傳統出版具破壞性的媒體把關的影響。我記得當他從多倫多到紐約來參加我剛剛提過的媒體四大律會議時，就帶著一箱「廉售」的《以今日論：高級主管中輟生》（*Take Today: The Executive as Dropout*），就是已經下架，然後一本書給作者一塊錢版稅的書，因為出版商已經認定了這本書的銷售不佳，不足以支持它再版。

亞馬遜的 Kindle 對書籍所做的便是讓所有的作者、所有的人，不論是麥克魯漢或是無名氏，都能夠出版書籍。身為一個作者，我自己也因此獲益。我的科幻小說自二〇一二年開始供應 Kindle 閱讀版本——這些之前都被傳統大出版商以精裝本或是平裝本的方式出版過。我的小說以 Kindle 版本賣出去的也比之前用傳統出版方式的要來的多。對於作者而言，相較於傳統的書籍出版，Kindle 其他好處還包括：在書完成之後的幾小時內便能出版（傳統出版則需要幾個月或是幾年），書出版之後也能夠隨時進行編輯，作者／出版商可以隨時看見銷售數字或是每月的版稅收入（傳統出版業要一年才能看到這些數字一兩次）。還有，這些版稅通常是書籍定價的七成，相較於下，作者只能從傳統出版業拿到書籍銷售的一成。

讀者也能夠從立即性獲得好處。在報紙的時代，書的時事話題性只能透過報紙附印還有一天中不斷的更新才能達成。麥克魯漢在《認識媒體：人的延伸》（*Understanding Media*）中以同意的口吻引用法國詩人阿手斯・德拉馬丁（Alphonse de Lamartine）在一八三〇年的哀嘆：「這書來的太遲了。」十年之後，麥克魯漢也觀察到：「施樂影印機讓每個人都成為出版者。」我將二〇一四年發表在〈視覺文化期刊〉（*Journal of Visual Culture*）中有關麥克魯漢文章取名為〈Kindle 來的正是時候，每個人都可以成為出版者〉（*The Kindle Arrives in Time and Makes Everyone a Publisher*）以強調 Kindle 在書籍進化中所扮演的角色。關於媒體四大律，Kindle 除了重拾作者的掌控之外，還重拾了經典、多重版本的報紙的立即性。（關於轉化部分的分析，因為 Kindle 太新了所以還無法清楚評斷。）

阿拉伯之春

報紙使媒體的政治前因後果變得清楚、可理解。麥克魯漢最冒險、最具爭議的嘗試便是測量媒體的政治效應。例如，他在《認識媒體》中說道：「沒有收音機，我們就不會有希特勒的出現，因為他的言辭是無法禁得起平面媒體對他的邏輯檢視。而且，希特勒的樣子看起來根本就不符合他自己所鼓吹的亞利安人典範。也因此，他在電視上看起來，根本就跟他自己所言的自相矛盾。」

在《新新媒體》第二版（*New New Media, 2nd edition*, 2013）中，我檢視了社群媒體是否為阿拉伯之春中必要的條件。相較於「充分的」這個描述，「必要的」作為「必要條件」的形容詞在此是相當重要的。就如同電梯對摩天大樓是「必要的」，但並不是「充分的」條件——「必要的」意思就是說建構所有高樓還需要這一項科技的，對阿拉伯之春來說，需要的不只是一個可以觸及推特、youtube 的新管道、以及掌控在人民手中而非在政府手中的媒體。但是社群媒體的必要性，尤其是發生在突尼西亞和埃及的早一波阿拉伯之春浪潮之時就廣泛地評論著。像是埃及的瓦埃勒・高寧就告訴CNN：「這場革命始於網路……這場革命始於臉書。」（see Evangelista, 2011, and also Levinson, 2011, for more.）

阿拉伯之春缺乏全面性的成功並無法否定新新媒體在推翻政府中扮演助力的角色。即使革命可能是因為任何其他的因素促成或是煽動的，包括媒體，革命遠程的成功通常是取決於公民生活是否有實際的改善，這遠比革命初期時所傳播的民怨來得重要的多了。

因此，埃及在穆巴拉克下台之後的動盪顯示了社群媒體的侷限。社群媒體不是社會改變的推手卻是加強統治的手段。同樣的方式也可應用在社群媒體在民主社會中對選舉時的和選舉之後的影響。

推特不只是一種媒體的象徵，能夠「軟性地定調」（softly determined）阿拉伯之春，也是麥克魯漢為什麼而寫作以及麥克魯漢如何寫作的樣板。所謂的「軟性的」是一個必要的條件，「硬性的」則指的是充分的條件。的確，作為一個媒體，推特捕捉到媒體的一種形式：注釋或是篇章名。（glosses or chapter titles；譯註：在《古騰堡星系》中，麥克魯漢刻意將此書分成一〇七的短篇，或稱之為注釋。每個注釋僅有兩到三頁的篇幅，就像是一大片馬賽克中的一個部分。）這種形式麥克魯漢應用在他最廣為人知也最重要的著作《古騰堡星系》中（*The Gutenberg Galaxy*）。

在這一〇七個注釋中，我最喜歡的是：「精神分裂症可能是識字必須的後果。」以及「新的電子相互依賴症將世界重新改造成地球村的樣子。」這些注釋簡單扼要地說明了推特的理想以及一百四十個字符的限制——言簡意賅致力成為機智的靈魂。除了在麥克魯漢的例子中，這些注釋傳達了不只是機智還有他熱切、簡潔、影響廣泛以及具預言性的智慧。

如同我在《數位麥克魯漢》中所說的，麥克魯漢預見了數位時代並不是因為他有預言能力而是因為他的想法與人類溝通的需求同步。在數位時代，這些需求都能夠被提供並且得到滿足。但社群媒體，或稱新新媒體，的來臨卻帶來了更多：麥克魯漢的溝通模式便是嘗試打破這些在傳統印刷媒體中受到嚴格管制的責難。這些責難不只會妨礙有才的作者出版書籍，還會讓這些能夠出版的作者只能以某些特定的方式寫作，必須是長篇加上短篇名。《古騰堡星系》打破了這些限制，而像推特這類媒體上的寫作形式出現也顯示了麥克魯漢的表達模式不只是奇特或是挑釁的，而是在根本上符合人性的。

希拉蕊．柯林頓的「冷」競選宣言影片

在麥克魯漢理解媒體的工具中，最知名、也是最常被批評跟誤解的便是他將媒體區分為「冷」媒體與「熱」媒體。熱媒體是高調的、熱烈的，提供消費者許多知識。相較之下，冷媒體是低調的、軟性的、模糊的，提供消費者較少資訊。麥克魯漢令人吃驚的看法是冷媒體能引起較多的參與。這些閱讀大眾被拉進來參與以消弭彼此之間的鴻溝。以下有幾個好例子：詩（冷媒體）相較於相當長度的散文作品（熱媒體）較能夠引起更多的想法跟討論而動漫圖片（cartoon drawing；冷媒體）比一張清晰的照片（熱媒體）更能引起仔細檢視。

麥克魯漢喜歡將這類的區別應用到政治跟媒體上面。最有名的便是他評論一九六〇年約翰．甘迺迪在電視競選辯論會上擊敗尼克森，因為約翰．甘迺迪比較適合用電視這類的冷媒體。而這樣的分析也相當適用於二〇一五年的政治事件當中。

二〇一五年四月，希拉蕊．柯林頓不是在電視上而是在 youtube 上宣布投入二〇一六年美國總統選舉。許多評論員都相當驚訝，候選人希拉蕊竟是在這支競選影片的後半段才出現。通常，

候選人都是一開始就出現在影片中，而且會占滿影片的所有篇幅。但是麥克魯漢的冷熱媒體區別解釋了這樣的選舉策略：希拉蕊正在營造出一個低調的、平靜的氣氛，吸引觀眾用他們想要從競選人口中聽到的競選承諾來填滿影片。這對希拉蕊來說是有利的，畢竟她的立場已經眾所皆知，只是需要藉由影片不斷地強調與訴說。

除了我一看到影片就PO上部落格的文章，其他的評論家也引用麥克魯漢的理論來分析這個重大政治事件。多數情況下，學術界持續擁護麥克魯漢試圖想去征服的傳統。但是對於麥克魯漢作品一直以來的興趣，本書的第二版即是最好的例子，顯示出麥克魯漢的思想以及表達模式皆是與超越傳統出版、學術、政治分析的文化接軌，且與人類擅於理解瞬息萬變世界的表達模式相連結。

二〇一五年四月，保羅．李文森於紐約市

二〇二三新版作者序

媒體即是訊息，愈來愈真實

自《數位麥克魯漢》最初於一九九九年出版以來，媒體進化的步調已加快，而在二〇〇〇年與二〇一五年於台灣發行《數位麥克魯漢》的第一版和第二版中譯版本之後，進化的步調甚至變得更快。

在政治領域中，社群媒體站上了中心地位，尤其推特更是顯著。唐納・川普成為美國首位可視為「推特總統」的總統。雖然川普在二〇一六年競選之前就是電視名人，不過他開始偏好利用推特，認為那是能最直接與支持者對話的最佳管道。川普對推特的喜愛甚於新聞媒體，他抨擊平面和廣播媒體都是「假新聞」，這非常像希特勒喜愛將收音機做為直接與德國人民對話的工具一樣，因為收音機可以讓納粹繞過他們稱之為「Lügenpresseor」，也就是「說謊媒體」的報導，納粹認為這類媒體既危險又卑劣，因為其中所說的都是關於希特勒的真相。

沒錯，在推特上，真相本身已成為受害者，相較於發言內容是否真實，發言所得的「喜歡」

數和「轉推」數更為重要，也更受到重視。在川普成為首位美國推特總統之後，從約翰·甘迺迪到巴拉克·歐巴馬的電視總統時代，也在川普手中劃下句點。在那個幾乎已成過往的時代中，雖然表演技巧和演說才能十分重要，但大家只認為那是能最有效向人民表達真相的手段。

正如麥克魯漢的預言，快速推文這種媒介，甚或速度更快的「喜歡」和「轉推」等媒介，確實已成為訊息，而且不只在推特上如此，在 Facebook、Instagram 和抖音上跟「轉推」意思相同的「分享」功能，也已成為訊息。

當然，社群媒體帶來的後果並非都會對民主造成負面影響，或是瓦解民主機制。Amazon 的 Kindle 與多種系統上的播客（podcast），都讓想要成為創作者的人能擺脫看門者的專制束縛。出版書籍需要編輯同意，上廣播或電視則需要製作人邀請。相較之下，所有人都可以在 Kindle 上出版書籍。想要製作播客，則只需要具備一支麥克風和一個錄音裝置即可，隨後收費低廉的發行商或聚合商就會將播客傳送到全世界。

基於以上理由及其他更多原因，就二十一世紀以及其與社群媒體進步密不可分的情況而言，麥克魯漢對媒體的理解比過去更與我們息息相關，也更加有用。以斯拉·凱恩於二〇二二年八月七日在《紐約時報》觀點專欄發表的〈雖然希望不是真的，但媒體確實即是訊息〉一文中，引用了其播客來賓西恩·依林告訴他的話：「別只注意表達的內容，而是要注意表達的方式。」這確實就是「媒體即是訊息」的本質，而且無關我們是否希望訊息真實無誤。在這個億萬富翁可以買下推特，並根據自己的錯誤想法，包括可能讓有資格使用推特的人致死的新冠肺炎欺瞞言論，動手重塑推特的世界中，媒體不只確實是訊息，更是有史以來最貨真價實的訊息。

保羅．李文森，紐約市福坦莫大學，二〇二三年二月

數位麥克魯漢

目次

第一章 緒論

Coinciding Realms

不謀而合的世界

《數位麥克魯漢》這本書，其實是由兩本書綰合而成的：一本講的是麥克魯漢的看法——他對媒體及其於人類生活影響的看法；另一本講的是我的看法——我認為麥克魯漢的看法，對我們理解當下的新數位時代有何助益。這樣一本書，在我是怎樣都寫得出來的；但麥克魯漢就不行了；因為，他死於一九八〇年的最後一天；就跟死在個人電腦革命的門檻差不多。這場革命，在我們的世界掀起了滔天鉅變；麥克魯漢生前雖未能得見，卻已經以非凡的洞見和比較，為這場革命作了明白的闡述。

他以洞見為我們勾畫出來的世界，是個媒體運轉不輟的世界；在這個世界裡，電視凌駕在書籍、報紙、廣播和電影之上，攫獲了世人大部分的注意力，也因此於政治、商業、娛樂、教育和世人日常的一言一行，投下了深遠的影響。他像織了面「拜約掛毯」（Bayeux Tapestry）*以之描繪媒體爭奪世人青睞的大戰——只是，有些人倒認為各媒體爭的，其實是世人的靈魂。由此，他自然會再進而思考，不同的媒體掌握世人心理的方法，會有何不同。例如，我們在電視上看電影，和在電影院裡看電影有什麼不同嗎？為什麼呢？從報上讀新聞，和聽收音機裡的新聞，會有什麼不同呢？這和看電視播報的新聞，又有什麼不同呢？麥克魯漢在一九五〇、六〇、七〇年代，就因為提出這些問題，尋找這些問題的答案，而對媒體及其影響作了番複雜精細的解析，而且，還回溯到了我們這一物種的源起時代，縱橫古今，互作比較——例如，他看出文字發明之前和目前的電子傳播時代有不少相似之處——也打開了許多甬道，供日後的媒體前進。而目前我們在網際網路上選擇要讀什麼新聞、聽什麼新聞、看什麼新聞，和透過報紙、收音機和電視得知這些新聞，有什麼不同呢？

指點我們在這數位時代如何安身立命的手書，就寫在麥克魯漢的書所砌成的牆上。

但這手書，唯有靠我們讀得通，才用得上——不論是指點路徑的線索，或是勾畫環境的簡圖，只要其中的語言我們無法充分理解，這手書就算真的可以指點迷津，其設下的重重障礙也絕對不少。由於麥克魯漢解析媒體所用的語言，正有這樣的特質，他因此像在無意間砌了爿牆，擋下了世人理解的途徑。例如，麥克魯漢提出那句名言：「媒體即訊息」（the media is the message），為的是要提醒世人注意：世人老是忽略媒體在傳播扮演了何等重要的角色——也就是我們在報紙上讀新聞，和在電視上看新聞，有什麼差別嗎？批評他的人，和讀他的書卻不求甚解的人，都將他這句話誤以為是在說：「內容」一點也不重要——這裡的「內容」，指的是我們在報紙上和電視上看到的東西。他常用些聳動的譬喻，來強調電視和其他競爭媒體之間的差別——像「冷」（cool）、「熱」（hot），「透光」（light-through）、「打光」（light-on），「音響空間」（acoustic space）、「視覺空間」（visual space）等等。可是，他這些譬喻用起來

＊譯注：描繪諾曼第人征服英格蘭的古掛毯，長二百三十一英呎，寬二十英吋，推定織於公元十二世紀，現收藏於法國拜約（Bayeux）博物館。

的效果，往往適得其反：不只是沒辦法利用世人熟悉的領域來釐清冷僻的領域；「冷」、「熱」和「透光」、「打光」這樣的譬喻，甚至比所要釐清的媒體效應都還難懂。碰上有人請他解釋、解釋，麥克魯漢還會回答：他的目的從來不在解釋，只在探索。

不過，就算麥克魯漢的陳述方式——就是他表達意思所用的媒介——不好理解，也絲毫無損其內容之重要。維根斯坦（Wittgenstein）不就建議我們，碰上任何新奇的理念，除了批評之外，也應該盡量了解其所使用的語彙，看看這中間到底在玩些什麼的嗎。伍爾夫（Tom Wolfe）於一九六五年便問過一句話，「萬一他說對了怎麼辦？」萬一，麥克魯漢正是「繼牛頓、達爾文、佛洛伊德、愛因斯坦、巴伕洛夫（Pavlov）*的思想家，那怎麼辦？」雖然，伍爾夫把巴伕洛夫加在他的名單裡，有點怪，但他問的一點也沒錯。而從《數位麥克魯漢》這本書的觀點來看，這答案也絕對是肯定的；至少，將麥克魯漢的看法當作是理解人類和科技關係的參考架構，進而推進為理解人類和世界、和宇宙關係的參考架構，可以說是如此；也因此，是理解人類心靈、生活以及實體宇宙的重要參考架構。

持這樣看法的人，不只是我。史騰（Gerald Stearn）編的評論集，《麥克魯漢：冷與熱》（*McLuhan: Hot & Cool*, 1967），和羅森陶（Rosenthal）編的《麥克魯漢：是與非》（*McLuhan: Pro and Con*, 1968），裡面收錄的讚佩和指責，就平分秋色（以他語言之鮮活、主張之大膽，就算頻遭誤解，也絕不致遭人忽略）。在一九八〇年麥克魯漢中風失能之後，多倫多大學決定關閉「麥克魯漢文化科技中心」（McLuhan Centre for Culture and Technology），曾為他作傳的馬坎（Philip Marchand, 1989）和戈頓（W. Tenence Gordon, 1997），都曾對當時所引發的猛烈抗議炮火有所著墨。富勒（Buckminster Fuller）、音樂家約翰．凱吉（John Cage）、名導演伍迪．艾倫（Woody Allen）、前加拿大總理杜魯道（Piene Elliot Trudeau）、搖滾歌星傑利．布朗（Jerry Brown）等數百位名人，紛紛致電或去信，表達對麥克魯漢的支持。該中心雖然最後還是關了，但是，麥克魯漢地位之重要，已於這次學界、文化界甚至政治界共同聲援的浪潮裡，獲致了充分的證明。

不過，持平而論，攻訐麥克魯漢的人也不是沒有道理。他的作品裡，的確是有問題，比他用的聳動譬喻要更嚴重——但是，這不是麥克魯漢的錯，而且，這問題在當時也沒人有辦法處理。不論在科學界，或是延伸至社會科學也一樣，若欲判定某人的想法是對是錯，最可靠的作法，就是檢測他所提出來的預測是否準確。然而，在麥克魯漢發表他媒體論的那三十年間，不論他或同行，都沒碰上任何好的時機可以檢測他的看法。從他一九五一年出版第一本媒體專論《機械新娘》（*The Mechnical Bride*），到他一九八〇年除夕謝世為止，世人的公私生活在在掌握在電視手裡。這表示麥克魯漢就電視所提出的預測，或他人以他的看法所提出的預測，都有事後諸葛

＊譯注：巴伏洛夫（1839-1936），蘇聯著名生理學家，提出條件反射說，一九〇四年獲諾貝爾獎。

之嫌，都像是在就現存的狀態提出解釋而已。也因此，麥克魯漢才會觀察到甘迺迪（JFK）之「冷」，在一九六〇年的電視辯論上，比尼克森的「熱」要更合適；而卡特的低調，同樣在十六年後吸引到了當時許多看電視作決定的選民。然而，這些關聯在當時就算再有趣、再有用（其實至今依然），還是沒辦法像新媒體出現一樣（如電視影響這麼劇烈、這麼新奇的新媒體一樣），提供確鑿的實證，來支持麥克魯漢的看法；就算這新媒體出現後的效應，放在麥克魯漢著作的脈絡裡，真的有跡可循，真的可以預測、可以闡明，也一樣。

不過，在如今這數位時代，這方面倒真有了前所未有的機會。也因此，《數位麥克魯漢》這本書，不僅在尋找我們在數位時代前行所需的指南——這是這本書的寫作宗旨——也在尋找麥克魯漢生前苦尋不得的證據，以證明斯人所言不虛。

為了善盡這兩大職責，本書的每一章，都以麥克魯漢著作裡的一項重要見解或原理、構念（construct）為重點作闡發，然後再就當今數千萬人上網讀報紙、買生日禮物甚至看電視節目的情形，對照不上網的人在報紙、雜誌、電影院和電視機裡一樣看得到這些東西，來挖掘麥克魯漢的看法於我們有何意義。

作戰計畫

在下一章，我們要先談談麥克魯漢的作法——也就是他自稱重「探索」而輕「解釋」，好以

「譬喻」而非「邏輯」進行辯證，還有愛用小包裝的套裝概念提出他對媒體的看法，常常不過幾段文字，絕少超過七、八頁等等的癖性。嚴格說來，這說的不是麥克魯漢對媒體效應的見地，也不是他用什麼工具或構念來評估媒體的效應。我這要說的，其實是麥克魯漢是怎麼和他的讀者打交道的——也就是他的「習慣作法」（modus operandi）。而他這模式，居然和一般人上網的溝通方式像得出奇；例如「使用者網路」（Usenet）上的意見，常常不過幾個段落而已，全球資訊網的網頁上，熱門連結（hot-linked）上的標題和短句，也很像麥克魯漢書裡散見的粗體字附註——等於是先媒體而出現的熱門連結。這種不謀而合的現象，絕對無法以巧合一語帶過。即使只是看看他用的方法，就足以證明麥克魯漢真的是跑在時代前面的先驅；只是，他生前像被綁在紙張做的束身衣裡，用電子模式跟我們溝通——其飄忽靈動，直追人類智慧之輪轉動之速，只是，那時的媒體還沒發明出這樣的模式便是了。

接下來，我們就要轉進麥克魯漢整個思考體系的中心，也就是他最著名卻最少人了解的見解：「媒體即訊息」。他說這句話，原本是要世人注意他提出來的一則命題：就算只是選擇要用哪一種媒體，其於社會之影響，便遠大於怎麼用那媒體——世人一開始講電話、聽收音機、看電視、上網，世界就隨之不斷變化，而且，還未必是因為世人說了什麼、聽了什麼，或看了什麼而變——但這命題，卻老是被人攪和成論述的混戰，扭曲成「內容」一點也不重要。

我們只需好好想一下，馬上就會知道根本不是這樣。這世上根本無所謂「沒有內容的媒體」，因為，沒有內容，不成媒體。麥克魯漢（1964, pp.23-4）曾以電燈泡為例，拿它作「純資訊」（pure information）或說是的「沒有內容的媒體」的「假說例」；卻馬上機鋒一轉，指其內容即是該媒體點明或照亮的東西。換言之，電燈泡之所以有意義，純在於它照亮了某樣東西。沒有節目的電視，其媒體的功能於我們就等於零；這就跟電腦沒灌進各色各類的軟體，也不過是好玩的廢物一樣。的確，在上網的功能變得重要之後，許多早期出品的個人電腦，往往因為沒辦法上網，而真的成了廢物。那些電腦缺了該有的軟體，也因此缺了軟體能帶來的內容；而且，還是電腦在新環境裡發揮媒體功能所不可或缺的內容。換言之，內容，是讓媒體之所以成為媒體的「媒體格」（media-hood），所不可或缺的條件。

此外，網際網路（Internet）也為我們指出了另一條明路，告訴我們：媒體的內容有助於我們了解媒體。麥克魯漢為了把媒體慣常隱而未見的面向和效應挖掘出來——因為，我們常把注意力集中在內容上面，而不把躲在內容後面的媒體當回事看——因而注意到：媒體一旦被新的媒體淘汰而成為該新媒體的新內容時，馬上就從幕後跳到了台前，變成比較醒目、比較吸引人的研究對象。也因此，麥克魯漢早期研究文學理論時，才會發現小說的敘事結構，在被電影用來作為內容後，馬上就蹦進了大眾的注意力裡。到了一九六〇年代，電影當年於文學所造成的效應，轉而再由電視加諸其身；大學裡紛紛成立電影學院，探討現在平常人家二十四小時都看得見的東西了。麥克魯漢死後不到十年，錄放影機又扭轉了電視本身的結構和組織，電視因此第一次變成了內容，而促使電視觀眾將注意力轉向廣告和節目的安排關係（廣告可以用錄放影機的「快轉」功能跳過去），節目的時間控制（錄影帶可能在節目結束前幾分鐘用完，因為被廣告占去了），以及以前觀眾因為無力控制只能逆來順受等等現象。

然而，在新來到的千禧年裡，網際網路已在摩拳擦掌，準備要將先前這些媒體的「解放」，一個個再打成內容，沒有一個逃得過；因為，網際網路正在將之全部變成內容。這一開始內容還只是文字檔的媒體，到了一九九〇年代擴大了許多，加進了影像和聲音；再到世紀之交，這媒體已經成了電話（網路電話 Internet Telephone）、廣播（即時聲訊 RealAudio）、電視（即時視訊 RealVideo）齊集一身的媒體。而這網際網路成為「媒體中的媒體」，有何證據可以證明，於世人又有何寓意，便會是本書不斷浮現的主題。

第四章和第五章的討論主題，會是麥克魯漢談「音響空間」和「脫殼之人」（discarnate man）的說法，同時談談網際網路整體，於我們和外界，以及我們彼此之間的關係，有何影響。在這方面，麥克魯漢關心的重點，在英文字母和印刷術出現之後，推著世人去把外界看成是一個個分立的源頭和片段所串起來的，像是我們輕易就可以擺脫掉的東西，簡單得跟闔起書來一樣。依麥克魯漢的看法，這類抽象、序列式的視覺模式，取代了先前的「音響」模式。在先前的「音響」模式裡，我們是以同時涵括一切的方式，去感知外在的世界，而將周遭的一切，化為我們自身空透的延伸，物、我渾然一體，我們即在一切當中。於此，麥克魯漢還提出了一個相當聳動的說法，認為電視正在「重拾」（retrieve）這種感知模式——因為，不論我們轉到哪裡去，螢光幕上的東西全都一樣。但是，將電視歸到「音響」這類別裡面去，真的是件很不容易成功的壯舉，雖然，麥克魯漢巧妙引用了舒瓦茲（Tony Schwartz）的說法（1973），說電視把人類的眼睛當耳朵看，還是一樣。

不過，在網路空間（cyberspace）於一九九〇年代出現之後，這壯舉就變得簡單多了。因為，電腦的螢光幕召喚我們進去的空間，真的是無所不在；但是，這空間又有別於電視的螢光幕，因為，這空間是可以任我們塑造的——我們於使用之際，即在創造這空間，重塑這空間——一如文字前的環境裡的音響空間。此外，「身處網路空間」的觀念，未若「身處電視之音響空間」那般牴觸常人的直覺。我們在網路的站台間跑來跑去時，感覺像是游走在網路裡的空間——但在電視台間轉來轉去，通常沒有這種感覺。所以，把網路空間便是音響空間這一點揭露出來，有助於我們對二者作更明確的說明。

歸化於網路空間的子民，都是虛擬的子民——也就是說，不論是和那空間的互動，或是在那空間裡的活動，我們的人身，都沒作用。麥克魯漢將我們講電話、聽收音機或看電視時會出現的這種情況，叫作「脫殼」，思索這效應在我們的道德觀不知會投下怎樣的影響。但是，講電話的經驗，和另外兩種其實很不一樣；因為，講電話時，我們可以算是「脫殼」——因為談話的雙方每說一個字，其人都可以「發送」出去，但不必有軀體相隨——但看電視時，脫殼的人，只是電視裡被人家看的人，而不包括電視外看電視的人。上網的人，若說也是脫卻了肉身，那他脫殼的方式，也和講電話一樣。所以，在這關鍵的一點上，網際網路其實比較像電話，而不像電視。甚且，在這本書裡，從頭到尾不時都看得到數位時代植根於電話和印刷術的形跡；而且，其深植於電話和印刷術之根莖，粗壯絕不亞於電視；雖然，我們對於為我們帶來數位時代的螢光幕，是從電視那邊熟悉起來的。

第六章和第七章的重點，就放在這場革命對於地緣政治，造成了什麼影響。麥克魯漢曾經指出，電子媒體會將世界變成一個很大的「地球村」（global village），特別是電視。他這觀察裡蘊含的邏輯，不待多言即可了解，因而也使地球村的概念，變成麥克魯漢的譬喻裡最常為人引用的一個，也是引用得最正確的一個：全球的世人一起盯著電視看美式足球超級盃（Superbowl）的轉播，和全村的人一起坐在運動場看台上看子弟踢足球，二者類似之處，不言可喻。可是，在村子裡過日子，不比當被動的觀眾——看台上的村民彼此會有互動，和場上的選手也會有互動，甚至選手本身便是村民——比起來，電視觀眾絕大部分都是孤立的家庭單位，和他們正在看的比賽，怎樣都無法去掉擋在中間的一臂之隔。於此，網際網路又再為麥克魯漢的譬喻作了補強，並且，將麥克魯漢的譬喻化作事實。上網的地球村民，不論住在地球上的什麼地方，只要有部個人電腦，有條電話線，裝了網路瀏覽器，就可以找人聊天，不再只是接收新聞，而可以找自己要看的新聞，可以周遊世界各地交換資訊，因而和小村子裡的村民，或體育場裡的觀眾，幾無二致。

想當年葛瑞菲斯（David Wark Griffith）*打破了電影銀幕的彎弧前台，就整個扭轉了電影拍攝的技法；因為，當時的電影攝影機，還沒辦法擺脫劇場型式的魔咒，結果在拍攝場景時，老是沒辦法靠得太近。網際網路亦復如是，它打破了觀眾坐在起居室的電視螢光幕這頭無法作任何輸入的瓶頸。

電腦螢光幕問世，除了供世人接收資訊之外，還能供世人在家裡或辦公室主動製造資訊，而進一步實現了麥克魯漢觀察到的另一地球村現象——就是電腦挾其散播資訊的強大能力，正在創造嶄新的權力結構，一種「中央無處不在，邊際無處可尋」的新權力結構。這變化是由收音機和無線電視網啟動；它們不時插播重大新聞，將之傳送到每人的家中、辦公室，甚至汽車旅館的房間。就取得這類重大資訊的角度而言，深處窮鄉僻壤還蓋在杳無人煙的路旁陋室，其「視野」之佳，可能不下於紐約市中心的高樓大廈或辦公套房——只要房間裡有架電視或是收音機就好（真要說來，這效應早在全國性的新聞雜誌問世時，就已開始了，雖然雜誌的傳送效果不算立即）。可是，這資訊的來源，還是控制在區區幾家廣播網裡；所以，在電視時代，電視公司的總部，也可以說是道地的資訊中心。

到了網際網路的時代，任何人只要做得出網頁來，就可以把新聞稿發送出去，而且，還是發送到世界各地。此時，企業於新聞把關、過濾的角色，終於開始式微。例如一九九七年八月，黛安娜王妃的死訊，就是有個人在網際網路上傳了一份美聯社的新聞快報給我知道的。雖然，有些有線電視台搶新聞的速度也很快，但是，美國各大新聞網約莫過了一個小時多，才開始報導這則消息。另如美國總統柯林頓和陸溫斯基（Monica Lewinsky）性醜聞案的〈史達報告〉（Starr Report; Office of the Independent Counsel, 1998），全文都已經在網際網路任人取閱時，收音機和電視都還在播報快報，而登在報紙的見報時間，更是整整晚了一天。

我們這數位時代「權力分散」（decentralization，去中心化）的狀況，不只限於新聞而已。亞馬遜網路書店（Amazon.com）不過上網作業三年，就躋身全球第三大書商（Nee, 1998）。亞馬遜的內部，當然還是集權式的企業組織，但就他們賣給消費者的書籍而言，這集權組織根本無關緊要：再大的實體書店，能上架販賣的書也有個限度；然而，亞馬遜就不同了，亞馬遜的架位空間——其形雖是虛擬——其量卻是無限。

由於個人電腦興起，擴大了個人選擇的權力，企業影響經濟活動的力量，一如政府影響企業活動的力量，於許多方面皆在冰消瓦解。如微軟這家世上最大的軟體公司，推出「視窗九五」就無法說是全盤勝利；後來，他們想再以「探險家」（Internet Explore）拿下網路瀏覽器的江山，奮鬥多年也始終未能如願：這二者的市場，都掌握在個別使用者的好惡，非大型企業的規畫所能

＊譯注：葛瑞菲斯（1875-1948），美國電影導演，推出許多創新的手法，如特寫鏡頭、長鏡頭、交叉剪接、倒敘法等，大幅擴展了電影的語彙。

與聞。就因為這樣，美國政府提起訴訟要限制微軟勢力擴張，根本多此一舉。他們的勢力已經因為分權的時勢推力太大，而受限不少；而且，絕大部分還可以說是微軟自作自受。說實在的，只要了解麥克魯漢的看法，就該知道，美國政府發動這場民事訴訟，可謂貽笑大方——美國政府急於施展他們在商業活動方面的約束力，活像唐吉訶德鼓其愚勇大戰風車，殊不知，他們這能力已經所剩無幾。而據稱犯下壟斷罪的公司，其成功之路，卻也早就埋下了瓦解資訊業壟斷的因子。所以，我們就不妨叫這場訴訟：「舉起你的長矛，刺向網路風車」。

麥克魯漢檢視媒體的眼睛，看的不只是媒體於商業、政治和社會的影響，也看媒體如何抓住我們的感官，如何霸占我們的感官——感官就是媒體在我們身上製造首要心理效應之處，而媒體的社會效應，大部分也出現在這裡。在第八章和第九章裡，我們就要從數位時代的全球課題，轉移到另一個角度，來看看我們和我們的電腦螢光幕、電視螢光幕、書，也就是我們的媒體，有怎樣的一對一關係。

麥克魯漢認為我們感知媒體內容的方式——即每一種媒體所運用的實質、具體方法，及其呈現資訊之強烈和清晰——不只會決定我們怎樣使用媒體，決定我們從媒體汲取到些什麼，也會對社會整體造成影響。麥克魯漢注意到電視和玻璃花窗有個共通點——二者都是由玻璃後面的光源啟動而活起來的，這光線之後再穿透玻璃，抵達我們眼裡——而就電視提出一項驚人之論：電視之所以抓得住我們的注意力，之所以可以牢牢控制我們的注意力，教我們幾近乎催眠，恍若宗教膜拜般專注，就是因為我們的感官和大腦，一碰上「透光」的誘惑，就會有這樣的反應。玻璃花窗——在這裡，應該再加上「藍天」——也有這種感官的誘惑力。繪畫、書籍（古代手繪抄本〔illuminated menuscript〕除外，這類中古手繪抄本就是在紙上模擬「透光」的效果）、報紙和電影則否，因為這些媒體的內容，是透過光線投射其上的折射效果，才傳達到我們眼裡的。因此，光就這感覺原理來看，我們就該看得出來電視賽過書籍和電影之處。由於電腦一樣是透過「透光」的效果在運作，因此，既帶有書籍的優點，又保有電視的感官魅力。

「透光」，或許是麥克魯漢的媒體比較詞裡，一般人最不熟悉者。「透光」和「音響空間」、「脫殼之人」一樣，只限於搞媒體理論的小圈子在用，從來沒像「地球村」般成為時人膜拜的對象，或如「媒體即訊息」般散發出咒語的魅力。「冷熱比」——這是麥克魯漢從爵士樂借來指稱「高姿態」（high profile）媒體和「低姿態」（low profile）媒體的語詞——走的則是另一條路。這個譬喻早在一九六〇年代中期，就已揚名立萬，其家喻戶曉，以及和麥克魯漢的名字形影不離緊緊相隨程度，不下於「地球村」和「媒體即訊息」。但在一九八〇年麥克魯漢過世後，馬上失勢，到如今，也只剩下一層還算迷人、古色古香的光暈。其數十年不變者，唯其衍生的大量誤解——但和「媒體即訊息」不同，這些誤解都和這概念本身內含的問題，或是一些尚未點破的幽微意蘊有關。

「冷熱比」主要在說具有嘈雜、鮮亮、清晰、安定等特性的媒體（也就是「熱」調性的媒體，或「高解晰度」的媒體），比起具有溫和、婉約、朦朧、多變等特性的媒體（也就是「冷」調性的媒體，或「低解晰度」的媒體），要更難以抓住人的專注力。這區別背後挾帶的心理學邏輯，是說一般人碰上低姿態的媒體，常情不自禁會自己多下點工夫——就是會更專注一些——去補足這媒體的不足。因此，同樣是幾行字，我們盯著短詩看的時間，可能就比散文要長；同樣是圖片，我們盯著政治漫畫看的時間，可能就比簡單明瞭的照片要久；同樣是動態映畫，我們盯著看電視小螢光幕上的閃動影像看的時間，可能就比電影院裡又大又清楚的影像要久。

而由上述的例子，就可看得出來「冷熱比」的二分法有什麼優點和缺點了。他的這項創見：電視會把我們拉進它的冷調影像裡，去看螢光幕後面躲著什麼，正好契合電視以其「透光」式媒體的特性，於我們身上所造成的效應。電視比起電影銀幕來，是真的又小、又模糊；相較之下，電影銀幕不只是「打光」式的，而且，依麥克魯漢式解讀法，還是「熱」調性的。但是，一旦多回想我們看電視時，為什麼會比看電影專注，就會注意到，二者依另一重要標準來看，其實還有差別——這差別就是：我們在家裡一天二十四小時都看得到電視，至於電影呢，就必須出門到電影院付錢才看得到了。僅就這點差別來看，輕易就可解釋，為什麼看電視比看電影容易上癮，而可以不管什麼冷、熱比或透光、打光比了。

其他媒體的冷、熱效應，同樣可以用別的非感知因素來解釋。麥克魯漢曾經貼切指出，收音機和唱機（即一九五〇年代末期和六〇年代初期的高傳真音響）傳送出來的聲音，比電話要飽滿，因此電話算是「冷」調性的，需要比較專注。但是，電話之所以吸引人，另有其實際而且淺顯的原因；因為，電話那頭有另外一個人可以和我們作活生生的互動。收音機和唱機不論冷、熱，都不會要求我們像打電話那麼專注；原因很簡單，因為，收音機和唱機全不理會聽者的聲音（若有人打電話到電台，那就不一樣了——那時，電話加入廣播，就讓廣播有了互動的效果）。

而收音機放在冷、熱分析法裡，還另有一個問題待解。收音機只有聲音，是冷的，那電視既有聲音又有影像，怎麼也是冷的呢？難道，聲音就一定不如影像加聲音嗎？不過，我們只要加句但書，就可以回答這問題了：這「冷熱比」用在同一模態的媒體裡，最為合適——像電視和電影比，散文和詩比，漫畫和照片比——而不適合作跨媒體的比較，像收音機和電視比。但我們還是有個結果甩不掉：以「冷熱比」作媒體效應的衡量標準，實在很難抓得準；有時，這譬喻攪和的效果還大於澄清（或許是就清晰的標準而言，這譬喻反而有治絲益棼的反效果吧）。

儘管如此，冷熱比的闡釋效力，仍然算是可觀，所以，這本書將它和其他譬喻都放進來；凡有助於我們了解新數位時代者，我們來者不拒。網路文本自從在一九八〇年代問世以來，就比書和報紙要更容易教人上癮。早期的商業網路，如「電腦服務」（CompuServe）和「資源網」（Source），是以小時為單位來計費的，但是，那時，就算沒本錢上網的人，照樣一個月花上千塊美金上網漫遊。能在網上和別人互動——有時是現場，但以不同步居多——或許是網路有這麼大魅力的主因。但是，在這些原始、低姿態的螢光幕裡——還只是淡色字母襯著黑底，比起今天光鮮亮麗的螢光幕，看來既黯淡，又乏味——絕對還有別的東西，散發出了強大的吸引力。我第一次上網時，看著電腦的螢光幕，就不禁想起麥克魯漢和冷調性媒體幾個字，就寫在燐燐的螢光裡；這幾乎是十五年前的事了。

一般人動筆寫東西，就有意思要出版——日記除外——所以，我們在第十章裡，要再回到社會的場域，看看麥克魯漢的另一命題：「影印機可以把每個作家都變成出版家」，在碰上網際網路時，又是怎樣的狀況呢？他最初的陳述，當然不僅只是一時豪興大發，口出驚人之語而已。那時，再便宜的平裝書，摸起來、聞起來，都比最逼真的影印本要像印刷品；而且，捧著影印「出版品」的作家，那時也絕對找不到門路可以作公開發行。而全球資訊網，於兩方面同都是威力強大的「均衡器」（equalizer）。作家只需要知道基本的「網頁編寫語言」（HyperText Markup Language, html），略具些網頁設計的概念，就可以為自己的作品作線上出版，而且可以做得很漂亮，不輸最大的網路公司。而全球資訊網還是通行全球的分銷體系，任何人只要一只瀏覽器在手，愛上哪一網頁就上哪一網頁。不過，這一出版革命還絕談不上成功：亞馬遜所締造的鉅額業績，都是透過全球資訊網販售傳統出版品所創造出來的。

以傳統方式印刷、裝訂的書籍，身價不跌反漲，這是因為我們這些捧著書長大的人，對它戀戀不捨呢，還是因為我們內心裡對印在紙張上永不消退的字，深埋著一份滿足感——二者在《數位麥克魯漢》裡都會討論到；而我猜，這答案應該是二者皆然——捲過書籍、報紙的鉅變狂潮，都是朝同一大方向捲去的：這鉅變的浪沙正以莫可遏抑之勢，淘盡天下媒體的傳統把關人。在知識傳播還處於手寫的時期，書籍的數量極為稀少，斯時西方宗教文獻，以及其他蒙恩較少但一樣值得保存的文獻的把關人，主要便是教會。後來，印刷術是打破了這道門，但是，政府馬上代之而起，企業隨之跟進，開始管制新興的資訊浪潮。到了二十世紀，收音機和電視這兩樣廣播媒體，再次大幅擴張資訊浪潮的流量，只是，這次政府和企業把關的威風，不減當年——甚至不減反增，因為，出版書籍的成本，比製作電視節目要低很多；而且，在有線電視出現之前，電視節目能夠排上電台播映的機會也不多。所以，麥克魯漢扣住影印機的角色，以之為扭轉時事走向的樞紐，不僅眼光獨到，甚至可以說是高瞻遠矚。而到了我們這數位時代，把關人的問題就變成了：既然網際網路都將資訊預作分類的技術和經濟理由去掉了，那大眾還需要去找把關人，由他們批准自己該讀些什麼、看些什麼、聽些什麼了嗎？大眾難道不會自行和創作者建立直接的關係，自行批准自己要些什麼資訊嗎？

第十一、十二、十三等三章，便要看看資訊數位化的便利條件，於世人「精益求精」的觀念，造成了怎樣的變化，於世人的工作、娛樂、藝術三方面交涉創發，又有怎樣的關係。麥克魯漢不只特具遣辭用字的天賦，也獨具慧眼，可以從他人的論述裡，摭拾珠璣雋語，轉為己用，如他便常引用峇里島民的俗諺：「我們沒有藝術，我們只是把什麼都做好。」他認為峇里島民注重細節、講究完美、屬於前工業時代的心態，連同音響空間和地球村，都代表電子時代走到了一個折返點，過了這道關卡，平常人也漸漸開始用得上專門知識了。在這方面，就跟我們生活裡諸多方面一樣，小我〔個人〕的數位時代對於我們個人，遠比大我〔眾人〕的電子時代要好，因為，小我的數位時代不僅讓我們天天二十四小時都可以取得所要的資訊，也給了我們運用資訊的媒介、貢獻社會的途徑，甚至不論白天黑夜、不論身在何處，甚至人在家中坐，都可以同時從事多種工作。

而世人的工作能力之所以能夠擴張到這步田地，當然是因為個人電腦的緣故；而個人電腦，除了工作之外，也是我們的孩子（我們自己應該也包括在內）遊戲的地方，我們上網漫遊找樂子或找錢賺的地方。「網上衝浪奴」（Serfs to Surf）（本書第十一章）這一章裡，就要看看工作、娛樂的分際之所以泯滅的背景，及其可能會有怎樣的後果。雖然，電視在它脫離未久的古典時代裡，也將娛樂和新聞、商業（也就是廣告）結合於一爐；但是，電視提供世人直接販售商品和服務的管道，倒是很少；至於直接在家中進行生產、分銷，則是全無。在先前那時代，世人的工作，大體都得在家外面進行，也就是在具有實體的公眾場所裡才可以進行。然而，迥異於此一涇渭分明的區隔，個人電腦從一開始就兼具了工作（文書處理、資料管理、電腦連線）和娛樂兩種功能。甚至，連作業系統分成DOS（商用）和麥金塔（Macintosh，娛樂用）兩大流派，也都反映了個人電腦雙重功能兼容並蓄的現象。而這兩大流派，最後還在「視窗」（Window）軟體裡合流，其實也是在所難免的事；因為，DOS和麥金塔這兩種軟體的差別，比起個人電腦和先前任何一種媒體，實在不多。至於網路漫遊的樂趣，在新鮮感消退之後是不是還維持得下去？工作環境變得這麼靈活，做起事來真的會比以前好嗎？世人各方面的生活，真的會因為可以在家工作，而變得更好嗎？這些問題，在在尚待分解。但是，美國經濟在一九九〇年代末的強勁成長率——國民生產毛額上升，失業率下降——至少表示，這世上上網率最高的國家，工作結合娛樂的新興模式，已有了相當不錯的成果。

到了第十二章，我們要看的就是把工作和娛樂放在技術發展的另一端，會是怎樣的情況；特別要談談麥克魯漢所謂之「過時的技術會成為藝術」。他曾經警告世人，說科技在運用的巔峰期，都會化作無形——在此，可以形容成科技會像颼颼疾轉的扇葉，誰不小心，就會切斷手指——由此，他進而推論，只要有新技術問世，即使只是取代先前技術一部分的功能而已，也會使先前技術的運作模式，突然清楚了起來，像突然被新技術推上了舞台中央，但由新技術在幕後操縱一樣。這時，便會像我們在討論「媒體即訊息」時說過的，舊媒體會成為新媒體的「高姿態」內容；先前小說和電影的關係、電影和電視的關係，還有網際網路出現前的所有媒體和網際網路的關係，便是如此。

但還有另一種情況，就是有些被淘汰的舊技術，仍能夠繼續存在，但靠的不是該技術的產品或功能，而是該技術使用時的樂趣——就像欣賞古人的藝術作品一樣。在談這方面的效應時，麥克魯漢最喜歡用的例子，是我們居住的這個地球，在蘇聯發射人類史上第一顆人造衛星「史普尼克」（Sputnik，一九五七年發射升空），繞著地球旋轉，讓人類頭一次可以在地球之外的地方，一瞥我們所在的星球；這時，地球剎時變成了藝術品——一件美麗的珍寶，需要我們好好欣賞、保存；蓋婭（Gaia，大地之母）此時彷彿成了瀕臨絕種的動物。而我自己偏愛的例子（讀麥克魯漢的作品時，自己發明例子是一大樂趣），是醃肉和開敞篷車圖涼快這兩個。火腿、醃牛肉等食品，在以前，純粹是為了利於長久保存才作加工的；到後來有了冰箱可以發揮更好的保存功能後，世人還是繼續吃醃肉，為的就幾乎全就是風味了。就在那同一時期，也有許多人愛開敞篷車，為的是圖個涼快。但到了一九六〇年代，汽車裡加裝了冷氣機，敞篷車就幾乎銷聲匿跡。再到了一九八〇年代，敞篷車捲土重來——只是，現在開敞篷車的人，圖的是要酷（cool）的清涼，倒非真的清涼。

隨著一樣樣媒體從其獨立自存的傳統地位，變成網際網路的內容之後，世人將這些舊媒體視作藝術品的比例，可想而知，應該也會等量遞增。如印刷品的型式和設計，就已經有人開始以審美的角度來欣賞了——隨便找一份現在的報紙，拿它的頭版設計和一百年前比比看就知道——再如人類的書寫，不就是在印刷術問世之後，而成為書法藝術的麼。而電視節目在連著鍵盤和滑鼠的螢光幕上播出，也不只是讓電視有了新的「看法」而已，連其造型，也有了很大的變化餘地；電視螢光幕的大小、形狀，可以由人作各種實驗組合，加上可以和其他視窗作連結，在在都會提升世人對電視影像內蘊的美學和結構，有更強的感受。一九五〇年代電視上播的情境喜劇——像

《我愛露西》（*I Love Lucy*）和《蜜月中人》（*Honeymooners*）——重新包裝之後，在有線電視上以「經典名片」推出，片頭還加上簡介，說明片子的趣味所在，便是朝這條路踏出了小小的一步。如今，美國有許多地區都有近百的有線頻道可看，比起一九五〇年代不過區區幾個頻道，增加得不可謂不多；但是，網際網路可以提供的頻道，還要多得多，而且，搞不好沒多久，就會把有線電視變成「輕型網際網路」（Internet, lite）了。

然而，這類麥克魯漢式藝術品愈來愈多——也就是這舊技術從我們迷迷糊糊在用的東西，變成我們審美的對象——能為社會帶來任何進步的淨值嗎？換言之，就算網際網路真的讓我們有更多時間、更多機會去仔細觀照內蘊藝術條件的活動，這樣，是否就符合峇里島人所說的：「把什麼都做得好好的」呢？我們在第十三章裡，就要看看在數位時代，真要改善我們生活、做事的方式，可能會碰上怎樣的美景、怎樣的陷阱。在一方面，能夠快速取得各色各類的資訊，對於需要作調查研究的工作，當然有助於得出更好的成績；而這類工作涵括了醫學、法律、學術以及諸多商業的專門領域。但另一方面，在虛擬世界裡建立的成就和關係，很可能根本就是虛幻不實的，要不至少也不是完整的；因為，唯有待有血有肉的真人真的握上了手，唯有待具體可見的東西真的開始運轉，才算做出了貨真價實的成就。

而且，就算尚處於前工業時代的峇里島人，真的「把什麼都做得好好的」——這也得考慮一下一般人難免愛給自己臉上貼金——可能也只是因為他們的事比較少，做起事來的時間自然比較多；而在工業時代，事情比較多，做事的時間相對就比較少。以數位方法處理資料，由於取得所需資訊的速度比較快，因而真的可以大幅增加我們做事的時間；此外，可以完成的事情增多，也讓我們更容易掌握相關工作的全貌，這於工作也不無助益。所以，迄至目前為止，一切還算順利：我們好像離峇里的哈怡島（Bali Ha'i）不遠了。

但是，我們還是有許多事情，是深植在實體事物之內，怎樣也無法脫離的；另也有許多事情，有時間的限制，怎樣也無法克服——網際網路把橘子從加州運到倫敦的速度，再怎樣也沒辦法快過飛機吧；而全球資訊網再怎樣也沒辦法加快橘子生長的速度吧——這些，便是數位狂潮再怎樣狂飆，也無法撼動的錨，隨時隨地都可以把洶湧的浪頭一把拉了下來。所以，到最後，我們大有可能必須認命，我們再怎樣也沒辦法「把什麼都做得好好的」；但是，我們可能還是有一部分人，可以把某些事情做得比較好——這樣，也不算壞啦。

管窺了一下未來之後，我們進入本書的最後兩章。麥克魯漢在這裡還是停也不停，一路從我們這世界的嚮導——這可是他過世二十年後的世界喲——到未來世界的解說員。在這裡，麥克魯漢一秉他不愛解釋但愛衍申理論的脾氣，還是不願就未來作有組織的詳細預測。他的拿手好戲，在此，就是突然一頭潛進過去，從海底深處挖出燦爛輝煌的寶石，再浮上水面來，照亮目前的世事。我們也因此有了地球村，有了音響空間，有了玻璃花窗，個個熠熠生輝，先照亮了麥克魯漢的世界，從一九五〇年代一直照到一九八〇年代，現在，又照在我們當今的數位時代，我們這才剛要起步的時代。不過，就算沒就未來提出明白的預測，麥克魯漢還是留下了兩樣非常有用的概念工具，略作領航之用。其一，是「後視鏡」（rear-view mirror），他用這概念來提醒我們前行之時，隨時隨地都該注意我們認知上的錯誤，注意路上的坑洞不要掉了進去。另一概念，便是「四大律」（tetrad），或稱「媒體律」，他用這概念來將所有的可能狀況挖掘出來，檢視這些可能狀況和媒體的過去及現在效應，有何關係。

「後視鏡」的概念——也就是第十四章的主題——跟「地球村」一樣，是麥克魯漢最容易理解、效力最強的見解。老實說，「後視鏡」也可能是我最喜歡的一個譬喻：我們往前邁進未來之時，眼睛其實是盯著後面看的。他這說得真是一針見血，這汽車「後視鏡」的譬喻，巧妙抓住了這效應的神髓，而其在語言上的軌跡，亦隨處可見。像「電話」的英文，一開始叫作「通話電報」（talking telegraph），「汽車」一開始叫「無馬馬車」（horseless carriage），「收音機」一開始叫作「無線電」（wireless）。但是，這些新技術每一樣都不僅止於此而已——電話破壞了我們家居生活的私密，汽車加強了產油國的力量，收音機成了全國的大眾媒體——但由於這些後果，在最初的「復古式標籤」（retro-label）裡，根本反映不出來，以致這些後視鏡，反而把我們的注意力從關鍵性的發展上轉移開來。

網際網路當然也以放在後視鏡裡看最好。愛批評網際網路的人，常把它當作電視螢光幕來看；而擁護它的人，包括我在內，則喜歡將它看作是改良型的書籍。但真要講起來，雖說尚未能百分之百確定，但這網際網路，不論現在還是未來，都是書籍、電視二者結合、轉化而成的，另再加上別的媒體如電話，因此，網際網路應該說是比以前任何媒體都要廣、都要新的東西。從「後視鏡」來看，看不出來它到底是什麼東西，但可以提醒我們，不要被還沒走遠的過去搞得昏頭轉向。只看後視鏡開車的人，或甚至只因為看得太多而對前方的道路和可能出現的狀況隨便瞄一瞄的人，沒多久，人和車就只有待在路邊的份兒了。甚至更慘。

至於麥克魯漢的「媒體四大律」，則換了檔，從警告我們瞻望未來有時也該把染著過去色彩的眼鏡摘下來，換成告訴我們拿下眼鏡之後，我們可能會在瞻望到的未來裡，看見怎樣的風景。麥克魯漢說，不論是對哪一種媒體，不論是對什麼效應，我們都可以問四大問題：其於文化可有何加強、放大（amplify）之處？其於文化又有何淘汰（obsolesce）、削弱之處？其於過去，於先前被淘汰的世界裡，重拾（retrieve）了些什麼回來？還有——這「媒體四大律」於此就投射進了未來——其於潛勢消耗殆盡之時，又轉化（reverse）成了什麼？以收音機為例：它將口語傳播的距離拉得很大；它淘汰了部分的書寫傳播，像報紙就因此而失去了新聞傳播的領先優勢；它重拾了口語傳播在文字出現前的部分優勢；它後來還搖身一變，變成了結合聲音和影像的廣播媒體——電視。新興的媒體，一樣可以用這方法檢視。像電視拉大了視像立即傳輸的距離，淘汰了有聲無影的收音機一部分的功能，因為，原來在收音機上播放的連續劇及肥皂劇，被電視搶了去；它將收音機淘汰的部分視像條件，又重拾了回來，例如卡通；它後來又搖身一變，變成了……

嗯，我們還沒走到那裡，但目前寡占市場的大電視網，不就已經變成了紛歧但有交集的媒體，如有線電視、錄放影機還有網際網路嗎。

第十五章，是我們這趟旅程的最後一站。我們在這一章裡，就要將這「四大律」用在新數位時代的新媒體上，特別要看看這些媒體可能會在哪些方面，有怎樣的轉化。想這網際網路既帶動了傳播的民主化，又不把把關人放在眼裡，這樣走到了下一個關卡，會不會把它的四大律變成了網路，還把網路裡的精選網站搞成徒具虛名，網頁上的連結都是預先設定的資訊垃圾堆，而且，還控制在政府或其他一些復辟的中央集權組織手裡，像電影《星艦戰將》（*Starship Troopers*, 1997）裡的情節一樣呢？還是這數位時代釋出的離心力太強，席捲全球的速度太快，反而會把四大律的輪子拖離過去的集權組織，永不再返呢？

這位麥克魯漢「醫生」用來評量媒體健康、狀態、心跳、預後的醫療箱裡，最特別的一樣東西，或許就是這四大律了。雖然四大律比起他其他的構念，都要有系統——史上每一種媒體，都受制於此四大律——但四大律依然沒有終點，依然泛涉多方。每種媒體，不論是加強了什麼、淘汰了什麼、重拾了什麼，或轉化成了什麼，一概不只一端。電視重拾的東西，有遠古的洞窟壁畫，有大型的廣告看板，有報紙上的漫畫；而電視所轉化成的，不只是網際網路、有線電視、錄放影機，還有立體攝影（holography，全息攝影，全像攝影）、影像電話（videophone，這樣東西當然也是電話所轉化出來的眾多媒體之一）等多樣東西。於此，麥克魯漢顯然是要用四大律，做出些新東西來——近似媒體通論一類，而且，還避開了歸納理論得付出的代價——像是拘泥不通、侷限未然等等。只是，天不假年啊。

有關這四大律，他生前只出版了兩篇短文（McLuhan, 1975, 1977a）。而媒體律還要熬到一九八八年才有辦法和世人見上一面；該年，麥克魯漢和兒子艾瑞克合著之同名書，才終於問世。而這四大律對我個人來說，也有獨特的意義：麥克魯漢一九七七年登在《其他種種》（*et cetera*）上的第二篇四大律短文，就由我寫了一篇小序。那時，我還在讀博士班，雖然先前曾經詳讀過麥克魯漢的作品，但為了寫那篇小序，我又花了些時間，不僅再細讀麥克魯漢的作品，還透過書信、電話，外加偶爾到多倫多或紐約和他見面討論，而和他有一陣子共處的痛快時光。

這四大律，因此不僅是這本書的壓軸，也正好可以為這一章作收尾；在此，我們要看看麥克魯漢和他人，如同儕、與他合著作品的作者，以及學界裡仍在推廣他作品的人，之間的關係如何。

麥克魯漢的圈子

麥克魯漢的許多書，都和別人合著；他生平的著作裡，只有三本是獨力所作：《機械新娘》、《古騰堡銀河系》（*The Gutenberg Galaxy*; 1962），及《認識媒體》。他的其他作品——《媒體即按摩》（*The Medium is the Massage*; McLuhan & Fiore, 1967）、《地球村之戰爭與和平》（*War and Peace in the Global Village*; McLuhan & Fiore, 1968）、《穿透消逝點》（*Through the Vanishing Point*; McLuhan& Parker, 1968）、《對向氣流》（*Counterblast*; McLuhan & Parker, 1969）、《從老套到範式》（*From Cliche to Archetype*; McLuhan & Watson, 1970）、《以今日論：高級主管中輟生》（*Take Today: The Executive as Dropout*; McLuhan & Nevitt, 1972）、《城市即課堂》（*City as Classroom*; M. McLuhan, Hutchon & E. McLuhan, 1988），以及遺著《媒體律》（M. McLuhan & E. McLuhan, 1988）和《地球村》（*The Global Village*; McLuhan & Powers, 1989）——都是與人合著寫就，合著的作者標示在括號裡。（《文化乃眾人之事》〔*Culture is Our Business*〕雖由麥克魯漢一人寫就，出版於一九七〇年，但應該算是《機械新娘》的修訂本；《語文影像探索》〔*Verbi-Voco-Visual Explorations*〕，是《探索》〔*Explorations*〕雜誌第八期於一九六七年重新發行的修訂本，由麥克魯漢和卡本特〔Edmund Carpenter〕合編；麥克魯漢和卡本特另還在一九六〇年合編《傳播探索》〔*Explorations in Communication*〕一書。）

然而，只要我們了解，麥克魯漢最有影響力的著作首推《古騰堡銀河系》和《認識媒體》（這兩本書是麥克魯漢三本獨腳戲作品中的兩本），就可以證明，麥克魯漢即使必須向別人借力使力，所借者，其實無多。檢視他後來的作品，的確可以發現，他在後來的著作裡，雖然還提出了新的例證，但所述之見解、譬喻，以及所闡發的媒體關係——像「地球村」、「冷熱比」、「透光－打光比」，當然也包括「媒體即訊息」——在他的第二和第三本書裡，全都以不小的篇幅寫得相當清楚了。《媒體律》算是部分例外，但「重拾」的概念，在他談地球村時，就已經上場亮相了，而「轉化」在《認識媒體》裡面，也有專篇討論——〈過熱媒體之轉化〉（Reversal of the Overheated Medium）。「加強」（enhancement）和「淘汰」——即當紅媒體為另一媒體取代——於麥克魯漢所有的著作裡，則一以貫之，向來是重要的主題，特別是口語傳播為文字傳播所淘汰，文字傳播又為電子傳播淘汰的情況。因此，《數位麥克魯漢》這本書，也可以看作是在談我們目前的電子數位環境，如何淘汰了先前的大眾電子環境——這場淘汰，不僅教全球世人取用先前大眾電子媒體的能力，大為加強，還因為世人對個人電腦愈來愈依賴，以及全球資訊網在在需要用上文書，而將寫作文化重拾回來。而麥克魯漢生前的電子媒體，其實已經是另一種電子數位媒體即將蓬勃發蔚的根苗——不妨將之比喻成一隻單向的大眾媒體毛毛蟲，正快要蛻變一隻數位蝴蝶；就讓譬喻展翅高飛一下吧——這點，除了麥克魯漢身後仍和他聲氣相通的學者有緣一見之外，麥克魯漢生前，還有在他生前和他合著的那些學者，則都緣慳一面；因為在當時，這樣的情況還不明朗。

由於從麥克魯漢的合著作品裡，無由判斷哪一部分是哪一位作者所作——也由於先前就說過了，麥克魯漢合著作品裡的見解，在他早期的獨力作品早已成形——因此，為求方便，我在書裡都將引述的句子和看法，標示為麥克魯漢所有，但在引文後的註釋裡，一定標明合著的作者為誰（例如：McLuhan & Fiore, 1967）。

由麥克魯漢的同路學者所獨力寫就，或是以麥克魯漢其人、其論為題所寫就的作品，當然就是另外一回事了。不過，這裡面還是特別要提一下，這些作品就只有麥克魯漢的一位同事——卜本特寫的《哦！那幽靈給了我好重的一拳！》（*Oh, What a Blow that Phantom Gave me!*; 1972/1973）——對我們理解數位時代，有重要的助益；也因此，是這本書裡唯一標明引述出處的書。至於早些年以麥克魯漢為題所出版的評論，一般都因為徹底誤解了他們討論的對象——如米勒（Jonathan Miller）寫的《麥克魯漢》（*Marshall McLuhan*, 1971），硬生生就是要把麥克魯漢所謂的「熱」調性，說成是在指不完整、低姿態的媒體，要不就把麥克魯漢的用法，整個顛倒過來——這些，都會在書裡有所註記。

除了支持麥克魯漢和批評麥克魯漢的人之外，現在，還有一批人在將麥克魯漢的作品應用、擴張到新的領域去；人數雖然不多，但在增加當中。波斯特曼就挖掘出了麥克魯漢的黑暗面（例如一九八五和一九九二年的作品），力陳電視的內容不論有多高的新聞價值、教育價值，或甚至展現了深厚的文化內涵，電視內蘊的潛在訊息——即不論看什麼電視節目都會有的結果——都會摧毀人類文明的理性、禮法和諸多美好事物。寇蒂斯（Jim Curtis）寫的《搖滾年代》（*Rock Eras*; 1987），用麥克魯漢的四大律來看搖滾樂。梅洛維茲寫的《不分場合》（*No Sense of Place*; 1985），將麥克魯漢所說——以電子的速度過日子後，世人的工作和藝術、事業、娛樂之間的分野，都會泯滅無存——放在社會和政治的層面上，作進一步演繹。

因為大家同在一條路上走到今天，所以這些學人的論述，大部分都互有關聯，互有交涉。我因替《技術與文化》（*Technology and Culture*）這份雜誌，幫寇蒂斯的《文化複音字》（*Culture as Polyphony*; 1978）寫了篇評論（Levinson, 1979b），而認識寇蒂斯。我注意到他分析俄國和美國南方文化為「冷」調性、音響空間，而開始和他通信，並和他交上了朋友。他寫的《搖滾年代》，不僅用上了麥克魯漢的四大律，也特別就我演繹出來的四大律（四大律的「演化之輪」〔wheels〕）作進一步闡發；這在《數位麥克魯漢》的第十五章裡，會有討論。

我在紐約大學上博士班的討論課時，梅洛維茲就坐在我旁邊，當時那堂課，是波斯特曼開的「媒體生態學」，從一九七五年上到一九七八年。我們就是在那時期，從為小事吵得不亦樂乎，而快速滋生了終身的友誼，也因不打不相識，而發現我們兩人對媒體世界的看法，其實大同小異。我們的中心看法，都出自麥克魯漢。之後的幾年裡，我繼續將我得自麥克魯漢的看法，加入波普（Karl Popper）的哲學，坎貝爾（Donald Campbell）的「演化認識論」（evolutionary epistemology），甚至還有一部分艾西莫夫（Issac Asimov）科幻小說裡的邏輯分析和科技想像。梅洛維茲則在他的麥克魯漢裡，加進了社會學，特別是高夫曼（Erving Goffman）的「公人格」（public persona）和「私人格」（private persona）。雖然《不分場合》（1985）寫得稍嫌早了點，沒抓到數位革命潮流的全貌（該書評議的對象，電視多過電腦）但是，書內還是就大眾電子媒體個別的分野日益模糊，作了番淵博的論述，像是為數位時代對資訊把關人所發動的正面攻擊，先作了番前奏；而數位時代對資訊把關人的正面攻擊，也正是《數位麥克魯漢》這本書的主軸。

波斯特曼不只是我唸博士時的學術領航人，也是我的博士論文指導老師。雖然波斯特曼提起電視和電腦就口出苛評，我卻大唱反調，認為電視和電腦對人類文化的助益遠大於波斯特曼意下所想。我對於電視、電腦的效應，也在在都和波斯特曼南轅北轍。搞得後來我常挖苦自己，當老師當了半天，卻教出了波斯特曼這麼個爛徒弟——我這意思是說，有個博士班學生拚命要「教」他的恩師媒體是什麼。然而，挖深一點來看，波斯特曼才真是教會了我，為什麼麥克魯漢絕不可以等閒視之；他才是老師，高人一等的老師。

我和麥克魯漢的交情，不論是學術還是私誼方面，迭經重大考驗，而且，還次次有賴波斯特曼開的博士課程，才得以安然度過，尤其是一開始的時候。我出版的第一篇學術論文（登在紐約大學媒體生態課程的專刊《媒體生態評論》〔*Media Ecology Review*〕上），題目叫作〈互動媒體之「冷」、「熱」新解〉（'Hot' and 'Cool' Redefined for Interactive Media; 1976）。這篇論文的主旨是：「冷」、「熱」之別，在被動的單向媒體如收音機上的用法，有別於互動式的雙向媒體如電話；而由這看法，就直接推演出了，麥克魯漢的見解，在我們這後來互動更為頻繁的數位時代裡，可以有怎樣的新用法。

到了一九七七年，我已經在《其他種種》這份刊物上（這是「國際普通語意學會」〔International Society for General Semantics〕的期刊）又發表了兩篇有關麥克魯漢學說的文章。那時，這份刊物正由波斯特曼主編。我在〈玩具、鏡子和藝術〉（Toy, Mirror, and Art; 1977b）一文裡，就個別媒體的發展階段，提出了一則獨創的完整理論；這理論和麥克魯漢的學說，以及數位時代的遊戲、工作、藝術間的關係，於本書的第十一章裡會有詳論。同一期的《其他種種》，還登了麥克魯漢寫的《媒體律》（1977a），和我的序文。（這一期堪稱經典之作，因為裡面另還登了梅洛維茲的〈「中間區域」政治學之崛起〉〔The Rise of 'Middle Region' Politics〕，他在文章裡分析在甘迺迪後的電視時代裡，政治英雄的形象有什麼侵蝕的現象。）那時，我之所以會為麥克魯漢的《媒體律》寫序，全是因為波斯特曼拿了份麥克魯漢文章的草稿給我看，問我的意見，然後要我把意見寫下來。我為麥克魯漢文章寫的序，在發表前，當然也請麥克魯漢過目。沒多久，我們就在紐約市見了面，旋即展開了為時不長的數年通信之誼，期間還數度在多倫多、紐約見面，一九七八年，我在狄金遜大學主辦的一次「四大律研討會」，研討的主題人物是麥克魯漢和其子艾瑞克兩位，我們自然也見了面。

我知道人生總有些失落無法避免，一些我在書本或唱片上認識而極為仰慕的人，真的見了面，每每有爭相見不如不見之憾。好像作家或作曲家，都把生命的精華投入創作之中，以致親眼所見之人，往往不及心中想像之萬一。然而，麥克魯漢卻是昭昭之例外。我在他山楡公園（Wychwood Park）的住家附近，和他散步，共進晚餐，通電話，討論會中場休息和他在走廊上閒聊，他談的一言一語，無不字字珠璣，鞭辟入裡，就算天馬行空，放在他的信、他的書、他文章的脈絡裡看，依然論理清晰，絲絲入扣。回想起來，還真是這樣的啊！有時，閒聊時天外飛來的一句，內蘊的機鋒，可是遠較寫就的文章要深邃，甚至能夠釐清文字所不能言明者。所以，在這本書裡，我會不時穿插我從麥克魯漢平時的話語裡掇拾而得的珠璣，以饗讀者。

然而，麥克魯漢在一九八〇年底謝世，我們之間的閒聊，就無以為繼了。那時，我已經送交發表的文章，〈麥克魯漢和理性〉（McLuhan and Rationality; 1981a），於翌年夏天登在《傳播季刊》（*Journal of Communication*）上；〈麥克魯漢於演化語境之貢獻〉（McLuhan's Contribution in an Evolutionary Context; 1981b），同年也登在《教育科技》（*Educational Technology*）上。

〈馬歇爾・麥克魯漢和電腦會議〉（Marshall McLuhan and Computer Conferencing）這篇文章，直到一九八四年才登在「國際電機電子工程學會」（IEEE; Institute of Electrical and Electronics Engineers）的《專業傳播會刊》（*Transactions of Professional Communications*）上。但這篇文章早在一九八〇年八月就已經寫好了，時間就在我學會上網後兩個月，正透過一具Kaypro II CP／M個人電腦和一具三百波特（baud）的數據機，進行我生平第一次的線上討論會（由「西方行為科學研究院」〔Western Behavioral Sciences Institute, WBSI〕主辦）。我在文章裡說，麥克魯漢廣遭世人詬病的位元大小、語多重覆、輕薄短小的文章，其實就是網路上的電子文件文體，只是，他這文章還卡在紙張上面，不得脫身，因為，他那時的媒體環境，追不上麥克魯漢大腦奔馳的速度，搆不著麥克魯漢大腦涵蓋的多重面向。就我所知，這算得上是世上第一篇，把麥克魯漢和數位時代的表達方式連起來的文章；因而，也可以視作是這本書萌生的種籽。

我寫的《漫遊無際的大腦：科技時代所謂之知》（*Mind at Large: Knowing in the Technological Age*; 1988b），主要是將科技視作知識的化身、知識的載具來談，至於以科技為傳播媒體，則是其次。但這篇文章，就算風格不像麥克魯漢，論理之範圍和主題，承襲麥克魯漢之處還是很多；也因此，這本書理當題獻給他。我在《紐約時報》（1981c）和加拿大的《星期六晚報》（*Saturday Night*; 1988a）上，都曾有投書，指出麥克魯漢死後，世人對他論點慣常有的誤解，仍未稍減。我在《星期六晚報》上的投書，還指出另一個問題，這問題也是我寫《數位麥克魯漢》這本書所要釐清的重點：一般人都誤以為麥克魯漢於我們的世界，沒留下任何長久的影響。

一九九〇年，《傳播季刊》登出了我寫的一篇〈麥克魯漢的空間〉（McLuhan's Space），這篇長文就馬坎所寫的麥克魯漢傳記（1989），麥克魯漢父子合寫的《媒體律》（1988），麥克魯漢和鮑爾斯（Powers）合著的《地球村》（1989），麥克魯漢的《信札》（*Letters*; M. Molinaro, C. McLuhan & W. Toye eds., 1987），我在這篇文章裡，頭一次提出當年麥克魯漢所說的「音響空間」和我們現在說的網路空間，其實沒什麼不同。《連線》（*WIRED*）雜誌（他們在刊頭上標舉麥克魯漢為他們的「守護神」），一九九三年登出了這篇文章的修訂版（也比較短），接下來我在《連線》上發表的六篇文章（Levinson, 1994a, 1994b, 1995c），有三篇都是以麥克魯漢為主角。

麥克魯漢和我們這數位時代的關係已毋庸置疑，只是至今少有人研究，少有人利用罷了。

一九九八年三月，史崔特（Lance Strate）在佛德翰大學辦了一次「麥克魯漢研討會」。波斯特曼、梅洛維茲、寇蒂斯，都有論文發表，我也一樣；另外還有二十幾位從一九五〇年代起，即蒙麥克魯漢作品啟發的學者。《數位麥克魯漢》的草稿，那時大致已經完成，我在會中提出的論文——〈勁酷文本穿越輕熱線路〉（Way Cool Text through Light Hot Wires; 1998c）——便是本書第九章改寫而成的。不論是想走馬看花掃瞄一下研討會上的論文，還是要多深入了解麥克魯漢於新媒體的真知灼見，我都大力推薦史崔特和魏克泰爾正在編的該次研討會論文集，已於公元二千年出版（Critical Studies in Media Commercialism; 2000）。

此外，《數位麥克魯漢》這本書，還要談談麥克魯漢用的方法（即下一章），以及他所提出的十三項重要見解，和他這些見解對於我們正在創造的新世界有何意義。

如今，麥克魯漢既然重新出土（其實，他也從未入土），我猜，坊間談麥克魯漢的書，以及用他的理念演繹出來的文章，一定會愈來愈多。在這種重見天日、大放光明的氣候之下，將麥克魯漢的原作放在手邊隨時參考，就顯得特別重要了。就麥克魯漢所作的詮釋之作，由於多少都會改寫麥克魯漢的原作，因此，雖然可以強調出麥克魯漢論述的重點，但也可能忽略了麥克魯漢原作的重點；這本書自不例外。

所以，《數位麥克魯漢》這本書裡，雖然不免要引用他人的詮釋，但還是盡可能直接引用麥克魯漢自己所寫、所言。

各位不妨就將這本書，視作我和麥克魯漢生前討論的續集；在這續集裡，或許下結論的人是我，但先出手的人，永遠是麥克魯漢……

第二章　不甘不願作闡述

I don't explain – I explore

我不作解釋——只作探索

「我不作解釋——只作探討」，麥克魯漢在他一篇〈為鄉下小子說說我的危險〉（Casting my Perils before Swains）裡，曾經說過這樣的話；這篇文章，是他為史騰寫的《麥克魯漢：冷與熱》一書所作的序；史騰這本書，是一九六七年出版的一部麥克魯漢思想評論集。

他這一招，早在十多年前就已經用過了，而且，當年那一手，還很可能是他這用法的經典之作呢。一九五五年十月，他在哥倫比亞大學師範學院的研討會裡，當主講人。席間他從字母、X光、佛洛伊德的心理分析開始講起，然後推進到印刷術、電報、收音機、電視等等。麥克魯漢那時還籍籍無名，只有讀過他寫的《機械新娘》（1951）的人，或是麥克魯漢和他加拿大的同事卡本特合編的《探索》雜誌的訂戶，才知道有他這號人物。請麥克魯漢去參加研討會的研討會主席，佛斯岱爾（Louis Forsdale），在觀眾席間，挑了個聽眾來提問題。

那位聽眾，是當時美國社會學界的「大老」，墨頓（Robert K. Merton）。

「真不知從何說起！」墨頓一開口就說，一張臉氣得鐵青，「你文章裡的每一句話，都需要作交叉訊問才可以！」接著，他從第一段開始，大聲舉出一條條需要作進一步解釋的地方，之後，則由布萊恩特（William Jennings Bryant）接手對陪審團作結辯，說明這被告為什麼需要定以謀殺學術規則之罪。

依佛斯岱爾所述，這些抨擊，麥克魯漢一一接下，還說，「喔，你們不喜歡這些想法是不是？」他回了句問句，眼睛還眨了一下，「那這些想法怎樣啊……？」

用現在的說法，我們可以說這麥克魯漢是在亂點連結鍵，要把討論拉向別的地方，遠、近則不一定。

然而，即使到了現在，還是有許多人覺得麥克魯漢使的這款手法，很討厭，很氣人。一位英文教授愛德蒙遜（Mark Edmundson）（1997），就抱怨說，「麥克魯漢寫的書裡，即使是最有說服力的一本，一樣寫得雜亂無章……動不動就從一個主題跳到另一個主題。」不過，他這氣人的地方——不論是墨頓、愛德蒙遜，或是我們氣的——其實全都出自誤解。正由於麥克魯漢自己根本沒什麼意願作解釋，因此，他是最不適合作解釋的人，無論從什麼角度看來，都是最不適合說明他自己的方法的人。

墨頓的誤解，其實很好理解——也很好避開——只要我們了解，知識的成長和所有的成長過程一樣，都不只是一個階段而已。墨頓要的是整塊好好的麵包和整杯好好的酒，但麥克魯漢給的，只是最新品種的穀類，和最新型的榨酒機。

坎貝爾提出來的「演化認識論」（1974a, 1974b），應該有助於釐清麥克魯漢端上來的，到底是些什麼東西，還有這些東西和墨頓期待的東西之間，又有什麼差異。達爾文式的生物演化論，在我們即將跨進新千禧年之際，依然相當有用。他提出的演化過程，可以分成三大階段：在「生成」（generational）的第一階段，新的生物特徵或是生物體，不受外在環境所限，獨力生成（突變也是在這期間出現）；這些新生成的特徵或是生物體，活不活得下去，全看它們生成之後的表現（物競天擇，適者生存——此時必定是既需要合作，也需要競爭，以之為活下去的策略）；活下來的生物體，其基因，也就是他們生成的成功特徵（successful traits），自然得以傳遞到後代身上（就是遺傳或散布）。坎貝爾（之前、之後還有多人，請參見他寫的 1974a, Cziko & Campbell, 1990）覺得人類知識的發展過程，也有類似的階段：有人提出了新想法（即「生成」階段），新想法備受批評、檢驗、討論（「物競天擇」的階段）；歷經第二階段還活得下來的想法，得以出版、教授，出現在別的出版品裡（散布）。

所以，這墨頓的問題，在於他不只要求麥克魯漢參與第一階段，還要他參與第二階段——也就是不只要他提出想法，還要他加入批評、檢驗、討論——然而，麥克魯漢本人真正的興趣，卻只在第一階段而已。

我們對於墨頓為什麼這麼氣惱，當然可以理解，甚至心有戚戚焉；因為，學術界——這領域的組成直到現在，大部分還限於書籍以及供人學習、教學、研究的場所而已——向來是這三大階段都要一把抓在手裡才可以的。

如果學術界，其實應該說是全世界，不只是把注意力集中在理念的創發上面，也能注意到理念的批評、記載與散布——那麼，若麥克魯漢真的選擇將他的畢生心力，只傾注在第一階段，其他的就不想管了，因為，已經有許多人投注了許多心力和時間在第二、第三階段——那他選擇專心走他的創造道路，於世人，難道不是件好事嗎？

這答案應該是肯定的——但也要他的想法有價值才行。

所以，寫這本書，有一部分的目的，即在為這說法作出辯護、提出證明。

然而，首先，我們需要將麥克魯漢用的方法，作進一步的闡發——他用的方法，雖然極適合創發重要的理念，但也極易遮蔽他見解有何價值，幾乎沒辦法讓比較注重批評、比較注重知識散布的人，看出來他的想法有何意義。

類比和邏輯

「一旦前提確立了下來，」麥克魯漢曾說（McLuhan & Nevitt. 1972, p.8），「邏輯就不太容易出錯。心理學家都說瘋子的邏輯都是嚴絲合縫的，但他們的前提不對。所謂探討，即在找出恰當的前提。」

麥克魯漢喜歡用的「發現」法——也就是他創發理念的引擎——是「類比」（analogy，比擬），或說是「譬喻」。他在《媒體律》（1977a, p.176）裡，曾引用一句他很喜歡的說法；這是一位不明人士拿布朗寧開玩笑的話，「人類一定要伸向掌握之外，否則，要譬喻何用？」譬喻的貢獻，是拓展我們的知識領域，譬喻本來就是要帶領我們朝尚未觸及的領域前進的。然而，譬喻也揹著不小的包袱，若我們在檢視知識、確認知識之際，誤將包袱當作是裡面的衣服，那麼，譬喻就會妨礙我們深入知識之內了。

想想「時光飛逝」（time flies）這樣的例子好了。這個譬喻是將時間推進的過程，比作小鳥和飛機同都具有的一大特點——應該沒人會把時間和小鳥、飛機或是超人混在一起的吧——而且，還是最突出的一項特點，希望由此凸顯出時間推進的特色。所以，這「時光飛逝」，說的是時間好像過得很快，跟小鳥、飛機疾飛的速度一樣；但這當然是以人類徒步甚至開車，需要多久才能走完同樣的距離為基準點來作比較的。

現在，若是當年提出「時光飛逝」譬喻的人，第一次提出這說法時，墨頓和愛德蒙遜就坐在觀眾席裡，他們想必也會從椅子上蹦起來，大聲反駁：喂，算了吧你！你說那時間的羽毛在哪裡？片刻的翅膀在哪裡？分鐘的螺旋槳在哪裡？飛逝的小時又有什麼引擎？你那計時器不管是類比式還是數位式的，裝在天空的什麼地方啊？

當然，沒人真會說這樣的話。我們應該都已經學會怎樣去解讀這個譬喻，至少在英語的文化裡是如此（我知道這同樣的譬喻，在西班牙文裡是說成「時光疾駛」〔time run〕）——一般人都還知道，要把這譬喻裡的見解，從包袱裡拿出來，而不會被釣著下不來（套用一九六〇年代十分流行，但現在已經很少人用的譬喻）。要不再拿另一個類比來看吧，不管這譬喻給我們帶來的是什麼有關時間的見解也罷——不管這譬喻把我們拉到了怎樣的起點，讓我們去追尋莫可名狀的時間也罷——我們一般都還知道，我們應該去品嚐桃子果肉的美味，而不會把牙磕在硬梆梆的果核上；所以，在一望無際的天空裡找手錶，就像把牙磕在果核上。

也因此，麥克魯漢用的譬喻，若真有問題，其實也無關乎譬喻不譬喻，而是在於他用的譬喻太過新穎，以致世人——唉，說來悲哀，連學術界也在內——大部分搞不清楚要拿它們怎麼辦。還有更糟的呢，他們連試也不試，特別是在麥克魯漢剛提出他的新譬喻時。

也因此，麥克魯漢的那句名言，「新出現的電子互賴關係，會將世界改造成地球村的樣子」（1962, p.43），才會引起兩種不同的反應：一是接受我們這地球上的居民，在二十世紀透過電話、收音機、電視等取得資訊，會像小道消息在小村裡流傳一樣迅速、普遍。另一種反應就是大聲反駁：我們在村子裡有住家、有爐灶，可以真的讓人走進去，在電視上可以嗎？在村子裡，我有什麼問題找鄰居幫忙就可以了，收音機可以嗎？朋友的笑臉，迎上一握的手，溫暖的接觸，在電話裡找得到嗎？

其實，麥克魯漢——和一般人說他的論述專愛擺「鬆散凌亂的水牛陣」的名聲，正好相反（這句話的出處又是愛德蒙遜，1997，另請參見 Sokolov, 1979）——麥克魯漢在表達類比的見解時，遣辭用字是相當小心的。請注意，他在上述的句子裡，說的是電子媒體會將世界改造成地球村的「樣子」，這絕對足以證明，他根本無意在「小村莊」和「電子全球社區」二者之間劃上等號，他這說的是二者在資訊結構上有某些是相等的。

至於這二者在那時，還有現在，到底有什麼是相通的，當然就值得作進一步的研究、論述、思考了。

麥克魯漢的作品於寫成之初，還是有一些人相當重視；因為，他們注意到他的譬喻裡，有些什麼正中了核心，撥動了等量的和弦。

麥克魯漢的地位，在我們迎向新千禧年的當口，更顯得重要；因為，自他一九八〇年逝世以後，媒體的演化進程，已經將他當年的譬喻，拉得愈來愈貼近當今的傳播現況了。

預言成真數位版，第一章

貝爾（Daniel Bell）曾經提出一點相當貼切的看法（1975, p.33），「科技老是在打亂」現狀。由於譬喻本來就凌駕在現狀之上，因此，我們應該很容易就可以理解，為什麼麥克魯漢提出他對媒體的創見時，那麼愛用譬喻，那麼重視譬喻：用譬喻雖然會射過了頭，但卻也讓靶心——也就是我們的理解——有轉圜的餘地和成長的空間。而反過來，記下確切、完整的技術說明，就算完全正確，而且在當下也頗有大用，卻怎樣也沒辦法告訴我們多少未來的模樣。麥克魯漢因此特別喜歡引述馬拉美（Stephane Mallarme）（在一八八六年）寫的話：「定義，等於扼殺；暗喻，即是創造」（McLuhan & Nevitt, 1972, p.10，另參見波普討厭定義的說法，1972, p.328）。

這「地球村」的譬喻，雖然抓到了一九六二年資訊顯然已於全國作即時流通的現象，但在其他許多方面，倒還真的是打偏了：例如，第一具在美國和歐洲作現場電視轉播的「電訊衛星」（Telstar），於該年發射升空，但是，各國的電視觀眾透過衛星轉播可以聚集在一起，則還要再等上幾十年的時間（參見 Levinson, 1988b, pp.117-18，有關人類登陸月球、英國查爾斯王子和黛安娜的結婚典禮、埃及總統沙達特的葬禮，以及美國奧斯卡金像獎頒獎典禮作全球實況轉播的討論；另請參見 Dizard, 1997, pp.103-4, 107-8, 125）。此外，電視觀眾就算真正出現了全球同步收看的盛況，也絕對算不上是「村子」；因為，除非大家正好坐在同一房間裡，否則，彼此是無法交談的——所以，麥克魯漢提出「地球村」這個譬喻時，說的其實是「偷窺式」的村子，根本沒有他真正要說的那種重要的互動功能。然而，這情況也在變了。如CNN和其他衛星電視台，正在將「地球村」這概念裡的「全球」層面，逐步實現，「地球村」概念裡「互動」的層次，也正透過網際網路和全球資訊網，正在逐步實現；這些，都是麥克魯漢當年發明出這譬喻時，真正要指稱、暗示、預測的事。

所以，現在，再回到我們要談的麥克魯漢論述法之解析和評判上：墨頓和愛德蒙遜式的學術探討，要求論者須就一九六二年的電視和收音機世界作鉅細靡遺的描述，而當時，披頭四可還沒上《蘇利文劇場》（*Ed Sullivan Show*），阿姆斯壯可還沒踏上月球，鐵幕也還沒被資訊一腳踩扁——在那樣的時代裡，他們認為學者對媒體環境應該作交叉詢問式的描述，對我們而言，是否真的就比麥克魯漢的譬喻要好呢？

而到了現在，是否也真的比麥克魯漢的譬喻要好呢？

這選擇，當然不是非此即彼——這馬拉美期期以為不可的「定義」，其實還是可以和暗喻平起平坐，進而相輔相成的；而麥克魯漢的初衷，也絕不在打破論述的常模，而是在另闢蹊徑。

批評他的人——墨頓（1955，引述於 Marchand, 1989）、布里塞特（William Blisset; 1958）、麥唐納（Dwight MacDonald; 1967）、索柯洛夫（Raymond Sokolov; 1979）、摩洛（James Morrow; 1980）、布里斯（Michael Bliss; 1988），在這裡只舉出多年來名氣較大的幾位——所見則大相逕庭；而且，至今依然如此（像 Edmundson, 1997）。他們發表的短文或是評論，從題目——「他將文化劫掠一空……只為了撐起理論體系的廢墟」（MacDonald）、「從麥克魯漢震盪中生還」（Morrow）、「假先知」（Bliss）——就可以看出他們對麥克魯漢之不屑，他們對麥克魯漢影響之無知。布里斯於一九八八年發表評論時，能夠證實麥克魯漢所言不虛的數位時代，其實已然在目；因而，他的評論就顯得特別不可理喻。不論是他本人，還是發表他批評麥克魯漢《信札》的加拿大雜誌《星期六晚報》的編輯，都覺得可以將他的評論吹噓成：「麥克魯漢的理論，一度為人奉為先知的灼見，如今看來，其實貧乏得可笑，根本不足以充當我們這時代的智慧明燈。」我在寫給《星期六晚報》編輯的投書裡（蒙他們惠予刊登於下一期上，Levinson, 1988a），其他同樣投書抗議的人，還有桑德森（George Sanderson）、鮑伊（Bruce Powe）、威爾森（Johnn C. Wilson），忍不住明白表示，就評論麥克魯漢的著作而言，真正無知的人，顯然是布里斯自己。

然而，寫書評的人特別討厭麥克魯漢——如索柯洛夫，布里斯、愛德蒙遜；而始作俑者，應該算是柯恩（David Cohn）一九五一年就麥克魯漢的第一本書，於《紐約時報》發表的評論吧（李曼－霍普特倒是例外，特別教人耳目一新；參見 Lehmann-Haupt, 1989）——可能沒辦法用巧合一語帶過。麥克魯漢的譬喻法，不只拂逆了傳統學界的期望，他將見解、類比形諸筆墨的方式，入目也彷彿在公然汙衊書籍的傳統體例。

雖然麥克魯漢於一九八〇年過世時，網路文本和網路，至多也不過在萌芽階段，而他格言式的寫作體例，到現在也還是有人看了就氣；但他的筆法，卻是現在的網際網路和線上環境最適合的體例了。換言之，麥克魯漢生前提筆寫作時，彷彿就是要發表在網路上似的——他從一九五〇到七〇年代，一直在作品裡從事一九八〇年代中期才有名號的「電腦研討會」（computer conferencing）（參見 Levinson, 1986）。

預言成真數位版，第二章

書寫的組織型態，一看就一目了然。新聞報導一般是以「倒金字塔型」來寫的，最重要的訊息放在標題，第一段將標題的資訊作比較詳細的複述，接下來的每一段，重要性依次遞減。這樣的組織，在萬一有別的新聞或是廣告要插進來時，方便美編從下而上裁掉文稿，空出位置來插進稿子。典型的推理小說，一般都以一幕駭人的景象作開頭——像死屍之類的——接著一步步抽絲剝繭，最後真相大白。學術著作一樣有特定的組織型態，通常以導論作開頭，將所要探索、討論的主題、事件、想法、問題，一一列舉出來。一般都有次序——後續的問題，看起來就像是從前面的問題衍生而來的，要不也至少在前文的討論、事證或理念的論述裡，為這問題布下了線索。雖然學術著作的篇章數目和篇幅長短，出入甚大，但一般的篇章數目不會太少，篇幅長短也一定有好幾頁；每一篇章也常以簡約的短句作標題。

現在，我們再看看麥克魯漢寫的《古騰堡銀河系》——這是他的第二本著作，也是真正為他奠立二十世紀媒體理論宗師地位之作——這本書在導論之後，樣子就和傳統的學術論文大相逕庭了。《古騰堡銀河系》的行文一反循序漸進的章節編排，是將一〇七條主題，條條臚列而出，每一主題的篇幅，至多五頁，而條條主題之間，都互有關係、交相指涉。書裡這一條條主題，不是沒作分門別類或時間先後的排比——《古騰堡銀河系》的各條主題，還是依字母從「古代世界」（Ancient World）推進至「黑暗時代」（Dark Ages）的衰落，再到「文藝復興時期」振衰起敝，透過印刷術發揮不同的影響力——然而，讀者拿起這本書時，愛從哪兒開始就可以從哪兒開始，就算任選一章，從該章短短的篇幅中央開始，都沒問題；因為，隨便一翻，都找得到一組主題和論述，像落地簽證一樣，供你前往書裡的任何一處。換言之，書裡的每一章，等於是整本書具體而微的藍圖，很像我們人體每個細胞裡都有的「去氧核糖核酸」（DNA），內含每個人整體構造的圖譜，或像「立體攝影」（holography，全息攝影，全像攝影）底片的任一部分，都包含成像所需的一切資料，可以複製出與原始影像絲毫不差的立體影像。《古騰堡銀河系》這類

「不篇不章」的「染色體式」、「立體攝影式」分段法，絕大部分沒有標題，只在開頭有句摘要——例如，「古希臘人因為視覺張力加大，而和原始藝術漸行漸遠，然而，新興的電子時代現在卻因電子一體同時（all-at-onceness）的『統一場域』（unified filed）出現內化，而將之重現」（p.81）。

就算不是基因科學家或立體攝影師，一樣看得出來這當中有怎樣的結構：每一單元的長度，每一單元的數目，每一單元和整體之間的關係，甚至沒有標題的開頭，都和大部分非同步的網路論述非常相近。我剛學會上網的頭一個月，就發現了這一點；那是一九八四年六月，我在網路上參加芬柏格（Andrew Feenberg）在西方行為科學研究院開的課，「烏托邦和反烏托邦」（Utopia and Dystopia）。到了月底，芬柏格和上他這門課的六個人，已經做出了一百二十二條「注疏」（comment），有的只有幾行，有的則有一百多行。現在再看一次《古騰堡銀河系》，全書總共有一百零七條章節式的「注疏」，少則五十行，多則一百五十行。（在談網路文件的長度時，「行數」比「頁數」要有意義；而麥克魯漢的書也一樣，因為頁數都不多；計算網路文件的長度，也是以「螢幕」和「字數」比較好用；至於「網頁」，指的則是很不一樣的東西了，這說的是一處網站，或是網站裡的子頁〔subdivision〕，所含的文本，可能只有幾行，也可能有好幾章。）

西方行為科學研究院那次開的研習班，跟那時所有的線上活動一樣，是在「美國標準資訊交換碼」（ASCII; American Standard Code for Information exchange）的非超文本環境裡舉行的。一九九〇年代，愈來愈多的網路論壇利用超文本鏈結——也就是，只要點一下文件上的某一個字，不論讀者身在全球資訊網的什麼地方，都可以立即轉移到網路上任何地方的任何文件裡去——不就使得網路文件看起來更像一九六二年出版的《古騰堡銀河系》裡交叉錯落的單元編輯法麼。只不過，當然囉，這樣一比起來，整個全球資訊網的功能運作起來，反而像是一本書了……

然而，麥克魯漢的著作和網路傳播之間，還是有一些很不一樣的地方。《古騰堡銀河系》多達三百五十頁；網路上的討論（和芬柏格比較有組織的研討課還是不一樣），則可以延續數年，有些也真的延續多年，累積下數千則「注疏」（於此，可以參見「精靈」〔Genie〕資訊網上的「科幻小說圓桌論壇」〔Science Fiction Round Table〕；這個論壇成立於一九九〇年代初期，到了我寫這本書時，上面還是熱鬧得很）。然而，《古騰堡銀河系》是由麥克魯漢一人所獨力寫就的（他的下一本書，一九六四年出版的《認識媒體》，也是一樣；這本書的體例，就有點傳統的味道了。之後，他的每一本書都是合著，合著的作者或一人、或兩人，體例一般也比較「電子」）。但是，大部分的線上討論，參加的人至少有四、五個，一般還要更多。而且，大部分的線上討論，雖是集合眾人思考所得的結果，但不論是思考的原創、範疇、影響等方面，實在很難和麥克魯漢一人在《古騰堡銀河系》一書裡展現的寬廣幅度，相提並論。

這些差異，加上其他的情況，在在反映了《古騰堡銀河系》怎樣都還算是一本「書」，因此，也不得不受制於篇幅一定有所限制；但也同樣因此，反而因為作者於提筆之前可以灌注一生的思索和研究，因而可以充分施展長才。相形之下，線上的討論，不論於長度或是參與者的意圖或研究深度，一般就比較隨便，比較散漫了。這樣的扞格，如前文所述，是任何類比裡注定會有情況——在這裡，就像一路飛一路掉幾根羽毛。

不過，就算有這些無法連貫的情況好了，麥克魯漢的寫作模式，依然是驚人的預言，是後世線上論述的濫觴。就我所知，早年的線上媒體建築師（例如，Hiltz & Turoff, 1978/1993），根本沒意思仿效麥克魯漢的寫作風格——其實在一九七〇和八〇年代，社會大眾和學界對他寫作風格的評價還愈來愈低呢——而麥克魯漢本人呢，當然也沒辦法仿效在一九六二年根本還沒發明出來的網路環境。

所以了，他這寫作模式，到底是從哪兒來的呢？這問題的答案，不僅是解開麥克魯漢思考路數的鑰匙，也是解開麥克魯漢思想體系的關鍵——解開他作品內容的鑰匙，而想當然，也是本書的內容。

麥克魯漢所謂的媒體

麥克魯漢於筆端所預示的線上討論模式，其實沒什麼神奇。二者同是人類源遠流長的論述模式——都是時代早於文字的論述模式；而麥克魯漢寫了一輩子，不時耗費唇舌在說的，也就是這點。這二者都是人類生存的必要條件，亦即這世上任何人，只要還算健全，一定不會欠缺這樣的溝通模式；二者同都是人類史上任何時候一定找得到的溝通模式（至少，於我們所知是如此）。這種溝通模式便是：口語交談。

線上傳播和口語傳播之間的關聯，簡單明瞭，毋庸多言；近年，這方面的評論也相當常見（例如，Levinson, 1992, 1995b, 1997b）。在電腦螢幕上面鍵入文件、修改文件，操作起來十分簡單，傳輸起來十分快捷——相形之下，提筆寫下白紙黑字，就顯得好難、好慢了——在在使得網路傳播變成口語式的媒體，像是混血物種，從孕生起，手指頭就兼具了走路和說話兩大功能。

麥克魯漢對「音響空間」的興趣和立論基礎（參見 Marchand, 1989, p.123；以及 Gordon, 1997, pp.305-6，談及麥克魯漢於一九五四年第一次用這名詞），就沒那麼簡單明瞭了。史上散見許多時空殊異的思想家，卻都殊途同歸，愛用格言式而非說明式的陳述方式——蘇格拉底前的古希臘哲學家，就是如此；但這是在文字發明前的時代，因而不足為奇。但晚近的文學盛世，如尼采也是如此（參見 Curtis, 1978，有關尼采和麥克魯漢的比較）。麥克魯漢之愛講「音響空間」，不能只當作他愛用這說法：而是他認為人類傳播的基礎，便在音響空間（他認為音響空間，不論於人體之成長或於歷史之進展，皆是與生俱來的原始條件），但後來因為書寫的「線性」論述模式崛起，以致受損，要不至少也遭淡化（這點頗值得探討，當然也很聳動），後來，再由電子媒體重新挖掘出來（但也作了重組）（衡諸麥克魯漢生前的媒體生態，能夠提出這一見地，著實不凡，像是先知就電子文件發出了預言）。也因此，麥克魯漢提出觀點時所用的方法，或是媒介，和他所講述的主題有密不可分的關係。不論他是有意還是無意，我們都從中學到一點：麥克魯漢論述所用的形式，本身便是例證，是他要由這形式表達寓意的例證。

而麥克魯漢生前若是採用學界比較中意的格式來發表意見，對一般的讀者是不是比較好呢？一般都認為麥克魯漢是他自己最大的敵人，其中的癥結也是在此。如果把有關音響式思考的看法，一條條臚列出來，排成一列縱隊，而不學麥克魯漢擺出一群群「鬆散凌亂的水牛陣」，絕對不比麥克魯漢要好上多少，甚至會更糟。布希（Vannevar Bush）在他那篇現在很有名的文章〈如是我想〉（As We May Think; 1945）裡，曾提出一種構想，想要做一部類似電腦的儀器，可以順著人腦的「聯想」特性運作；不論腦子裡出現了什麼念頭，都可以馬上聯結到別的念頭去。他在《亞特蘭大月刊》（*The Atlantic Monthly*）發表了二篇條理分明、循序漸進的正統式論文，提出一具叫作「思想傳播器」（memex）的儀器；這儀器比起傳統式綁手綁腳的檔案櫃，用起來真的是一大改良。墨頓對這篇布希的文章，反應不明（至少我不清楚）；然而，布希的文章問世之後，除了尼爾森（Ted Nelson〔Theodore Nelson〕，例如 1980/1990）等寥寥幾位先知型人物外，沒什麼人注意；這要直到超文本出現後，才讓世人知道早已有了這篇文章預測到了超文本有多重要，這篇文章才因此成為一九九〇年代每位研究網路的人必讀的經典之作。

在我們跨進下一個千禧年時，「數位文化」，也正在麥克魯漢的作品裡製造類似的效應。這過程，其實已經開始近十年了；《連線》雜誌一九九三年創刊時，標舉麥克魯漢為其「守護神」，便是這過程的濫觴；此後陸續出版的麥克魯漢本人（例如麻省理工學院在一九九四年，重新出版了麥克魯漢一九六四年的《認識媒體》）著作，以及討論麥克魯漢其人、其作的著作（例如 Gordon, 1997；另請參見 Strate & Wachtel，即將出版），則是承先啟後，形成推波助瀾的效果。

這本書，當然也是挖掘麥克魯漢重見天日的部分過程；然而，我的重點不在證明麥克魯漢的見地如何切中目前的時勢；我的重點在探索——同時也在解釋——麥克魯漢為我們這數位時代，寫下哪些重要的教材。然而，殊途還是同歸——若是麥克魯漢真為我們寫下了重要的教材，那我們這個時代，則為他證明了他論述的重要——然而，我還是要以麥克魯漢來作開始，為他釐清多年來始終壓得他的作品抬不起頭來的誤解。

於此，他最有名的格言——「媒體即訊息」——就是最貼切的例子。

我們在這一章裡，已經說明了麥克魯漢的陳述模式，不僅寓含了這項原則，也還廣遭誤解，認為他這句話是在說內容一點也不重要——而以他的著作而言，也就是他著作的主題。然而，接下來我們慢慢便會了解，麥克魯漢對媒體及其內容的看法，其實正好相反。

第三章　網路的內容

The medium is the message

媒體即訊息

「媒體即訊息」這句話，無疑是麥克魯漢的格言裡最出名的一句。他這話說的基本是：不論我們選用哪種傳播媒體，這一選擇內蘊的影響，遠大於我們加諸該媒體的內容，或是該媒體可以傳播的內容——例如，看電視的過程於我們生活的影響，就比我們看的是什麼節目或內容，要大得多；再如講電話這動作，於人類事務的革命效應，也比我們在電話上講的大部分話都要大得多——這見解，一般理解得還算透澈；視之為麥克魯漢認識媒體的墊腳石，也還算恰當。然而，說來見怪不怪了，這句話內蘊的奧義和暗示，卻廣遭誤解，以之為麥克魯漢「反」內容的宣言，或是麥克魯漢認為媒體傳播的內容一點也不重要。

在這上面，麥克魯漢刻意玩弄多重寓意——一用譬喻，即注定需要詮釋再詮釋——其實早在麥克魯漢生前，他本人就已經作了相當翔實的闡發。「媒體即訊息」第一次樸樸素素的出場——他後來提出來的各色標題式見解，大部分也是這樣——是在麥克魯漢一九六〇年發表的打字稿〈理解新媒體之專案報告〉（Report on Project in Understanding New Media, p.9）；這是他為「美國衛生教育福利部所屬教育廳委任全美教育廣播協會研究專案」（Natoinal Association of Education Broadcasters pursuant to a contract with the Office of Education, United States Department of Health, Education and Welfare）所寫的文章。到了一九六四年，這句話已經成為《認識媒體》這本書第一章開宗明義的標題——這句話之所以這麼重要，不僅因為《認識媒體》這本書為麥克魯漢奠立了全球媒體論宗師的穩固名聲，也因為麥克魯漢自己常愛挖苦說：幾乎沒幾個人真正好好去讀他寫的東西（也可以說是世人讀書往往只讀第一章的標題而已）。就由於世人太熱中討論這第一章的標題及其寓意，惹得麥克魯漢一時興起，改動一個字，而為他和費奧爾（Quentin Fiore）於一九六七年合著的著作，取了個一語雙關的俏皮書名——《媒體即按摩》。兩年後，「媒體即亂世」（the medium is the mess-age），出現在《對向氣流》這本書裡（McLuhan & Parker, 1969, p.23）；後來，這「亂世」在《以今日論：高級主管中輟生》一書（McLuhan & Nevitt, 1972, p.63）裡，又變成了「眾世」（mass-age）。

把「訊息」這個字的變體，玩得差不多了以後（但不算玩完——我就覺得由此還可以再推演出「媒體即我聖」〔the medium is the me sage〕，或是「媒體即媽祖」〔the medium is ma sage〕），麥克魯漢開始去玩這句話的第一個字——但不巧，正好引爆了學界罵他傲慢、「不知謙遜為何物」的聲浪（Bliss, 1988, p.60）。一九七八年三月，他和我一起驅車前往紐澤西州丁奈克市（Teaneck），參加我為狄金遜大學辦的一場「四大律研討會」（Tetrad Conference），麥克魯漢在車上閒聊時，提到他這句名言也可以解釋成「單調即訊息」（the tedium is the message）、「單調即眾世」（the tedium is the mass age）等等。十年後，摩特瑪（John Mortimer）也覺得他那篇評論麥克魯漢《信札》的刻薄文章，最適合題為〈單調即訊息〉（Teium is the Message; Mortimer, 1988）（也可能是倫敦《星期天泰晤士報》〔*The Sunday Times*〕的編輯這樣覺得吧），而且，提都不提這說法和麥克魯漢有淵源，是麥克魯漢拈出的妙語。我想，摩特瑪或那位編輯，也有可能是自己拈出這樣的變體；但是，麥克魯漢那人，絕對不會只在車子裡跟人聊天時才玩他的文字遊戲。

所以，在這一章裡，我們就要針對「媒體即訊息」這句話內含的洞見及其變體，對於我們了解媒體整體、了解我們的數位時代，有何意義，做番仔細一點的檢視。首先，我們要看看麥克魯漢眼中為內容定出來的樞紐角色。

媒體即內容：寫在螢幕上

麥克魯漢之所以要將我們的注意力從內容轉移到媒體，是因為他擔心內容會把我們的注意力抓得太緊，而損及我們對媒體以及媒體周圍一切的了解，甚至感知——就像即使是陰天，突然湧入了刺眼的陽光，依然會扎得我們看不清天上還有繁星，看不清我們的太陽在浩大的蒼穹裡，也不過是個特殊的個案罷了。麥克魯漢在後人時常引述的一段文章裡（1964, p.32），就說過：「媒體的『內容』，便像塊鮮嫩多汁的肉，純粹是強盜拿來引開大腦看門狗的東西罷了。」我們一般常想、常說，我們在報章雜誌或是書上讀到了些什麼，在收音機上聽見了些什麼，在電視上看見了些什麼；但很少去想、去說，我們正在讀報紙而不在聽收音機或在看電視等等。

但是，一談到孩子——我們比較容易去管孩子選擇什麼媒體——一談到新興的媒體，例如全球資訊網，不論我們要怎麼運用這媒體，由於它在我們的生活圈裡，還沒普及到司空見慣不以為意的地步，這時，就有了很明顯的例外了。也因此，我們可能會特別注意孩子是在看電視而沒在做功課，或者我們上網的時間比平常多還是少等等。然而，這些都是特例；因為，我們之所以會去特別注意這些媒體，通常是因為其內容。（的確，麥克魯漢早年得以一鳴驚人，箇中癥結，很可能就在一九六〇年代初期麥克魯漢出版《古騰堡銀河系》、《認識媒體》兩本書，提出他對電視的看法時，世人對電視這種在當時還算很新的媒體，興趣的熱度始終不減有些關係；另請參見Levinson, 1977b，有關媒體剛問世時社會大眾的觀感。）

然而，等到媒體於世人的日常事務裡逐漸為內容所遮蔽時，這媒體又會變得怎樣呢？

麥克魯漢對此，倒也有答案，也就是他說的「大腦看門狗」後面緊接的那兩句話，只是一般人比較少引述：「媒體在以另一種媒體為『內容』時，其效應就變得更強、更猛。如電影的內容是小說……」（1964, p.32；另參見 pp.23-4）。換言之，任何媒體的「內容」——亦即那塊「鮮嫩多汁的肉」，一抓住了我們的注意力，把我們從眼前的媒體正在發揮的深層效應上面拉開——其實就是先行媒體，這先行媒體先前的混亂、隱晦狀態，現在已遭馴服，整個乖乖攤在我們面前的地毯上。這時，其內容不僅不會不重要，甚至還是檢視媒體及其影響最好的途徑——但這唯一的缺點，就是在這樣的情況下檢視的媒體，多少都是比我們目前所用的媒體還要早的媒體。

所以，這時，又是由什麼媒體來充當全球資訊網的內容了呢？就像當年小說成為電影的內容，或電影、收音機的連續劇成為電視的內容一樣？

這問題的答案，其實不只是一種媒體，而是多種媒體；因為，全球資訊網所收納的文字內容，從情書、報紙到電話、收音機（如全球資訊網上的「即時聲訊」），以及可以歸入電視一類的聲光動畫等等，在所多有。這些形形色色的內容，都有一個公約數，便是文字；任何和電腦扯得上關係的東西，都擺脫不了這個公約數——而且，就算不會永遠這樣下去，至少在口語取代文字成為電腦的指令工具之前，一直都會如此。也因此，網際網路這媒體的「訊息」，有一部分就算不是網際網路之前所有媒體的集合，也至少是大部分媒體的集合，而且還寫在驅動程式內無所不在的文字裡。

因此，批判網路時代的人，如勃克茨（sven Birkerts；例如，1994）和波斯特曼（例如，1992）等等，說電腦改變了世人閱讀和寫作的天性，說得並沒有錯。這些活動在紙上施展，如雜誌、書籍等等，當然和在電腦螢幕很不一樣。然而，麥克魯漢所說之先行媒體，因為成為後繼的新媒體的內容，以致清楚了起來，這說法也還是指出了書寫在網際網路之「現身」，和別的情況有一大差別：文字這時反而更能由大眾進行闡發。書寫從歐洲第一架印刷機問世以來，即不斷在掙脫修道院的晦暗陰影，而這動勢運轉至此，終於得以完全迎向光明，這當然是件美事——絕對不會像勃克茨等人所說對文化素養及其價值造成危害。

此外，書寫以及其他媒體，因時勢所趨而躍居網際網路內容的新貴，還有另一影響深遠而且有助民主化的後果：網路傳播和書報雜誌的閱讀經驗，很不一樣；書報雜誌的閱讀經驗，除了極少數人之外，絕大部分都是單向的閱讀而已，不包括書寫；然而，網路的經驗卻是雙向的，在網路上漫遊的讀者，還可以經由電子郵件、電子布告欄的討論，以及其他各式「注疏」的方法，在網路上投書發表意見。隨著網頁使用動態影像的情況愈來愈多，有些還加上了音效，在在讓網路設計師的角色，愈來愈像有實無名的電視節目製作人。結果就是影像製作人大量增加，四散各地；這些人，透過他們的個人電腦，能將大量的影像傳布到公共的螢幕上去，其數量遠大於成本貴得多的電視台、攝影棚裡，同樣在搞製片而且人數還少得多的同業。不錯，網路上的影像比起電視、電影，是比較像卡通，但網路上的影像是公眾的產物；個人電腦在二十世紀後二十五年問世，推動文字成為世人隨時可以使用的公共傳播形式之後，網路上的影像便也成為愈來愈多人用電腦表達意見的工具。

的確，網際網路及其支脈，可以將傳輸進來的少數訊息反彈出去，投射到大批被動的使用者手中；這特色自從印刷機發明以來，便是所有的科技媒體一概都有的一點，唯獨電報、電話除外，因為使用這兩樣媒體的人，始終只能用文字或口語為其內容。

因此，我們應該可以說，這網際網路的內容不只包括了先行媒體，也包括了使用這媒體的人；而使用這媒體的人，和其他大眾媒體的消費者不同；他們每使用網路一次，就在網路上製造出了新的內容。

換言之，網際網路的內容，即是其使用者——而其使用者，其實也大致便等於是麥克魯漢後來以譬喻所說之「媒體整體」（media in general）。

使用者即網路內容

「使用者即內容」，一九七〇年代後期，麥克魯漢常對我說這句話（參見 McLuhan & Nevitt, 1972, p.231）——「CBS正瞪著大眼睛在看你！」（這裡之「大眼睛」是個符號——一個歷史悠久的電子浮水印——乃美國哥倫比亞廣播電視公司〔Columbia Broadcasting System television network〕的企業識別）。一九七八年，麥克魯漢在發表於《紐約雜誌》（*New York Magazine*）的一篇文章裡，進一步指出：「只要一『接通電話』或是『播出廣播電視』……只要發送者一發送出去……無形無相的使用者，便延伸到了電子資訊的每一位收受人那邊。」

就上文所述，我們顯然又照例出現了至少兩種南轅北轍卻糾纏不清的關係，而且，即使只看最後一句，亦然。任何人一在電話或是收音機、電視機裡講話，就等於是在為該媒體創造內容，同時又成為該媒體無形無相的內容——成為沒有臉、沒有軀體的聲音，在電視裡，則是有臉、有軀體但沒實體的聲音。放在網路寫作裡看，這過程就變得更像行雲流水了，使用者就在他們寫的一行行文字裡變成了內容。說到這裡，我想麥克魯漢的意思應該算是相當清楚。然而，麥克魯漢為什麼也把電視上無形無相的影像，也叫作「使用者」呢？他說電視瞪著我們看，而不是我們瞪著電視看，或兩方一起瞪著對方看，又是什麼意思呢？

使用者即等於內容的說法，追溯起來，至少可以上溯到理查茲（I. A. Richards）的文學批評理論（1929），理查茲認為正文的意思，非由作者的意圖決定，而由讀者「合情合理」（相對於「特立獨行」而言）的詮釋來決定（所謂「特立獨行」的詮釋，是說張三覺得有本小說寫得很棒，因為故事發生在倫敦，而倫敦是他去年初戀的地方）。麥克魯漢很喜歡理查茲的理論，自然就將這論點一路從使用者詮釋正文，推到了使用者決定正文，再推到使用者即是正文。

但請注意，麥克魯漢用來說明使用者即內容的例子——電話和電視（他也提到了收音機）——全都是電子媒體。電話在當時是個特例，因為，電話的本質即具有互動的特性，網路傳播也一樣。然而，他為什麼又要特別把電視和收音機挑出來，說是將使用者「發送出去」的媒體呢？這答案只能在電子傳播的「即時」特性及其於感知者身上的影響裡去找了：雖然，書報雜誌是把世界拉到了我們這邊，但在這之後，收音機和電視顯然就又把我們拉到世界那邊去了，拉到行動的實際場景去了。奧林匹克運動會，或許真的會由報紙或是電視拉到我們家的客廳裡來；但是，把奧運會、政見辯論會，或是別的什麼正在進行的活動，拉到我們的生活裡來，同時也一定將我們拉到事件的現場，去親眼見證事件的發展。相形之下，印在紙上的東西，就算真的也把我們拉到了事件那邊，也一定是在事情過後——在大家都打道回府之後（麥克魯漢還曾以別的原因，特別指出電視和收音機二者的參與效果，以前者大於後者；請參見本書第八章和第九章）。

因此，麥克魯漢「使用者即內容」的見解，至少分成了三種層級：(a)由於世人對於出現在面前的一切，不作詮釋就是不行，以致，使用媒體的人即等於（決定）媒體之內容（這也可以看作是康德哲學裡，以人類知識為人類對外在世界的認知組合的媒體版），(b)使用媒體的人，透過收音機、電視這類單向電子媒體，進行「神遊」，因而成為這類媒體的內容，(c)人類在使用早期的互動式媒體例如電話時，其內容全由交談的人來決定，至於現在的網際網路，其內容一樣有一大部分是由使用的人在決定。此外，即使網際網路沒在傳輸人類的對話（通常是以書寫的形式，但現在，有些時候也可以用口語了），網際網路上的影像也屬於電視的傳統，文件則屬於印刷的傳統；因此，網際網路可以看作是集合了其前所有由人類決定的媒體內容之大成——就等於是涵括了這三大層級。

我常批評麥克魯漢的「媒體決定論」（media deteminism）（例如，Levinson, 1979a），或他老愛把人類描寫成科技造成的「效應」，而非科技是人類造成的「效應」（例如，他說人類是科技「性器官」的觀點；參見 1964, p.56——頗像英國諷刺作家勃特勒〔Samuel Butler〕所說「雞是雞蛋製造另一個雞蛋的途徑」的現代版；二十世紀時，道金斯〔Richard Dawkins〕也沿用這樣的看法，將生物體視作基因製造更多基因的途徑）。麥克魯漢說媒體的使用者被「發送出去」時，他這話裡，絕對有把人放在科技世界的附屬位置的意思。然而，在麥克魯漢畫出來的圖樣裡，人類也是媒體積極的主宰——人類可不只是在媒體裡「發送出去」而已，人類還會發號施令，幾乎可以一手決定媒體的內容，而且，在媒體的內容已經有前人作出決定時，照樣可以行使個人絕無僅有的權力，再決定一次——這點在網際網路裡，也已有了最充分的體現。我自己就媒體演化所提出來的「適人」（Anthropotropic）理論（例如，Levinson, 1979a, 1997b）——這理論是說媒體的形式或功能，會依「前科技時期」之人類溝通模式，視其支援的強度有多大，而漸漸汰弱留強——因此和麥克魯漢對媒體及其內容的看法裡，內蘊的強韌人本原則，有許多契合的地方。

使用者於網際網路媒體的選擇權——要寫什麼、找什麼、看什麼、講什麼——拉高了之後，前一節所述之麥克魯漢對內容的兩種互補看法，便也因之縮結了起來：也就是網際網路的用戶，可以選擇在網路上用什麼前行媒體，作他要的媒體內容。然而，有時這種選擇，可能很難歸類。例如，我若在網路上讀報紙，那這報紙便等於是我選的內容？……還是出現在線上的報導才是我選的內容？……抑或是文字裡所表達的意念才是內容？……或三者皆是內容？

由這問題的答案可知，不僅是舊媒體會成為新媒體的內容，而且，正因為舊媒體成了新媒體的內容，使舊媒體保留在新媒體裡作為它的內容，進而再將更前面的舊媒體，保留下來成為內容，依此類推……可以一直推到人類最古老的媒體裡去。

媒體裡的媒體裡的媒體……語言居首，攝影例外

我們若回溯到人類最原始而且至今依然是最普遍的傳播形式——語言——而問個問題：這語言的內容是什麼？我們很可能會說，思想、理念、感情等等。若再進一步探問這些「媒體」

的內容是什麼——例如「思想」這媒體的內容是什麼——我們可能就碰上了傳播及其再現（*re-presentation*）、呈現（presentation）所含之外在真實世界（包括人體及其狀態）、物體、指涉（referent）、原件（originals）等等內容了。換言之，傳播一開始時，在語言和思想交會之處，媒體和內容有明確的劃分，這時之「內容」——例如，我們正在看窗外的一塊大石頭——不能看作是「媒體」，因為，這「內容」本身沒有再包含我們可以看作是「內容」的東西。（當然，這塊大石頭是由分子所組成的，分子又是由原子所組成的，依此類推——然而，這是事物的物理結構，與傳播無涉。而換到光譜的另一頭，外在世界可能有收音機，這收音機倒是可以當作是我們「思想」的「內容」。但這也只能當作特例來看，因為這不過是因為外在世界正好有樣東西可以當作「媒體」而已，不能以之推翻「思想」的內容是「無媒體」〔media-less〕或「無中介」〔im-mediate〕的大原則。）

我們一路在人類的傳播史裡推進，一路發現史上每一種新媒體，都以它之前的舊媒體為其內容（就跟麥克魯漢說的一樣）；因此，人類最古老的媒體，語言，在繼它而後出現的所有媒體裡幾乎無所不在（參見 Levinson, 1981d）。拼音的字母，是語言的具象呈現。印刷術，在書報雜誌裡大量印製字母。電報送出去的是文字的電子密碼。電話、留聲機、收音機傳送的，顯然就是語言了。「默片」（通常還是有配樂的）會打出字幕，使語言具象（延續這作法的，還有漫畫書，和一九九〇年代晚期出現的「彈出視訊」〔pop-up video〕）；到了一九二〇年代晚期，電影已經算是真的開口講話了。後來，電影（連同收音機的組成，如連續劇、新聞和網路的結構等等），又成為電視的內容。再後來，上述這些，全都又很快就變成了網際網路這「媒體中的媒體」的內容。語言因此始終與我們同在，不僅是因為語言是史上最多人類最常直接使用的傳播形式，也因為語言在所有後繼的通用媒體裡，始終是其內容——只有一樣東西例外。

這例外，便是照片；照片的內容並不是語言，而是外在的世界——換言之，就是語言和思想一般所指向的世界。一張照片抵得過千言萬語，這句老生常談說的便是照片得天獨厚的地位：一張照片抵得過千言萬語，純粹是因為照片不必靠語言，便能以另一種方式做到語言可以做到的事。的確，照片的傳播型態，帶有非語言的圖像模式；這樣的傳播模式，可以回溯到歐洲遠古時代的邵維（Chauvet）、拉斯科（Lascaux）、阿爾塔米拉（Altamira）的古洞窟壁畫，進而還可以再穿梭到古埃及的象形文字，和遠東現在還在使用的表意文字。（電影則否，因為電影的內容通常不屬於真實世界，而是故事的世界——或如麥克魯漢所說，是小說的世界。）

然而，值得注意的是，即使類比式的攝影，與主題間的關係還是真實的，而非象徵的——照片上的影像，是由光線從外來世界實際投射而成的，因此，等於是外在世界的複製，而非描述——攝影於伊始之際，其位置便一直落在言語裡，框在言語裡。一張照片，或許真的抵得過千言萬語，但是，照片一經印刷出來，幾乎一定會附上文字寫成的圖說。

如今，這些圖像孤島，身處在象徵文字的汪洋大海裡，也正身陷天翻地覆的全面數位重組：

只要影像一轉化成數位格式，就可以任人使用，而脫離了影像原本應該代表的事實，轉而跟螢幕上的文字一樣了。就這點來看，網際網路之「徵用」影像——就是將以前的類比式影像，變成自己的內容——其意義之重大，絕對不下於網際網路推動文字之傳播。

麥克魯漢生前，即預見數位科技可以贏得此一勝利，只是，他從沒說出數位之名而已。但是，他倒是真的看出來：他所說的「音響空間」，由於具有隱含未見的無限可能，而和觀點固定不變以致顯得既準確又有限的「視覺空間」，形成對峙的張力——就像文字描寫出來的草坪，可能會比標出明確位置的照片，感覺要更遼闊（或有更深透的「音響效果」）。

在這本書裡，我們會常看見麥克魯漢提出來的分類，有些，若是將他原來用的媒體例子改掉，或甚至改放到別的分類裡去，用起來的效果就會好很多。這情況其實都在意料之中，因為，這本書的基本命題，便是數位時代雖然已由麥克魯漢作了充分的說明，但是，數位時代也為麥克魯漢的理念作了番釐清——就是說，只要依數位時代，將麥克魯漢重組，麥克魯漢的見地就清楚多了。所以，麥克魯漢才會說字母是視覺空間（而非音響空間）的首席工程師——因為，字母是具象的——而且會和言語競爭，會從言語裡汲取力量。然而，我還是要更動他所作的劃分：由於字母看起來和它所描述的世界、所描述的事情，沒有一點相似的地方，也就是字母和它所代表的內容沒有一點相似的地方，因此，字母其實是「音響式」的——或像我在《柔刃之刀》（1997b）裡說的，是人類史上第一樣數位媒體。若是把ＤＮＡ也當作是媒體的話，那也說不定不算是第一個了：因為，ＤＮＡ雖然指揮蛋白質組成了世間形形色色的生物構造和個體，但是，ＤＮＡ和它所創造出來的東西之間，也一樣沒有一點相似之處。

麥克魯漢真的算是看得既清且透的，是他看出人類的兩大類「再現」模式裡，以音響（數位）模式的影響力量和涵括範疇要大得多，而且，現正透過電子革命，在二十世紀的文字、視覺傳播裡，一步步穩穩的攻城掠地。這音響正在揑塑成型的世界，而這音響正在從前文字時代重拾回來的世界，麥克魯漢稱之為「音響空間」。

接下來，在下一章，我們便會看出來這音響空間內蘊之文字特性，其實是和前文字時代的特性若合符節的，而且，以現下的流行語來說，音響空間便是「網路空間」。

第四章

網路空間的字母之歌

Acoustic space

音響空間

依馬坎的說法（1989, p.123），麥克魯漢是在一九五四年多倫多一場麥克魯漢和卡本特共同主持的研討會裡，藉由威廉斯（Carl Williams）發表的一篇論文，而第一次提出了「音響空間」這個主題。（馬坎說那篇論文，「到處都是麥克魯漢的印記」，等於在暗示那篇論文的真正作者，應該是麥克魯漢本人，而非威廉斯；戈頓〔1997, pp.305-6〕則說威廉斯的這一理念，是從一位多倫多大學的心理學教授波特〔E. A. Bott〕那裡拿來的，這理念真正的創始人，應該是波特。）不管怎樣，這篇文章，翌年發表在《探索》雜誌上面，署名成了卡本特和麥克魯漢，後來，又在一九六〇年重刊於一本選集，《傳播探索》——這本選集，到現在依然是了解麥克魯漢許多重要見解最中肯的表述。

這篇論文的作者，有一驚人之語：我們以為正常或是自然的視覺空間，其實全是科技製造出來的人工產品——也就是這視覺空間是我們用拼音字母閱讀、寫作，而養成了某種感知習慣，由它所製造出來的結果。或用麥克魯漢的說法——這是他相當晚才提出的說法，見於他死後才出版的兩本書裡——「待子音發明出來，當作沒有意義的抽象概念使用之後，視覺便自行從其他感官抽離出來，而開始形成了視覺空間」（M. McLuhan & E. McLuhan, 1988, p.13），還有，「而這視覺空間，是腓尼基人首創、希臘人發揚光大的拼音字母，挾其內蘊之一致、連續、零碎等等特質所形成的副作用」（McLuhan & Powers, 1989, p.35）。因此，麥克魯漢不論是和同事（卡本特、鮑爾斯、波特、威廉斯）合著，還是和兒子（艾瑞克）合著，抑或是獨力一人寫書，他的看法，始終一致：在觀看外在的視覺世界時，我們以為理所當然的物形和構造，其實都是透過一面透鏡，一面眾人在過去二千五百年的西方歷史裡，因觀看外在世界習用某一種模式，而長年凝聚成的科技透鏡，才看成這樣的——特別是由串接的線性字母所凝聚成的稜鏡。套用前一章的用語，我們可以說視覺空間是某一種人工媒體的某一種內容。或用希蘭（Patrick Heelan）提出來的說法（1983）——他說得相當貼切，但顯然是信手拈來，湊巧得出的——而說我們看世界用的「常識型歐幾里德式知覺」（commonsense Euclidean perceptions），也就是我們對空間、時間看似直覺而得的觀念，但其實，是由科技「榫接」（carpentered）而成的，或說這是我們和祖先從洞窟出來後，建造我們居所的方式（而希蘭在他的書裡，可是既沒提卡本特，也沒提麥克魯漢）。

當然，我們若是同意康德所言，認為我們對世界的感知，是由我們對外在一切的感知／認知結構（用康德的說法，便是「範疇」〔categories〕）決定的——也就是說，有色盲的人和沒有色盲的人看同一世界，看見的結果會很不一樣；而沒有色盲的人，看外在現實的其他方面，反而可能會有「色盲」——那我們就應該看得出來，麥克魯漢還有希蘭他們所持的整體立場有什麼優點了。然而，這些立場，又以哪一種最為貼近事實呢？我們看世界的角度，是不是會因為康德所謂的「固有」的習性，或是用我們現在比較喜歡用的說法，由基因決定的習性去看世界，而可以說是正確的呢？——就像色盲是由生理決定的呢？是否也因此，我們習慣用直線和斜角來「榫接」外在的世界呢？——這是否即是我們內在固有的歐幾里德習性的反映呢？抑或這僅只是依實用功能選擇形狀的結果呢？因為，直線和斜角比起比較模稜比較軟的非歐幾里德形狀，要比較好用，比較容易榫接？而我們用的字母，是否真如麥克魯漢所暗示的，在這歐幾里德式過程裡有推波助瀾的功用呢？——還是反過來，字母之得以暢行幾千年，其實是矩形世界締造的成果，而非締造矩形世界的成因？

再要不我們的字母走的方向，根本是另一種完全不同的方向？

麥克魯漢「音響空間」的觀念，等於是將他對視覺空間的看法，以及視覺空間和字母的關係，說得相當清楚：音響空間之出現，早於字母。音響空間是前文字時代的人所看到的世界，是沒有疆界的世界，是資訊無處不可得、無處不存在的世界，而非固著於特定處所。那是音樂的世界，是神話的世界，是渾融一氣的世界。進而，依麥克魯漢看法，那也是跟在字母後面出現在我們面前的世界，而且多半是以電視的形式；而這電視，也是音樂的世界，神話的世界，渾融一氣的世界，而且，和書報雜誌不同，沒有特定的觀看角度，和其主題也沒有距離。

但，那麼這網路空間——就是既有字母的條件，卻又出現在電視世界之後，而且，正在收納電視世界的這一空間——又是什麼呢？

這一章，我們就要站在麥克魯漢的頭頂上，指出他說的音響空間，現在泰半已經可以在網路空間的線上字母環境裡找到了。

音響空間，線下收聽

為了評估我所說的「網路空間即音響空間」——也就是線上的字母和白紙黑字的關係，可以比作黑暗裡的音樂——我們必須思考：(a)字母出現前的音響空間，本質為何，(b)字母在移植到網路之前的本質為何。在這一節裡，我們就先看看字母出現前的音響空間到底是怎樣的。

音響空間的特性，理所當然和人類的聽覺有關，而和視覺、味覺、觸覺等其他覺察外界的感知模式有別。例如，味覺和觸覺需要和感知的對象有直接的身體接觸才可。這類「變形蟲式」（amoebic）感知法（參見 Campbell, 1974a，對此有更多的討論），真實度通常很高很少人會有觸幻覺的——但也有點危險，因為，這樣，我們和變形蟲便都很容易因為接觸到有毒物質而喪命。視覺，則是落居在這連續體的另一端，為我們提供了安全距離和隔絕的保障，但也不是沒有代價：錯誤率也就比較大。這一部分是因為我們天生就容易把注意力集中在環境的某一部分，而將其他全都排除在外；另一部分是因為我們看錯的機會比摸錯要大得多（視覺上常見的幻覺現象，便是最極端的例子）。聽覺，在我們這分析裡，則是比較幸運的媒體，因為，聽覺有視覺的安全距離和隔絕，但不致失去太多背景和渾融一體的效果。

光是從我們用的英語來看，就可以明白看出不同感官間的差異：不論是「看」（look at something, see it）、「聽」（listen to it, hear it），都有介係詞，唯獨「摸」（touch）、「嚐」（taste）、「聞」（smell），沒有介係詞——我們不會說「touch at it」或是「taste to it」。因

此，依這原則，「看」和「聽」是落在分界線的中介面上，而由「at」或「to」穿梭於感知的主體和受體兩邊。「觸摸」、「品嚐」和「嗅聞」，根本不需要中介——觸摸的主體和受體之間，沒有任何東西阻隔。然而，雖然「看」這動作，好像很喜歡距離感——「看」一樣東西的動作，其本質原就是要畫出眼前的東西和我們的相對關係——而「聽」，則往往像是一種沒有中介的觸摸。我們像是泅泳在聲音的世界裡，各種聲音從四面八方湧來，不管我們的聽覺是不是朝聲音的來處投注過去，都一樣。雖然，我們可能會去推斷音源和我們之間的距離（對氣味也一樣；嗅覺於此，就比較像視覺和聽覺，而非觸覺、味覺，因為，我們同樣不必直接接觸氣味的來源），但我們對聲音可能感覺以聲音大小為先，至於距離，則一開始好像都一樣；後來再依聲音大小推斷遠近。

聲音另有一項相關的特性——而且，是它和視覺、觸覺、味覺、嗅覺的受體有別的重要條件——就是它感覺好像始終與我們同在，不斷從我們周遭環境的每個角落朝我們湧來。我們的世界入夜後會變黑（等於是為我們的視覺作斷句），但從來不會真的沒有聲音；我們的眼睛閉得起來（又是一種視覺斷句），但是，耳朵關不起來。觸摸和品嚐的感覺，比起視覺又要更明確、更清晰：我們只摸得到貼在皮膚上的東西，只嚐得到舌頭碰得到的東西。刺激若是不夠近，這些感官還沒辦法作用（一陣微風拂過全身，或是粗糙的衣物磨擦在皮膚上，可能算是延續得最長的觸覺經驗；然而，即使是這樣的觸覺經驗，其受制於特定的環境條件，還是比聲音連續不斷吟唱而出的小夜曲要高得多）。嗅覺比觸覺或是味覺要渙散，但嗅覺在人類的感覺中樞裡扮演的角色很小；我們大部分時候，都察覺不到身邊有什麼比較濃的香味還是臭味。

所以，我們是透過視覺和聽覺偵測外界（嗅覺亦包括在內，只是程度小得多），以觸覺和味覺涉入外界。就偵測而言，在我們涉入世界之前，視覺和聽覺可以為我們事先收集初步的報告；不過，二者偵測的方法，南轅北轍。視覺為我們收集到的，是我們視線投入之處現場的精確細節，聽覺則幫助我們維持和外界的聯繫可以一天二十四小時不輟，不管我們是不是要聽外界到底有什麼聲音。因此，從窗外流洩進來的陽光，常常沒辦法把我們從沉睡中叫醒——而是叫個不停的鬧鐘，才可以把我們叫醒；因為，鬧鐘觸動的那一個感覺中樞部位，是從來不小憩、不打烊、不休假的。若不是因為有聽覺，我們人類搞不好根本熬不過幾夜便絕種了。人類之所以捱得過優勝劣敗的淘汰賽，實在得感謝我們身上這個從不休息的監視器，這個不知疲倦為何物的竊聽器，隨時隨地都在傳遞訊息給我們。

就是靠這聽覺，我們才得以從字母演化出常存的類比式表達工具。

手寫，印刷，網路空間

字母於源起之時，即是只供單人使用的媒體，而且，此後一直很難沖淡這一特性；因為，每篇文章通常一次只能供一雙眼睛閱讀；若要傳抄，也幾乎是一次只能由一人逐頁抄寫。然而，字母出現前的史前時代，其壁畫或碑碣上的圖形文字、象形文字，往往還是可以供多人同時觀賞的，就算人數再少，也還是不只一人。這是相當重要的一點，而且，從這一點來看——也就是「同時」（simultaneity）這項特性，同時可以出現在多處地方的特性——字母出現，多少可以看作是人類朝後退了一步。這種情況當然不足為奇，因為演化，不論是生物或是科技物種、特徵的演化，往往是得失參半的交換，而不是簡單明瞭往前跳上完整的一步，不打一點折扣，只有進步的淨值，而且無法結算（參見 Levinson, 1979a, 988b, 1997b，對此有更多的討論；不過，人類的智能，整體來看，可以算是例外——人類的智能於演化的歷程裡，倒完全是後代優於前人——但是，個別的科技進步，在目前還是比較可能優大於劣）。

不過，字母偏向離析的傾向，在印刷機發明之後多少扭轉了一些。史崔德諾斯（Stradanus, 1523-1605）有一幅版畫，畫的是鬧哄哄的古代印刷廠，版畫上有一句標題，頗能表達出印刷術的音響效應：「登高一呼，眾生皆聞；排版一登，千張即得」（重印於 Agassi, 1968, p.26）。出版品愈來愈多的結果，就是出現了許多以字母書寫而成的文件，可以供眾多世人同時取閱——也就是可以供「大眾」，而非特定的族群閱讀——特別是在大部分的書報攤和眾多書店、圖書館裡都找得到大量流通的報紙和暢銷書時，更是如此。

但從另一角度來看，印刷術所推動的普及現象，從來就不像「登高一呼眾生皆聞」一樣簡單，也沒辦法像收音機和電視這樣的電子媒體，傳播起人聲相貌可以無遠弗屆的地步。此外，印刷成書的作品，絕大部分還都暢銷不起來——就是說，大部分的通路都找不到這類書籍，書店當然也不例外。因此，雖然麥克魯漢是不該將大量生產的文件和手寫的抄本混為一談，將二者全當作字母式視覺文化，而忽略了印刷也內含電子式音響特性，但他這錯，也絕不是罪無可赦。

所謂電視的音響特性，而且，也就是麥克魯漢已經看出來的一點，當然是指電視裡播放的影像可以在全國同時供任何地方的人收看——在有線電視如「有線電視新聞網」（CNN）出現之後，更擴及到全世界的任何地方。收音機也有這種引伸式的音響效果，而且，於實質上，它就是音響式的。字母一旦出現在電腦螢幕上——而且，若連上了網際網路，電腦的螢幕還可以將同一段文字（例如某一網頁），用比國際有線電視播放新聞還要輕鬆、還要快的方式，傳送到世界各地——這時，字母就成了某一音響空間裡的內容兼直接管道了，取用起來比印刷要親切，傳播起來比印刷要快捷、廣闊。

我們在前一章裡曾經談到，媒體的內容——或說是某一種環境如音響空間的內容絕對不致沒有意義。的確，媒體的內容具有如同「內部媒介」（intra-medium）的作用，或說是「環境內的環境」，有助於界定我們在運用該類媒體時該依循怎樣的規則。因此，我們在上述的討論裡，其實已經談過至少四種不同的音響空間了——無中介的聽覺、收音機、電視、網路空間（印刷品則可能內含部分音響空間，這就和麥克魯漢的看法背道而馳了）——而每一種空間之音響主題，也各有其變體。

的確，音響空間於字母式網路空間裡的體現，在幾方面，分別都和之前的老媒體大異其趣。

音響空間，線上收視

字母不是網路上唯一可用的媒體，但是，字母有一項原始而且至今依然高居首要地位的特質，倒是所有的網路媒體全都具備的：字母有助於書寫的人遂行其意志。就像一般人一拿起了蘆桿、羽翎或是筆——除了非常小的孩子之外——這時，他愛在空白的紙面上寫什麼都可以（繪畫甚至象形文字就不盡然了；因為，這些需要有特別的天分或多年的訓練，才做得好），任何人一坐在空空的電腦螢幕前，也幾乎像是掌握了無上的權力，可以要螢幕出現什麼就出現什麼。

這一點即清楚表現在：我們若是改在網路上收聽收音機的節目（如網際網路上的「即時聲訊」），我們對收音機的控制權，比起離線收聽，馬上就增加了許多。廣播電台的節目一歸檔到線上檔案裡，世界任何地方的人，只要有一具電腦和數據機，便可以隨時隨地收聽這些節目——而不像傳統的收音機，只能依固定的時間播放節目，收聽得到的距離也有限制（除非收聽的人將之錄了下來）；然而其音響空間於連上網路後，便會出現「字母式」轉變，重播時的同時特性降低了（去掉了一項音響特性），但是，使用者的控制權卻擴大了（增加了另一項音響特性）。只是，由於原版的廣播節目只要一上線——但是，尚未歸檔——便能提供典型的離線廣播節目本有的同時特性，「即時聲訊」之出現，等於是在音響空間裡多加了一項新淨利。

由於字母是網路空間的主控媒體，自然會將其固有特性裡最基本的成分，如使用者的控制權增加，也加在網路空間裡。至於其他的特性——像一般常提的：書寫沒有言語的互動——就跟字母一起留在紙面上了；而且，到後來還變成根本不再是字母或是書寫的基本特性，而淪落成了紙張的必要條件，以及字母其他早年的實體夥伴了。換言之，字母在它於線上創造出來的網路空間裡，找到了它最純粹或最獨特的字母式表達法。

的確，由於線上字母傳播，互動極其容易——任何人從世上任何地方，都可以立即加入同步的現場聊天室，而且，不論白天、黑夜都可以加入非同步的討論（參見 Levinson, 1995b，對此有更多討論）——反而因此使得跟在無中介的聽覺後面問世的每一種媒體（電話除外），這一路走來所喪失的基本音響動力，重新又找了回來，還作放大（參見本書第十五章裡，有關麥克魯漢所論之媒體「重拾」、「加強」／「放大」等等效應）。史崔德諾斯版畫裡的那家印刷廠，眼睛是變成了耳朵，但是，還是少了張嘴：閱讀印刷品的讀者心裡若有任何問題，得到的答案，千篇一律都是那同一個——就是說，答案已經印得好好的了——古希臘的蘇格拉底，在柏拉圖寫的《費德拉斯》（*Phaedrus*）裡，就已經哀嘆過讀手抄書的人也有這同樣一種命運。同理，對單向的收音機和電視提出問題，同樣等於對牛彈琴（除非廣播電台或是有線電視的節目，可以讓人「叩應」——就是供人打電話進廣播電台或是電視節目裡發話）。因此，收音機、電視以及印刷品，都算是「封閉式」的音響空間（投書倒是不頂重要的例外），而且，若是將開放和互動，看作是音響空間的一大決定條件，那麼，依這標準，這些就根本算不上是音響空間了。相形之下，親身交談的開放特性，在網路傳播裡，至少還有一部分差堪比擬。

當然，網路上的字母傳播，還是有一大條件，怎樣也沒辦法不歸入「視覺」裡去：我們只能透過眼睛來吸收網路上的資訊。這就表示大部分時候，我們都絕不能分心。我們沒辦法閉著眼睛進入網路空間，沒辦法一邊開車一邊上網，沒辦法一大早一手橘子汁、一手猶太麵包趕著上網；但是，收音機（收音機的訊號，有其他媒體所無的優勢）和電視（開車除外），就可以。的確，電視對我們的要求實在不多——坐在電視前時，愛打瞌睡就打瞌睡，愛卿卿我我就卿卿我我，大部分的資訊一樣接收無礙——而這正是電視最大的優點之一；這一點，我在近二十年前就已經提出來過了（參見 Levinson, 1980；以及McGrath, 1997，同樣也為電視提出了類似的辯護）。資訊傳播的行當，未必樣樣皆需要我們全神貫注；身為活生生的生物體，我們需要不少時間休息（睡眠是最明顯的例子，但在沉睡和完全清醒之間，還有許多過渡的中介狀態）。因此，能在這些階段裡陪伴我們的媒體，還是有其價值。而這種「要就要，不要拉倒」的低調特質，感覺起來，當然比較像音響式的，只是，偏向的是收音機和電視的固有特性，而非親身交談；因為，親身交談，到底還是需要雙方多少都有點專心。

所以，瞻望未來，是可以預見到：網路空間裡的字母可能會愈來愈少，甚至消失無蹤——也就是：網路傳播系統，有一部分或甚至全部都可以口語進行。這樣的系統，當然比現在的字母式網路空間，要更像音響式的了，或說是音響所占的層面要更廣了。可是，展望這樣的未來，同樣也教人不得不問：那字母的地位，到底又怎樣了呢？這字母，不論於過去還是現在，難道只是一項便利的工具，是我們在找不到更有效率的媒體之前，將就能用的最好傳播工具嗎？抑或是別的？或是它正在變成別的？

網路空間無字母？

麥克魯漢看歷史的眼光非常犀利，因此，看未來的眼光也有其獨到之處。他既然看出現在的媒體，其實都重拾了過去的傳播系統，將它納入自身之內——如地球村，或電視是音響空間的一種——便也等於是要我們去想：我們目前正在使用的媒體，有朝一日，應該也會被未來的媒體重新挖掘出來，納入其身之內。

然而，麥克魯漢沒有提出任何基礎理論，說明其中的緣由——他從沒解釋過媒體演化的整體態勢，從沒解釋過他所說的運作機制得出了什麼結果，或主導其運作的深層力量到底是些什麼。因此，他等於沒有提出任何暗示，說字母總有一天會由未來的媒體重拾回來——若字母最後終究會整個銷聲匿跡的話——也沒就字母的最終命運，提出任何意見。所以，我們同樣只能就他的著作，來猜網路空間的未來了；或至多從過去媒體的拼盤裡，挑選可能的組成。

過去二十年來，從我寫〈人事重播：媒體演化理論〉（Human Replay: A Theory of the

Evolution of Media; 1979a）一文開始，便一直希望可以推展出一項廣義的理論，幫我們處理一樣困難的工作：預測傳播的未來趨向。而這理論的要點在於：媒體是循達爾文演化論的模式在演化的，而人類（顯然）不只是發明媒體的人，也是淘汰媒體的人（依達爾文式說法，也就是說：人類是媒體進行自然淘汰的環境）。而我們淘汰的準則有二：(a)我們希望媒體可以將我們的溝通延伸到人身視覺、聽覺所及的生理範圍之外（這只是複述麥克魯漢的看法而已：他認為媒體是穿越時空的「延伸」——這看法，又是他從殷尼斯〔Harold Innis〕那裡借用來推演而成的）（參見McLuhan, 1964; Innis, 1950, 1951）；(b)我們希望媒體可以重拾人類在早先的人工延伸裡可能失去的生物溝通元件——也就是，我們雖然因為延伸而超越了我們固有的生命薪火，但我們仍然希望可以保有爐灶裡的薪火。

上述之第二項條件，雖然包含了麥克魯漢「重拾」的觀念，但是，也由於指明了傳播裡以哪些條件最有可能重拾，而等於是超越了麥克魯漢這一觀念。電話之所以可以取代電報，就是因為我們的演化，要求電話這種雙向的溝通系統要重拾聲音這項失落的元件。而除了刻意以黑白作創意訴求之外，彩色之所以能在所有傳播工具的外觀上取代黑白，就是因為我們渴望在以科技複製天然世界時，一樣可以看見天然世界的色彩；再講到電視之所以取代默片（說得正確一點，就是不講話的片子），也是同樣的道理。不過，收音機倒沒有被電視消滅，因為，只聽不看——也就是前面說過的「竊聽」功能——到底是我們天然（也就是科技之前）的傳播環境裡，非常重要的一樣條件，而收音機正好能充分做到這一條件。無論如何，凡是禁得起時間考驗而歷久不衰的媒體，都是因為它們或是複製、或是符合、或是調和、或是重拾了無中介生物型溝通的某一重要層面或是模式，才有以致之。

既然如此，那這字母在這「適人」的媒體演化理論裡，到底有什麼地位呢？在人類尚處於赤身露體的前科技時代，當然是沒有字母的。就算是有，也不需要我們人人至少要花六年時間上學讀書、寫字。

而言語就不一樣了，不需要上學去學。言語的能力，絕對可以透過口傳心授的方法來增強；但是，杭姆斯基（Noam Chomsky）在近半世紀前，就已經得出了廣為學界接受的定論，他指出兒童學習語言，一定要以即興、隨意的方法來進行才可以。要不，也可以說是要像和一個語言程式「硬連結」在一起，只要環境適當，馬上就可以開啟那個程式——就是聽別人怎麼說。因此，語言一如眼睛之於視覺、耳朵之於聽覺，是人類與生俱來的基本能力。

可是，語言需要用上一項獨特的大腦思考程序，視覺、聽覺則否。我們在看外界、聽外界時，多少會以外界本來的樣子來看、來聽——就是接受外界展現給我們的樣子，以外界展現給所有生物體的眾多紛歧中有交集的樣子來看、來聽；而語言展現於外的，則偏向和它本來不一樣的樣子。我們可以說些找不到實體的東西，也真的常說些找不到實體的東西——像「過去」，「未來」，或是「正義」之類的概念——而且，說起來還遠比看見、聽見這東西要容易得多。的確，若沒有了語言，我們很可能除了當下的現實世界，再也看不見別的、聽不見別的了；就算真能看見、聽見不是當下的現實世界，至多也只是以前看過的景象、聽過的旋律不請自來，重又自動出現在心底罷了。（康德說得不錯，我們所見、所聞，會捏塑我們周遭當下可知的現實世界——也因此，出現在我們面前的世界，是我們的感官呈現在我們面前的世界；而且，於其呈現方式還有部分制約的作用。不過，這捏塑大體上不會讓我們有過去、未來或是概念感覺。）

語言的概念特性——也就是讓我們感覺得到不存在的東西，感覺得到不屬於現實的世界——便叫作「抽象概念」。這點，對我們的語言、對人類的整體，都極為重要，很難想像若是少了這點，語言還成其為語言、人還成其為人嗎。去掉抽象概念的語言，是可以在大喊、尖叫、歡笑、痛哭等聲音裡找到——這些是真的可以告訴我們，當事人現下大概的狀況——但是，這只有在語言作為一種比喻或是討論語言的「原型」（proto）時才有意義。

所以，由我提出來的「適人」理論可以推知：人類歸納「抽象概念」這種本能，其保存、重拾、加強，都是媒體演化過程裡的重要淘汰壓力。然而，除了字母、印刷術、電報之外，網際網路之前的媒體，大部分都做不到這點。反而是繪畫、攝影、電話、留聲機、電影、收音機、電視等媒體，每一種都有辦法將我們目視耳聞之外的世界，帶到我們的面前來。所以，既然這抽象概念在我們的生命裡占據了關鍵的地位，媒體演化的歷程裡，怎麼還會有那麼多是圖像式的呢？

這問題的答案，我要說是：因為字母傳達抽象概念的功效太好了，以致我們沒有動力想要在別的媒體上改進字母。印刷術，當然只是字母的放大版；電報也一樣，只是情況和印刷不一樣。字母，比它的老祖宗，語言，還要抽象；語言，只能透過述說語詞的聲音特質，來表達非抽象概念的情緒（因此，麥克魯漢說字母是「扁化劑」〔flattening agent〕，是相當準確的描述；參見 McLuhan, 1962）。而且，字母在實際使用的那一刻，也比目前的數位媒體要抽象——目前的數位媒體，雖然程式是真的抽象得要命（其二進位的編碼方式，可以代表聲音、影像、文字等等），但在使用的層次上，常常是圖像式的操作（像網際網路上的影像和聲音一樣）。

由於字母具有這種高度抽象的特性，加上抽象概念在人類的思想、生命裡占據了關鍵的地位，依達爾文式的媒體演化模式，我們應該可以預測：只要媒體可以愈來愈符合人類天然的溝通模式，字母應該就會在音響式的網路空間裡，占據一席穩固的指揮地位。

當然，我們和我們的社會，也會跟著我們的媒體一起演化。所以，在下一章裡，我們就要看看我們的表達，我們的形象和音響的替代品，不論是抽象還是圖像式的，在網路空間聽我們指揮時，我們的軀體會有怎樣的變化——也就是那時，我們的軀體在我們的生活裡、在我們的社會裡，會扮演起怎樣的角色。我們要看看「發送者發送出去」（McLuhan, 1978）之後，我們在電子媒體裡會變成怎樣。

第五章　網路天使

Discarnate man

脫殼之人

翻個觔斗雲便翻過了十萬八千里——或說是作光速旅行吧，這是地球觔斗雲的太空版——在二十世紀後半葉的科幻小說裡，是最重要的一項彈躍動力。美國著名科幻作家貝斯特（Alfred Bester, 1913-1987）在《繁星乃我終站》（*The Stars My Destination*; 1957）這部小說裡，就讓葛利・佛義爾（Gully Foyle）*用「彈跳」（jaunting）來作光速旅行，電視影集《銀河飛龍》（*Star Trek*）裡的史考特、鷹眼，還有其他宇宙工程師，一樣到處在太空裡把人射過來又射過去，這樣也射了好幾十年。

渴望作這種「乾坤大挪移」的心理，其實早在科幻小說出現之前，就已經深埋在人類心底不知多久了。舉凡天使、精靈、魔鬼、仙子等等不食人間煙火的生命體，從遠古以來，就一直在歷史裡穿梭，演出一眨眼便穿越遙迢時空的法術。這又有什麼不好呢？將遠在天邊的人兒想像成近在眼前，正在和我們說話，跟想像力一樣，都是人類與生俱來的本領：在資訊壓縮如人腦這般緊密的系統裡，任何時間、空間的構念，都沒有一點意義。

不過，在實質的外在世界裡，時間、空間就不是沒意義的了。所以，雖然人類發明出的「挪移」，愈來愈快——到了二十世紀都已經超越了音速——卻怎樣也找不出方法來在時間裡將人體朝前或朝後推一點點。而且，我們發明出來的實體運送速度，再怎麼快，也談不上「迅雷不及掩耳」——因為，這是十九世紀發明電報之後才有的傳播速度，而和實體的運送無關（參見Levinson, 1994b；曾經扼要討論為什麼「時間旅行」〔time travel〕於原則上永遠都有可能，但是，超光速的旅行則永遠都不可能）。

的確，傳播和運輸這兩項活動，其固有的條件，於以前是有交集之處——像你若要跟某人講話，總要走到那人可以聽見的實體環境裡吧；雖然，你們講的可能是你們永遠做不到的事——但是，書寫出現之後的傳播型式，甚至，上推至洞窟壁畫後的傳播型式，則特別可以透過心靈的神遊能力，做到實體無法企及的事。也因此，佛洛伊德（1930, p.38）會在寫作時聽見了「不在場的人出聲講話」。巴金（Andre Bazin; 1967, p.14）會在照片裡，看見影像從時間「本然的腐朽」裡得救（這句話，也可以用在克羅馬農人〔Cro-Magno〕洞窟壁畫裡畫的野牛等動物身上；雖然這裡的「得救」，想來應該是比較主觀的；也就是說，所畫成的圖像，操在作畫人手裡的部分較多——就跟現在的繪畫一樣——至於攝影師拍下的照片，主觀的成分就比較少了）。而電報挾光速登上人世的舞台，也約莫是在攝影登場的時候。的確，這兩種發明都是摩斯（Samuel Morse）的功勞；只是，他只完成了電報一項（攝影的功勞，落在德蓋爾〔L. J.M. Daguerre〕的頭上）。

電報的內容有三重的抽象性質——先是以電子訊號（像摩斯密碼）代表字母，再由字母代表語言，語言進而再代表現實。這每一層的代表關係，都是由人的主觀來決定的，不像攝影所拍攝的物體，和攝得的影像之間，有直接而且真切的關聯。因此，麥克魯漢所說之「發送者發送出

＊譯注：與《格列佛遊記》（*Gulliver's Travel*）諧音。

去」，放在電報裡看，就有點傷腦筋了；因為，發送出去的東西和發送者之間，於實體上，實在沒有多少相像的地方。

然而，電話問世之後，發送出去的發送者就愈來愈具象了。電話將發送者的聲音補了上來，立即傳輸出去，而且跟收音機一樣，是以廣播的方式傳輸出去，而非人際的口耳相傳。這廣播的特性相當重要；因為，廣播傳達的陳述，不只立即，而且是同時可以傳達予許多人。

「尼克森一上電視，等於同時出現在世界各地，」卡本特在一九七二年尼克森名望、權力正盛的時候，便寫過這句話了（1972/1973, p.3）；還說，「這等於是『新柏拉圖式』的上帝定義。」電視，顯然重建了我們失落的影像。

到了一九九〇年代，網際網路發送出去的，主要是使用者寫下來的文字，而且是同時以眾人式（廣播）和個人式（即一對一）這兩種模式發送出去。待我們前進到了二十一世紀，網際網路影音立即混合的情況，一定會愈來愈普遍。

可是，這些發送模式，沒有一樣真的可以完全取代運輸，沒有一樣可以為他們所承載的人，帶來掌握事情的能力；而這能力，說不定正是旅客都很希望享有的能力。尼克森及其虛擬上帝的地位，比起聖奧古斯丁（Augustine）的上帝還差得遠呢；而把他塑造成神的這每一架電視，也由於一五一十報導了他大言不慚否認知道水門一案，反而成為把他拉下台來的主力。再講得玄一點，把他塑造成「天使」的媒體，也聯合起來把他弄成了個「墮落天使」，弄成了我們這時代的

「路西法」*（而將尼克森比作「梅菲斯特」†的說法，在一九六〇年他和甘迺迪做過電視總統大選辯論之後，也已經有人提出來了）。

所以，值此邁向新千禧年之際，我們手中已經有了立即傳播的工具，其具體反映真實事物的能力，雖然不可等閒視之，但仍然不夠完整；而且，和所有的媒體一樣，也還無法完全由任何人所控制。

而我們的軀體一沒了實體——像發送到網路上、電視上、收音機或電話裡——又會怎樣呢？實體的生物由這些虛擬的代理人代表或是「發送出去」之後，對我們又會有怎樣的影響呢？這便是麥克魯漢談「脫殼之人」的主旨，也是這一章的主題。

虛擬道德和脫殼性行為

麥克魯漢談「脫殼惡魔」（devil discarnate）的出發點——和「脫殼之人」比起來，我比較喜歡「脫殼惡魔」這個詞兒，因為它頗能契合無時不刻、無所不在的神祇屬性（而且，沒有性別之分）——是這脫殼的「虛空」（etherealization）過程所留下的肉身特質。麥克魯漢解釋說

---

* 譯注：Lucifer：原本是天堂的大天使，後來墮落成了魔鬼，即撒旦。

† 譯注：Mephistopheles：大文豪歌德名著《浮士德》裡的魔鬼名字。

（1978），正在播音或講電話的那個人（現在應該再加上上網），「對於一己個體身分的知覺相當薄弱，而且，也像解除了所有的法律和道德責任。」卡本特也有類似的看法（1972/1973, p.3），只是講得比較間接。他在為他的觀點「電力把人人都變成了天使」加條件句時，說，「倒不是主日學裡說的聖潔或長翅膀的天使，而是脫卻了肉身，可以立即跑到任何地方去的精靈（spirit）。」這句「倒不是……聖潔」的條件句相當重要；因為，在柏拉圖／基督教／佛教等傳統的看法裡，人類的肉身都是軟弱的，都是墮落的，都是汙穢的，而和昇華的精神所展現的純潔正好相反。

然而，這電視的精靈扔下了道德不管，到底是什麼意思呢？麥克魯漢（1978）認為，個人身分之失落及城市暴力等現象，都是媒體的無道德狀態所造成的結果；還說，「電視裡想像出來的暴力場景，在在提醒我們，真實世界的暴力，都是一些正在追尋他們失落身分的人所啟動的。」一般人都認為：媒體暴力是助長真實暴力的元凶，尤以電視為然（不論對原本無邪的心靈作暴力的暗示，或是廣告裡吹噓的都是觀者買不起的東西，還是兩種都有），他這說法雖然有所創新；但這說法還是找不到佐證，甚至和證據相左：至今，學界還是無法區分電視是暴力的成因，還是暴力的反映；像加拿大這樣的國家，電視節目和美國差不多，但是社會暴力上的就少得多了（比較類似英國的低標準）（參見 Levinson, 1994a，有更多的討論）。其實，一九九〇年代紐約市凶殺案件的比率，比起一九六〇年代低了許多（Butterfield, 1997），但是，美國電視上的熱門節目，暴力依然，如《芝加哥重案組》（*Homicide*）、《霹靂警探》（*NYPD Blue*）、《法網遊龍》（*Law and Order*）等等，就在電視暴力和現實暴力二者的假設橋梁上，又拆下了一根大樑。

然而，我們在前文已經碰過了，而且，在後文還會一再碰上，這麥克魯漢生前用在電視上的譬喻，雖然立論不穩，但在後來的網路數位世界裡，卻有活龍活現的體現——在這世界裡，個人的身分輕易即可脫卻，而且，還未必一定導致暴力增加。

脫卻了肉身的網路精靈，玩弄的不是「死亡」（thanatos），而是「原慾」（libido）：也就是性慾。這集體現象，是法國人在一九八〇年代中期使用「電子資訊錄」（Minitel）的法國人口裡最先注意到的——真不愧是法國人。「電子資訊錄」於問世之初，原意是要取代年年要發給電話用戶的厚重號碼簿，立意當然合情合理，只是，沒想到這「電子資訊錄」的「玫瑰」留言版，很快就變成了性接觸的黝暗樹叢——而且，全是透過文件進行。許多人在深夜裡上線，進入我們現在叫作「現場聊天室」的區域，然後，彼此詳述想和對方做些什麼（參見Levinson, 1985, 1992，以及Rheingold, 1993，有更多的討論）。

只是，線上當然是半具軀體也沒有，在那一九八〇年代，線上可是連影像也沒有。（麥克魯漢若是在一九八〇年代著書立說，很可能會說：「線上，每一個人都不是人。」）人人的軀體，都留在家裡，而且，很可能還是孤單一人——可能穿得整整齊齊，也可能一絲不掛，甚至可能在手淫——但不管怎樣，都和線上進行性接觸的所在風馬牛不相及。有些時候，作性接觸的雙方，說不定真的彼此就是舊識，因此，可能還知道對方的長相。但是，這類接觸裡最純粹的例子，應該還是些從沒見過對方真人或是影像的人。這時，欺騙的機會當然很大——許多人會捏造自己的長相、年齡，甚至性別，或根本撒下漫天大謊——然而，只要雙方接下來沒有再以肉身進行後續行動，只要雙方都能維持性行為的虛擬狀態，而不會想要求證線下的肉身到底如何這欺騙就還可以維持長久，而且不被戳破（參見 Gelder, 1985，以及 Levinson, 1997b, p.156，有幾個例子，是真的逸出到類比世界去了，而惹出類比式的麻煩）。

虛擬的人際來往可能造成誤會——不論是有心還是無意，也不論是單方面還是雙方面早在網路傳播出現之前，就已經存在了；而且，還可以回溯到電話、電報，還有任何雙方不必真的認識的書寫傳播模式裡。我清楚記得我十四歲時，有個好朋友交了個國外的「筆友」。有人建議他們交換照片；我朋友對相片中人的長相很失望，此後再也不寫信給她了。唉，真是不成熟的小毛頭！但兩年後，另一個朋友——就叫他喬治好了——有天很興奮的打電話給我，跟我說幾分鐘前他不小心撥錯號碼，打到一個聲音甜美性感的女郎那裡。此後，他們在電話上聊天聊了幾個禮拜，有時一聊就是幾個小時。最後——還是我好心提的建議喲——喬治決定要和女孩子見面。他愛上她了，一定要知道她長什麼樣子。起初她不太贊成，但最後還是同意（我跟了去，充當精神支柱；她一樣找了個朋友作陪）。還用說嗎？喬治好不失望，花了幾個月的時間才擺脫掉心頭的傷感（別問我為什麼兩個朋友都碰上這樣的事——說不定就是因為這樣，我才會搞媒體理論）。

喬治那麼失望的理由，幾乎可以用一個老掉牙的定論來說明：他是用想像力為他愛上的聲音，勾畫了完美的模樣。所以，這樣子看來，這「脫殼」的經歷，還真只能是柏拉圖式的，而且，還是這名詞最原始的意思：只以筆端談情說愛（或是只聽言語不看臉蛋），我們的大腦，便會自動補足欠缺的部分，而且，會補得十分完美，個個都像柏拉圖理想國的子民。此時，僅此唯一的防線，就只有千方百計抗拒更進一步的親身接觸，循而保持住這份柏拉圖式的理想，免得出現和血肉之軀牴觸的問題。

這也未必就不道德。在愛滋病於一九八〇、九〇年代愈來愈猖獗後，色情電話和網路外遇因為安全，反而變得迷人起來。電腦當然也很容易感染到「病毒」——但是，電腦病毒最多不過是電腦報銷就是了，不會是你報銷。此外，網路上的影音效果愈來愈普遍，說不定也可以將虛擬現實裡可能出現的騙局，逐步去除。只是，再怎樣也還是會有聰明過人的程式玩家，會在他們的電腦裡動手腳，弄出假的影音出來。

所以，只要網路性接觸不會導致懷孕或是疾病，它就真的比舊式的性接觸要更具有天使的特質，而且，還是「主日學」裡說的天使。而且，只要網路天使留意不要下線去墮落，以致危及其地位，或是跑到凡間的現實、具體世界裡來求證已有的關係、延伸已有的關係，他們存在的安全及輕靈，就絕對可以保全。在網路上不負「一切責任」，也不是沒有一絲燦爛陽光的。

然而，人的生命裡，不是只有性這件事——不管跟主日學有沒有關係，也不管是上線還是下線。所以，透過電信脫卻我們的軀殼，對我們存在的其他方面——像是我們對自己在宇宙裡的位置——又會有什麼影響呢？

「主瞰式」觀點

最早說我們一旦把科技穿戴到了身上，馬上就「變成人造神（prosthetic God）」，是佛洛伊德（1930, pp.38-9）。當年佛洛伊德說這樣的話時，心裡想的可不只是電子媒體；他還舉出船隻、飛機、眼鏡、照片——也包括電話和書寫——等等，全都沆瀣一氣，要把我們變得「真的很偉大」，就算沒辦法因此而特別快樂，或是沒辦法適應這新的神性地位，也好。

這類近似無所不能的地位，其形體運送的層面，依上文所述，可知是不屬於麥克魯漢所說之「脫殼」——我們不論是坐船還是搭飛機，一定都會帶著軀體一起上天下海；就算把人類送進太空的太空船也一樣。然而，正由於太空載具搭載的不只是人，也載運了許多傳播設備，例如攝影機，因此，人類形體運送的成就，於太空船所代表的，等於是傳播的成就，是我們以地球的眼界所締造出來的成就，也是我們超脫地球眼界所締造出來的成就。

而這關鍵時刻，是在阿波羅十八號（Apollo 18）登陸月球的那一刻——不過有點遺憾，這不是人類第一次踏上月球的那一刻，而是人類最後一次登陸月球的一刻，至少是二十世紀的最後一次。從阿波羅十八號傳回來的月球畫面，是全彩的、十分清晰，比起阿波羅十一號把阿姆斯壯送上月球，踏上人類絕無僅有的第一步時的朦朧、黑白畫面，要精緻得多，鮮明得多。阿波羅十八號降落月球期間，太空人塞南（Gene Cernan）和施密特（Jack Schmidt），有次將他們的功能超強的攝影機掉了個方向，對準地球。那一刻非凡的意義，遠在休士頓的控制中心一點也沒漏掉：地球上活生生的物形，傳達得好鮮明，好透澈，連雲氣下的海岸線也清晰可見，教休士頓控制中心的人根本沒辦法懷疑，這真的是月球上的攝影機倒回來拍地球嗎（若想多了解這一幕，請參見"From the Earth to the Moon", Part 12, HBO-TV, 1988）。他們正在處理從月球傳回來的一幕影像，而這幕影像裡，又包含了他們自己正在處理該幕影像以及當時地球上的一切人、事、物。要再找到比這一幕更具神性的例子，實在很難。

麥克魯漢對這一幕地球外的視野內含何種寓意，追本溯源，一路追溯到了它最早的發源，因而（和鮑爾斯一起，1989, pp.97-8）指出這是「一種心態，促使西方人想要扛起神的責任。地球因為有人造衛星史普尼克繞著它旋轉，而成了藝術品。那顆小小的鋁製圓球，在世人心裡種下『地球也可以寫成程式』的看法。」不管這些話裡的矛盾意象是出於鮑爾斯，還是麥克魯漢本來就這麼想——藝術和程式湊在一起，實在不太協調，應該沒人會把數字組合成的圖畫看作是藝術品吧——這意象倒是真的抓到了人類跳脫地球的觀點之後，控制權和責任因之大增的心理（參見本書第十二章有關史普尼克以及地球即藝術品的討論，及第十三章有關數位時代藝術的討論）。

麥克魯漢和鮑爾斯在該書同一章節裡，還將世人心裡新興這股無所不能的心理，說成是「內含劇毒……特別是這心態影響所及的人，自己都摸不清楚這心理的成因時，尤其嚴重，」但是，麥克魯漢還是從人類得以掌握外星觀點一事，挖掘出比較正面的教訓，他說：「新的生態世代……即自史普尼克始。」（連同 Barrington Nevitt, 1972, p.7）世人愛護地球的觀念，以及這觀念和世人得以從地球之外俯瞰地球之間的關聯，以布蘭德（Stewart Brand）所倡導的「全地球運動」（Whole Earth movement）為典型的代表，也是實踐最力的團體。這運動是在一九六〇年代，因布蘭德呼籲世人畫出「全地球的圖像」，而開啟了序幕。值得一提的是布蘭德的生態關懷，到了一九八〇年代，已經擴及個人電腦以及網際網路，以之為人類進步的工具——「全地球」的編目，已經漸漸變成了軟體的編目（例如，Brand, 1985）——這看法，我個人非常同意。不管地球是藝術品，還是電腦程式，資訊科技愈多而非愈少，地球和世人能夠獲得的愛護才愈多。

然而，從地球外看地球的意象，能給我們的最大教訓還是：科技絕不等於一切。可笑的是我們這些「脫殼之人」，怎樣也無法往返於外太空的虛空和星體之間。我們沒有實體的載具就是不行，沒有真人的血肉之軀就是不行；就算無人太空船發射出去，也常會出錯，需要有人上去修理。因此，哈伯太空望遠鏡雖然可以讓世人一窺宇宙深處，找出在遙遠的恆星旁邊是不是還有別的行星繞著它旋轉，而多少讓世人有點「神」的感覺。但是，那哈伯在剛發射時，可是幾乎沒辦法用。幸好有個凡夫俗子，穆斯葛瑞（Story Musgrave），坐著太空梭蹦到上面去，給哈伯戴上幾具矯正用的眼鏡，才讓哈伯起死回生。我這說的，不過是個稀鬆平常的看法：科技本來就會出錯，因為，創造科技的人，本來就不是十全十美的啊。也因此，科技注定無法自動糾正錯誤，特別是位在人類知識和能力尖端的科技，更是如此。可是，我們人類，活生生的人類，與生俱來即擁有自動糾正錯誤的能力，雖然不算完整，但終歸是有。而所謂的「演化」，為的不就是這嗎？

的確，我們還能從演化學到和「脫殼之人」有關的一些別的東西：我們／他們（脫殼之人）已經存在很久了，幾乎可以說是從生命伊始之際，便已經存在了。因為，這DNA的樣子，一點也不像由它指揮創造而成的生物體、生命體，因此，它若不是「脫殼」的密碼，那是什麼呢？也因此，在我們奔向繁星的路途上，不論是在起點還是在未來，「脫殼」／「肉身」（discarnate／incarnate）的關係，始終如影隨形。

DNA裡的惡魔

早在電腦把我們變成天使之前——不管是主日學裡說的天使，還是別的——早在我們的電視、電影明星、政治領袖、運動偶像的影像，可以同時傳播到世界各地之前，DNA已經因為可以同時出現在世界各地，而把地球變成了它的天堂。不錯，不同生物體內的DNA，是不會完全一樣，就像天使和電影明星、政治領袖，也不是個個相同。然而，所有的DNA裡，還是異中有同，還是有基本的型態一以貫之——唯其如此，某種細菌的基因才可能改變，用來製造人類的胰島素；某種魚的基因，才可能加進草莓的基因組裡，增加草莓的抗寒能力（參見Specter, 1998，有更詳細的說明）。

只要DNA不是實質物體，就可以說是「脫殼」——在這上面，它和實質物體之間的關係，跟電腦程式和由其指揮電腦去執行的工作，沒什麼兩樣。然而，軟體一沒有了適當的硬體環境，就毫無用武之地；DNA也一樣，一沒有了生命的素材供其創造生物體，一樣也使不上力，一樣沒有意義。脫殼的DNA，在這裡就不屬於軟體／硬體的關係架構了，因為，生物體不僅僅是DNA用武所必需之地，也是DNA用武之後的結果。

我們再往上爬幾階演化之梯，看看人類思想和頭腦之間的關係，其實和DNA和生物體的關係有些類似的地方（我說這是「往上」是因為：我認為人類的思考能力，在演化的歷程裡，不證自明，即是真正的進步）。思考，顯然便是脫殼的，不受制於物質的。想像的速度，絕對是比光速還要快的一種「力」——我們於剎那間，可以在地球和半人馬座α星（Alpha Centauri）之間跑上一個來回；但是，用光年的速度的話，則需要八年。可是，想像力之所以能夠發揮這麼強大的主觀速度，全是因為想像力根本不是放在任何物質性的宇宙裡施展的。然而，想像力還是需要有個物質性宇宙，也就是人腦，才施展得起來。因此，一切的思考，都具有我所謂的「跨物質」（transmaterial）特性（參見 Levinson, 1998b），也就是說：思考都需要有些物質性的基質供其存在才可以——先是大腦，再來是空氣（口語）、紙張（書寫）、電腦等等——然而，思考卻又一定可以自然就超越它們賴以存在的基質，神遊遠方（到半人馬座α星或是別的地方，例如時光旅行，一樣可以在想像裡進行），只要不打破虛擬狀態，我們愛神遊到哪兒都可以。所以，想像力便很像網路空間裡的脫殼生命體和脫殼性接觸：只要避開實體世界，就絕對可靠，絕對美好。

不過，思考和DNA二者之間，還有別的類似之處：DNA可以指揮蛋白質組成生物體，思想也可以重造物質。的確，思想的結果，發揮在物質上，便是科技的成就，科技可以看作是人類的理念、計畫、構想、夢想具體的展現。我在《漫遊無際的人腦：科技時代之知》裡（1988b），就曾經仔細探討過：任何科技，例如汽車，體現的除了一項中心想法之外（於此，是不靠馬匹拖拉便可以走遠路），還結合了其他無以計數的想法體現而成的成果（像轉動的車輪，透光但擋雨的玻璃等等），而每一想法，都是科技整體裡的組合分子，都包含在科技整體之內。將科技比作生物體，我想是有些教人駭異啦，也頗符合以前思想家把科技放在生物界來看的說法，像早期有勃特勒，晚期有威勒（Norbert Wiener）（參見Levinson, 1979a，有扼要的概述）。坎貝爾說的「演化認識論」（1974a），以及他把思想的生命和生物的生命二者作類比的說法，同樣支持脫殼的現象在科技和在生物上都有所貢獻。

麥克魯漢同樣也喜歡把生物式類比用在科技裡。而最出名的，就是我們在第三章裡談過的「人類，好像變成了機械世界的性器官，跟植物界的蜜蜂一樣，從事繁殖新個體的任務、演化新物種的任務。」（1964, p.56）衍生出這句話的那句勃特勒妙語：「雞是雞蛋製造另一個雞蛋的途徑」（Butler, 1878/1910, p.134）。說不定還有個比勃特勒更早的源頭呢！因為，他在這句話之前說的話，很有意思，他說：「我相信，大家應該常聽人說，……」道金斯（1976）在提出「思想基因」（meme）的觀念時，還以勃特勒的妙語，提出了更新的版本，說軀體是基因散播基因的機制——這「思想基因」說的是：理念會像病毒或是基因一般，劫持人腦，逼它乖乖就範，透過語言和書寫，替它散播理念（我在寫這本書的這幾句話時，就正在為思想基因這觀念做思想基因這件事）。而他這說法，不論是麥克魯漢以人為科技的授粉媒，或是我以科技為人類想法之體現（因而也是傳播者），都十分契合。

我們現在等於繞完了一個圈子，又回到了網路經驗裡的「性能量」（sexual energy）——就是「虛擬夢魘」（incubi）和「虛擬妖精」（succubi）——這頭了，又回到了除了想像之外，只要是脫殼經驗，不論哪一種，皆需肉身實地參與這頭了。

然而，從DNA到天上的繁星那條路，其實滿布許多事物。我們不親熱的時候（不管是真實的還是虛擬的，是透過文字還是機器），一定會做些別的，像談生意啦、吃喝玩樂、搞政治等等各類的團體事務。只要這類活動跟性接觸不一樣，不需要有人際接觸，這類活動就可以在收音機、電視之類的大眾媒體裡昌榮發蔚，而讓總統、影星、打出全壘打的棒球選手和搖滾樂歌手的臉、聲音，到處都看得到，到處都聽得到。而這個個又各有其虛、實的混合體。雖然他們的發送者是發送出去了，但我們大部分，都還只是他們的接收者，只以收聽、收視的受眾身分，參與他們的虛擬狀態；我們的創造力，我們的軀體，還是牢牢侷限在分界線有形的這一邊。

然而，網際網路已經開始在這一邊的世界裡搞革命了。

而這也是麥克魯漢在他拈出來的那句名言，也是世人了解得最透澈的一句名言裡，說得相當精準了。這句名言便是我們下一章的主題：地球村。

第六章　從偷窺到參與

The Global village

地球村

在這樣一本大小的書裡，有那麼多麥克魯漢的見解，動不動就被說成是「最多人知道，但也最少人了解」；現在終於碰上「地球村」可以一新我們的耳目。

這概念跟他許多其他中心概念一樣，都是先出現在他的打字稿〈理解新媒體之專案報告〉（1960, p.129）裡，然後再放進《古騰堡銀河系》（1962）當作一章的章名，推出和世人見面；而他這句話：「新出現的電子互賴關係，會將世界改造成地球村的樣子」（1962, p.43）一說出來，馬上找到了大批可以心領神會的聽眾，風靡到麥克魯漢接下來的兩本書——《地球村之戰爭與和平》，及他身後才出版和鮑爾斯合著的《地球村》——的書名，都用上了這個詞兒；後來也常出現在報章雜誌、收音機、電視等的評論裡，歷三十年而不衰；而且，用得也都還算貼切。麥克魯漢其他的格言，就沒這麼好命。至少「媒體即訊息」就沒這個命；這句話的名氣，絕不下於地球村，而且還有句俏皮的雙關語，出現在他和費奧爾（又是他）合著的《媒體即按摩》（1967）的書名裡，但卻一直備受誤解，而且，還錯得一塌糊塗（參見本書之第三章）。麥克魯漢的「冷熱比」也沒這個命；這個譬喻在一九六〇和七〇年代還算流行，但到今天，世人不是忘了這個譬喻，就是誤解這譬喻的意思（參見本書第九章，有為這譬喻翻案的文字）。

「地球村」這譬喻的魅力何在，很容易看得出來。以前小村子裡的居民，取得公共資訊的機會都差不多——鄉鎮裡的傳報人（town crier）喊出口的聲音，誰都聽得到。印刷術發明之後，更擴大了資訊流通的範圍，而頭一次創造出了群體受眾，頭一次創造出了目視耳聞之外的大眾——

但也同時摧毀了原始的音響式村落團體享有的同時性。不過，就算有了大量印刷的報紙，大家未必會訂一樣的早報、晚報；就算訂的是一樣的報紙，讀的新聞也未必一樣。但是，到了收音機和之後的電視世界，全國各地坐在客廳裡聽收音機或看電視的人，所聽見的聲音、所看見的面孔，都是同一位新聞主播的聲音和面孔。這時，人類的聚落，已然改造，就算還不到全球的規模，至少也差堪比擬（要等到全球性的有線電視新聞網如CNN，於一九八〇年代崛起，才算得上是，而且也還只是部分而已），因而足以證明地球村的概念放在廣播媒體裡看，真的可以算作是它的效應之一。

然而，「地球村」這譬喻剛問世時，還不能算是切實的譬喻。各位別忘了，譬喻本來就是注定沒辦法切合它所要釐清的事實的。因此，村落放在傳報人聲音所及的原始層次裡看，其資訊環境，是資訊的收受體隨時隨地可以變成資訊的發送者。就像教室一樣，村子裡的人，隨時可以向傳播資訊的人（老師或傳報人）提問題。蘇格拉底在《費德拉斯》裡，同樣也哀嘆過文字傳播出現後，當事人可以立即對話的機會就消失於無形了。而廣播媒體出現，也沒辦法彌補這一損失：因為，這種單向式的大眾媒體，不論是以前或是現在，所能聚集起來的聽眾和觀眾，全都只是些偷聽、偷看的人，沒一個有辦法去問名記者莫洛（Edward R. Murrow; 1908-1965）任何問題，不論是在收音機還是在電視裡。

地球村這譬喻一開始時的這個缺點，相當重要；原因無他，因為，後來網際網路崛起，正好彌補了這一缺點，而且，還補得愈來愈周全。所以，這一章，也可以看作是網際網路怎樣把地球村的譬喻，落實下來——或者是說，地球村怎樣從譬喻轉變成相當貼近事實的陳述。

而首先，我們要看看麥克魯漢古典的地球村觀念裡的一些特色——「兒童村」和「偷窺村」。

兒童村，偷窺村

在傳統的家庭裡，父母和子女的關係難免帶有威權的色彩。就像有則林肯的軼聞，說林肯和他的內閣有次投票時，內閣閣員每人投的都和林肯相反，林肯見狀馬上宣布，那天只有他投的那一票算數。一般人的家庭也差不多，一碰上重要問題，子女的人數再多、意見再強，只要和父母的意見相左，也只有乖乖聽話的分兒。就算父母真的鼓勵子女發表意見，像老師在課堂鼓勵學生多發表意見一樣，最後的結果，還是操在父母和老師手裡。因此，推到極致，再加上父母願意給子女多少民主的權利這條件（這當然也要再加上子女的年紀、問題有多重要等其他條件），在親子的關係裡，子女的意見一般是算不上數的。也因此，從父母的觀點來看，「小孩子是要你去看的，不是聽的」；而從子女的觀點來看，小孩子「有耳無口」，只有聽話的分兒。

收音機的環境和這樣的家庭動力學之間，有明顯的共通點，不只在收音機所運用的科技裡一清二楚，因為，聽收音機的人只能聽，不能問；在收音機於政治的影響一樣一目了然。我在《柔刃之刀》（1997b）裡，曾有比較詳細的討論，指出二十世紀四位權勢最強的政治領袖——史達林、希特勒、邱吉爾、小羅斯福（Franklin Roosevelt）——就是靠收音機奠定地位的。這四位政治人物，都曾在歷史的關鍵時刻，利用這種當時算是新興的媒體，對他們的人民發表重要的演說。他們的聲音透過收音機，傳進了每戶人家的客廳，打進了原本是家庭專屬的領域，而且，這收音機還沒辦法讓人表達一點不同或是相反的意見。聽收音機的人，不論老少，都成了站在收音機爸爸腳邊的小孩。他們的國家，沒有因此變成村子；因為，住在村子裡的人還可以吵架，還可以行使民主的權利；但在家裡，在收音機播報音量所及的範圍內，每個人民都成了沒有權力的人，都成了小孩子。由此而孕育、維繫的政治控制力量，當然還有別的因素在節制——像邱吉爾的政黨在第二次世界大戰後，就被英國人民用選票請下了台——但是，由收音機聚集起來的這個全國性大家庭，即使在民主國家，一樣是史上絕無僅有的現象，前無古人，後無來者。

麥克魯漢那句大家愛用的名言，「電視若早一點問世，就不會有希特勒這號人物」（1964, p.261），是真的抓到了收音機家庭王朝短暫稱霸的精義。但是，由收音機所孕生的家庭式「村落」，沒多久就又要轉向了。到了一九六〇年，甘迺迪已經靠著他嘴裡的話和他的外表，攫獲了世人仰慕的眼神，而且，世人仰慕其外表的比重，絕不下於他所說的話；因此，這種比較像是影迷對影星的迷戀，而非子女對父母的敬愛。美國民眾封他的內閣為「凱美樂」（Camelot）*，

*譯注：英國傳奇裡的亞瑟王宮廷，有英俊的君王、美麗的王后與和樂的政治。

奉為偶像般崇拜、愛慕、陶醉，就像看的是大遊行或電視連續劇。凱美樂王朝悲劇的結尾，是撕裂了美國民眾的心，但美國民眾的哀慟，不是子女失去父母的那種哀慟——我父母就常跟我說，一九四五年小羅斯福總統去世時，他們真的覺得像是自己的父親去世——甘迺迪之死，於美國民眾比較像是偶像英年早逝；是很大的打擊沒錯，但是有段距離。所以，這地球村像是被電視帶大了，而從收聽的人，長大成了收看的人，從小孩子，長大成了偷窺的人。

而世人偷窺的對象，除了眾所心儀的偶像之外，當然也包括眾所痛恨的大壞蛋——我們不也很喜歡看殺人狂和恐怖電影嗎？——電視時代的政治人物，就此成為兩種投射集中的對象。從詹森、尼克森、福特、卡特到布希這幾位美國總統，不是應人民的選票要求不得連任（也有沒做滿一屆任期的，如福特），就是因為別的原因而不得不去職。而從政前原來就是電影明星的雷根，則是不只做滿兩屆任期，廣受愛戴的程度也遠遠超過其他總統。但他帶的政府，一樣躲不掉危機——就是電視轉播諾斯（Oliver North）為「伊朗軍售案」赴國會作證的實況——這給人的感覺，就像是美國民眾沒看見他們的政治馬戲班把場上的主人翁抹黑，誓不甘休。之後，在這電視觀眾村裡，唯一有辦法撐下來連任的總統，迄今也只有柯林頓……

若說是甘迺迪開啟了電視總統的潮流，開啟了美國民眾的偷窺熱——他當年之所以險勝尼克森，一般認為應該歸功於他在電視辯論會上打敗了尼克森；那次辯論會，聽收音機的人，大多數裁定尼克森「獲勝」，看電視的人，則大多數裁定甘迺迪獲勝，只是，一九六〇年時看電視的人比聽收音機的人多（參見McLuhan, 1964, p.261，以及Levinson, 1997b, p.90）——雖然他逃過了美國民眾探頭探腦的窺伺，但也是在千鈞一髮之際逃過的。甘迺迪身後傳出和茱迪斯．艾克斯納（Judith Exner）等多人的緋聞，若是真的，那他還真是有太多的素材，可以餵飽美國飢渴若狂的媒體。英國的「普洛夫莫」醜聞案*，這證明了政治一扯上性，對於大眾而言有多刺激！而且，絕對始料未及，因為，這些事情所引爆的媒體熱，竟然把大半個內閣都壓垮了。然而，住了批影像偷窺狂的這座村子，還是一直等到了一九八八年的美國總統初選，才第一次在美國施展出橫掃全國的摧毀力量。那時，哈特（Gary Hart）因為媒體有關其婚外情的報導，而提早報銷。由於比起哈特的民主黨對手杜凱吉斯（Michael Dukakis），和贏得總統寶座的共和黨人布希，我還是比較欣賞哈特，我因而大受刺激，在網路上發表了一篇文章，題為：〈只有天使才可以當總統嗎？〉（重刊於Levinson, 1992）。

而柯林頓於一九九二年出馬競選美國總統時，沒多久也碰上了「哈特」式麻煩，而且，一時看來也好像會落得中箭下馬的下場。但是他竟沒有，就算媒體大幅報導他和佛洛爾（Gennifer

---

*譯注：普洛夫莫（John Dennis Profumo, 1915-2006），英國保守黨政客，一九六〇至一九六三年六月任國防大臣，和基勒（Christine Keeler）有染，此姝又是蘇聯一位海軍武官的情婦，因而引起軒然大波。普洛夫莫馬上便因在此案中欺騙下議院而去職，當時之麥克米連（Macnillan）內閣，也受他拖累而垮台。

Flowers）有染的緋聞，而且柯林頓雖然否認和佛洛爾有染，卻又暗示他還有未曝光的幾樁地下情史，他依然獲選為美國總統。所以，這結果和其他許多媒體、政治研究一樣，至少可以有兩種解釋，而且，還是相反的兩種解釋：(a)柯林頓雖然緋聞纏身但還是當選，是因為偷窺村裡的人已經厭倦了炒作緋聞的手法，(b)柯林頓就是**因為**緋聞而當選的，因為，偷窺村裡的人（至少大多數的人）最喜歡看人炒作緋聞了，反而不覺得它討厭，因此想讓這樣的娛樂維持下去。我承認這第二種解釋有點刻薄，但柯林頓一九九二年之所以贏得總統大選，這兩種解釋十之八九都可以算數。

而這兩種解釋在一九九八年時，又同都碰上了考驗；這年，在教宗訪問古巴那晚，冒出了件陸溫斯基緋聞案，而在全美黃金時段的報導裡，搶盡了教宗出訪的鋒頭。

可是，在一九九八年時，電視的螢光幕以及電視螢光幕所專門迎合的偷窺村，都不再是世上僅此唯一的螢光幕，僅此唯一的偷窺村。這時，除了電視有螢光幕，世人在家中、辦公室的桌上，也有螢光幕，飛機、火車旅客的膝蓋上，也有螢光幕——這螢光幕，只要一連上線，或是用遙控方式（遠端主機）接在電話線上，世人就破天荒第一次可以在螢光幕上動手腳，而不再只是看而已了。

這螢光幕，當然就是網際網路裡的視窗。這時，網際網路擠掉電視和報紙，取代二者成為跑在最前面的新聞媒體；美國國會將獨立檢察官史達就柯林頓總統婚外情所寫的調查報告，直接送上了全球資訊網；而在全球資訊網上，不論是個人還是媒體，取閱的管道完全平等。（在這之前，國際新聞由政府機構直接發布在網際網路上的例子，是一九九七年美國麻薩諸塞州法庭，將縮減伍華德「互褌」殺人案*刑期的判決，送上了網路發表。）

所以，這麥克魯漢的地球村，值此世紀交替之際，正逐漸在蛻變成愈來愈確鑿的事實。

網路地球村的政治學

打從我小時候開始讀科幻小說、看科幻電視劇起，約是一九五〇年代早期左右，就不斷聽人說起「電腦化的民主」。所謂「電腦化的民主」，是說我們不再選出民意代表——如美國人選州議員、參議員，英國人選國會議員等等——由他們去替我們討論議題、表決議案，而是由我們人民大眾，自己透過「電腦」，自己討論議題，自己表決議案。起初，我根本搞不清楚這電腦到底該怎麼用，也不清楚怎樣可以弄到一具來用。但後來，我搞清楚了這電腦是用來計算票數用的，而且，透過電話就可以使用了——就是接通一位接線生，由他替我們將選票投入一具很大的中央電腦裡去——也或許是到圖書館、學校、市鎮公所等公共場所，透過那裡的電腦終端機自己投下

*譯注：伍華德（Louise woodward）是位到美國以當保母換取食宿（au pair，即所謂互褌）的英國女學生，因所照顧的嬰兒死亡，而為嬰兒父母控告謀殺，引起英、美兩國法律界及民間的一場大角力，伍華德雖然被判二級謀殺，但上訴後，法官減輕其刑，又引來軒然大波。

一票，選出我們的代表。

而在過去二十年間——或者說是自從個人電腦和數據機問世以來——我才了解這種直接投票的方式做起來有多簡單：我們可以在家裡，或在工作的地方，透過如今在我們社會裡已經無所不在的電腦和數據機，行使我們的投票權。

而這，也等於麥克魯漢地球村概念的政治層面，經由科技，付諸實現；或說是假如我們有意實施這種作法的話，便有可能實現。這時，「地球村」上就算還有譬喻的成分在，也微乎其微了。只要是親自投下選票，放在資訊的角度來看，在網路上投票與到投票所去投票，沒有一點差別，沒有一點欠缺。這跟你是在線上的電子銀行匯款，還是親手把十塊鈔票交給另一個人一樣，有沒有親手做這件事，無所謂好壞之別（雖然，我們可能還是因為別的原因，一些跟這件事完全無關的原因，而比較喜歡親手匯款或是親身投票。例如，我們可能覺得銀行的出納或是排在我們前面的人長得很漂亮；但同樣的，我們也可能因此反而不喜歡親自去做這件事。）

此外，衡諸民主的歷史，經由電腦行使直接投票權，其實也是順理成章的發展。雅典式的民主國家，最理想的大小——他們那裡施行立法權的人，不是選舉選出來的代表，而是每一位公民本人——就是演說者音量所及的人群大小。這樣，聽的人才可以問說的人問題，人群之間也才可以互相討論。雖然新聞、收音機、電視等大眾媒體，將受眾的數量擴張到極大，幾乎遍及全國。但是，不論受眾多大，這些媒體怎樣也沒辦法讓它們的受眾可以回嘴；而且，連讓受眾彼此交談的機會也沒有；除了非常小的單位，如一家子人、酒館的酒客，或是朋友之間的閒聊等等；而這些，都只占全國受眾的極小部分。所以，這樣看來，大眾媒體還根本就把直接民主變成不可能的事，即使在歐美成功的代議式民主政治裡，新聞成為他們的民主裡不可或缺的傑佛遜式*堡壘，也一樣。孟佛（Lewis Mumford）一九六〇年代在美國國會作證時，就巧妙點出了這種民主勝利所必須付出的代價：「民主，不論有怎樣的實效，一概始自成員可以面對面的小團體，也終於成員可以面對面的小團體」（引用於 Will, 1998, p.6）。只是，毋庸贅言，在我們這單向式、不互動的大眾媒體時代裡，我們別無選擇。

即使他還身在單向式的電視時代裡，麥克魯漢也一眼就看出來：新媒體大有可能把大塊地區變小，供世人再進行上述之互動。麥克魯漢在《花花公子》雜誌的專訪（1969, p.72）裡，曾經說道：「所謂『部族意志』（tribal will），是指在彼此關係、來往都很密切的社群裡，其所有成員經由同時的交互作用，以交感的方式（consensually）表達出共同的意願；這時，再躲在罩著帷幔的投票亭裡『祕密』投下『個人』的一票，在他們眼裡，一定滑天下之大稽。」麥克魯漢這裡說的「票」，當然是選出代表我們辯論法案、表決法案、作出決定的選票。

麥克魯漢提出這看法後三十年，網路傳播已經開始打開了一些管道，供雅典式的地方民主推

*譯注：傑佛遜，美國第三任總統，生前大力倡導直接民主。

展到全球各地——要不也至少是由國家蛻變成直接式的民主城邦。網際網路已經開闢出許多地方和場合，供大家進行討論，有些甚至還可以讓人盤問不同領域的領袖，若是他們願意上網的話。調查意見、統計意見，以及公開投票、祕密投票、計票等的軟體，也都已經問世，隨時可用（從一九七〇年代晚期開始，就已經有專作投票的特殊網路系統了；參見 Hiltz & Turoff, 1978/1993，及 Steven, 1987，有更詳細的說明）。

然而，問題是：就算我們已經有了現成的技術可用，我們是不是真的想用呢？

李普曼（Walter Lippmann）在他寫的《幽靈大眾》（*The Phantom Public*; 1927）一書裡，便直陳直接民主絕不可行。「我們絕不可以再繼續相信，民主政府便是人民意志的直接反映」。該書出版的時候，正巧是廣播時代曙光初露，要將有口難言的聽眾環境無限擴張的當口，李普曼說：「我們反而要換個理論……人民是支持還是反對真正掌握治權的那些個人。」李普曼認為我們非得實施這種間接的代議政治不可，因為，國家社會的事務「太多，太雜，效果太隱晦」，不是個別的公民所能了解的。

當然，李普曼所說的「大眾」，還真的可以說是幽靈，因為，他們質問李普曼、質問他們的領袖，甚至除了地方最小型的集會之外全國集合起來討論議題等的能力，全都沒有了。即使是我們前文所述的收音機和電視，也幫不上忙：因為，這兩樣媒體在接下來的幾十年裡，播放到每戶人家的收音機、電視機盒子裡的，不是領袖，就是明星。

然而，衡諸目前的網際網路已有數百萬人正在聊天，衡諸目前的個別公民已不再是李普曼所說的「後排的聾觀眾」；我們現在對於世上的大部分事情，都可以比一九二七年大部分的參議員還要輕易便取得大部分的資訊；我們這世界的事務，於一般人，是不是就因此而變得更好了解，也更有能力管理了呢？

李普曼是不是會這樣子想，我們不得而知。雖然，柏拉圖看不起普通人，認為普通人根本就太蠢，沒資格作管理。李普曼還沒把話說到這樣的地步，但他倒是真的強調過，一般大眾根本沒辦法經由教育而學會自治。他的論點，直接出自二十世紀早期杜威（John Dewey）一派的美國哲學主流，這派學說認定第一手的經驗，才是最好的老師，甚至，才是唯一可靠的老師。依這樣的看法，一般大眾是學不會管理之道的，就算進正規學校也絕對沒有辦法，就算散播再多的管理知識，也可能還是沒有辦法。一般大眾，唯有在進入「圈子內」：按照李普曼的說法，就是成為立法院或國會的一員，才有可能學會管理之道。

但是，這可沒辦法把一般大眾透過網際網路進行自治的門路給一把關上。李普曼若活在我們這時代，還是堅稱，網路地球村的資訊散播，原則上還是未足以讓我們具備立法的資格，不管他說得對不對，我們的地球村絕對不僅只是散播的途徑而已：我們的地球村，也是我們討論、爭辯、凝聚共識、投票的途徑；就這點來看，我們的地球村，本身也就具有政治管理的機制。例如我寫《柔刃之刀》（1997b），寫到〈傳播正俗法案〉（Communications Decency Act）時

（1996），不僅沒幾分鐘便找齊了這法案的全文，而且，連先前的版本以及一大堆美國人民就這法案寫的一大堆評論、意見，也全都找了出來。接下來的幾個月裡，我還在網路上參加了不知多少次討論會，作的都是相當深入的討論。所以，我這人，以及曾經參加線上討論的其他人，就這法案於政府之運作，比起國會裡商討、贊同這法案的袞袞諸公，到底有什麼「遜色」的地方呢？（其實，我甚至還可以大言不慚的說，我，還有許多上線的人——他們馬上就指出了這法案侵犯美國憲法裡要保護的言論、新聞自由——絕對比國會或是簽署這項法案的柯林頓總統，都更有資格「管」這項法案；而一九九七年七月，美國的最高法院也裁定這法案違憲。）

當然，這只是一件法案而已。有人大可反駁，指我們這些會在網路上面討論〈傳播正俗法案〉的人，都是些做過自動篩選的人，都是對這領域本來就有興趣、有了解的人，而我們的國會一年要研議的法案種類那麼廣，就算一般民眾透過網際網路去蒐集資料、進行討論，也遠超過一般民眾能力的限度。這主張特別強調李普曼所說：政府的議案「太多」，不是一般大眾有辦法積極介入的，而頗有呼應我們這時代頻傳「資訊超載」呼聲的味道。

然而，我卻總覺得，這樣子看這問題，像是屈服在詹姆斯（William James）的哲學左右夾攻的拳頭之下。詹姆斯的哲學，走的是杜威的「實用主義」（pragmatism）和經驗第一的路線。詹姆斯認為我們這世界是「活蹦亂跳、喧囂吵鬧、亂哄哄的一團」，得由我們用大腦把這亂七八糟的一團整理出個頭緒來。也就是說，從背景的環境裡，挑出最切合我們需要和經驗的東西，放到前景裡來。換言之，人類的大腦，於詹姆斯而言，就是專門要為人類處理資訊超載用的，而為人類從超載的資訊裡抽出意義來，供人類應付眼前的事情。

這樣子看，等於是說我們的認識能力，天生就有辦法處理資訊超載；因此，再來擔心這件事，便很像我們的肺明明很健康，卻在擔心空氣不夠我們呼吸。所以，這真正的罪魁禍首，並不是感覺空氣不足，而是焦慮感。

而打中這問題的第二拳，就是我們在數位、虛擬的領域之外，處理起這所謂的資訊超載向來做得不錯。再小的書店或是圖書館，其書籍的數量和種類，也絕對不是我們可以全盤接收的。但是，碰上這麼多的選擇，我們可不僅沒有被嚇傻了，反而應付得很好，沒多久，一定可以找到我們要的書，要不也至少可以找到替代品。我們之所以能夠獲得這類滿意的結果，是因為我們用上了自幼即已經內化的導航系統：例如，利用題材而非作者的分類書目，找出我們要的書，放在書店或圖書館的哪具架子上。這樣的系統，不論是否循正規管道，顯然很容易就學得來。這時，再加上詹姆斯所謂的組織能力，便可以協助我們對自己的生活和世界，多少能有些控制。

如今的數位世界，呈現的選擇真的比世上最大的書店或圖書館都要多得多。但這樣的世界，一樣有新的導航系統，也就是愈來愈精密的搜尋引擎，可以協助我們在浩大的網路陣式裡，抓出切合我們需要的資料。的確，隨著搜尋引擎愈來愈「聰明」，可以作特別的設定，當我們的副手，聽我們吩咐行事，依我們的標記，隨時隨地當我們的「順風耳」、「順風眼」，比起「杜威十進位制」的卡片索引法（這是另一個杜威——梅爾維爾・杜威〔Melvil Dewey〕——所發明，他和哲學家杜威倒是同時代的人），或是書店的上架法，這樣的引擎其實還要更切合人腦的運作。

毋庸贅言，這絕不等於是有了網路協助我們尋找資料、討論、投票，直接民主就一定會比我們目前的代議政治要好。古雅典的居民，是真的不需要像我們一樣面對那麼多的問題，而且，眾人之事，其複雜和龐大，說來也真的需要有些管理的幹才不可。而且，直接民主也可能只適合解決政治的某些問題，也可能是用在地方立法要比全國（以及國際）來得好。

但在另一方面，過去幾百年來，我們代議民主政治的表現以及我們對這政治的滿意程度，若是可以拿來當作指標看的話，那我們倒是不妨利用一下互動的網路地球村，試試推行某些直接民主的措施。雖然，邱吉爾說這代議政治再差，也比專制、獨裁的政治要好，但現在我們為什麼不試試更好的呢？——而且值得我們敬上三杯，比佛斯特（E. M. Forster）寫的〈為民主敬上兩杯〉（Two Cheers for Democracy）都還要多上一杯呢。

於此同時，網路世界也已經開始發展出政治之外的另一種村落功能，商業即包括在內。當然，跟政治一樣，「地球村」裡的商業行為，絕不是普通的商業行為……

網路地球村的商業活動

雖然收音機和電視——就是麥克魯漢理論裡的典型（非互動式）地球村的兩大堡壘——是寫

得很大（也叫得很大）的行業，至少在美國是如此吧；因為，收音機和電視上的廣告已演變成一種藝術，一種文化現象，一門很大的行業。但是，除了透過購物節目進行直銷的少數例外之外，坐在家裡買東西的人，和收音機、電視裡賣東西的人，根本沒有真正的金錢往來，甚至，連這些收聽、收看的人之間也沒有金錢往來。也因此，這收音機和電視所製造出來的「村子」——是由收聽或收視的人所組成的「村子」——依理，根本算不上是在作生意。

廣告成為大眾媒體最基本的行當，是從印刷媒體開始；廣告為大眾媒體注入大量的經濟養分，支持大眾媒體可以在政府及公家資源之外，獨立運作。由於有此民主必然具備的共生關係，廣告主因而得以為其產品爭取到更大、更了解的大眾，報紙也可以在版面的其餘部分，刊載他們所要刊載的東西。傑佛遜視新聞為民主政治的第四權，因為，新聞隨時隨地都可以行使監督的權力，而於美國政府的三大權力機構，發揮重要的節制功能。但是，這第四權若是沒有政府之外的力量支持，絕對無法運作下去。英、法等其他國家的民主政體，同樣因為廣告支持新聞自由的命脈，而能有較好的表現。

不過，基於數項原因，全世界也只有美國的廣播媒體，對廣告／報紙的共生關係，是拳拳服膺的。像英、法等別的民主國家，在二十世紀大部分的時候，都把廣播媒體當作公告服務來看，或看作是一種極其重要的傳播工具，重要到絕不可以交到廣告主手中。（反之，美國人的傑佛遜觀點，則把廣播媒體看作是極重要的傳播工具，重要到絕不可以交到政府手中；然而，美國於一九三四年通過的〈聯邦傳播法案〉〔Federal Communication Act〕，還是替政府開了打進傳播的後門。）（參見Levinson, 1997b, pp.84，曾就這情況持續造成的危害，有所討論。）

過去幾十年來，許多國家已經准許廣播媒體播放多種廣告。堪稱諷刺的是法國，居然是在社會主義政府主政的時期，將廣播電和電視開放予以民營的（參見Head & Sterling, 1987, p.21）。

而廣告一樣在網際網路上面，扮演起愈來愈重要的角色。不錯，廣告出現在網際網路上，是引發了不小爭議，但是，廣告主付錢給傳播媒體播出廣告給潛在的消費者收看，是希望因此而把潛在的消費者變成他們產品真正的消費者。比起傳統進行的三向式交易，網路交易比起來，就直接多了。例如，網際網路的使用者，若是連上了亞馬遜網路書店的網站，就可以直接從亞馬遜那裡買到書，簡單得跟親自走進博德書店（Borders）買書一樣。而且，網際網路上的交易，在另一方面，也是直接的：雖然，我們在網路上漫遊，跑進跑出的網站大部分都是免費的，但是，連上網際網路——就是透過瀏覽器登入全球資訊網——通常是要收費的，除非漫遊的人是大學生，或是在公共圖書館裡上網。因此，網際網路的使用者，還是必須付費給網路服務公司，這和付錢訂閱雜誌、租用電信服務和有線電視一樣。而廣播電台和電視的用戶則是不一樣的狀況；這些用戶，不論於經濟還是資訊上，都還是偷窺狂的身分，而和廣播業者沒有任何經濟互動或是其他的關係。

不過，最極端的網路生意型態，而且是能將虛擬網路社群的理想完整實現出來的商務型態，應該是產品和費用全都在網路上產生。也就是說，不僅是企業所提供的服務，連消費者所付出的費用，一概都是虛擬的，或全都只存在於網路空間的村子裡。依這標準來看，現在網路村裡作的生意，充其量也只達成了一部分。亞馬遜賣的書，在實體書店裡一樣買得到（不包括超文本或別的網路文件）。也因此，亞馬遜比較像是網路版的書籍目錄，而稱不上是網路村；亞馬遜若真有社群的性質，也主要表現在讀者貼在其網站上的評論為主，而非所賣的書籍。網路教學，由於是由學生付費上課，完全是透過個人電腦和數據機來進行，因此，可能還比較切近理想（參見 Levinson, 1995b，有詳細討論）。然而，若是網路教學的課程是有學校學分的，那就仍然等於是由傳統的「定點式」教育機構所授與的課程。網路色情在這方面，可能就更貼近理想了；許多觀察家都還認為，網路色情是目前要在網路上面賺錢唯一可靠的方式（Ferrell, 1996）。只是，即使是這火辣辣的例子，使用者用來付費的信用卡，還是要靠腦滿腸肥的傳統銀行來發行啊。

而這是不是表示自給自足的地球村——或說是虛擬的「商務生物圈」——根本就無從實現，一如美國亞歷桑納州做過的「第二生物圈」（Biosphere II）實驗，到頭來只證明了人類根本沒辦法在和世界切斷一切聯繫的條件下，形成生活的社群。在商業的等式裡，是不是有些重要元素是一定要深植於線下的世界呢？

在網路世紀剛開始時，杜洛夫（Murray Turoff）便針對這問題，提出了一套虛擬銀行系統（參見 Turoff, 1985，以及 Hiltz & Turoff, 1978/1993, pp.466-7，有這系統後來的新版本）。他建議網路村所有的成員，都在網路銀行裡存入一筆錢，而由網路銀行發給網路貨幣作替代品。這樣，這些虛擬資金——任何時候都可以再兌換回真正的錢——就可以在網路上使用了。

運作的情況是這樣的：

我們就說我開了門麥克魯漢的研討課好了，登記上課的人，必須以虛擬貨幣付學費給我。有個學生是個很有天分的有機園藝家，我問過她怎樣提高我在家裡後院種的番茄產量，然後用網路空間第一銀行的支票付諮詢費給她——這銀行說的就是負責追蹤虛擬／真實貨幣兌換的那些人。

當然，即使是這樣，金錢再怎樣也還是扎根在真實世界裡的，就跟我家的番茄還有亞馬遜網路書店裡的書一樣。但是，這依然是朝自給自足的互動式虛擬村莊，踏出了一大步；而且，若是透過以物易物把金錢完全代換掉，那就更虛擬了。因此，我這麥克魯漢研討課，連虛擬學費都不收了，而改用定額的兌換點券。所以，我問我那園藝專家的學生怎樣種番茄時，就可以用點券付費給她。顯然，這樣的經濟社群若要辦得起來，其成員一定要有資訊或是服務可以賣，而且，要有互利和感覺得到的價值。而其居民待在網路上的時間也要夠長，才能使用到他們收集到的點券。我們若真的要朝自給自足的網路村邁進的話，或更進一步，朝真正的商業地球村邁進的話，這樣做的一大好處，便是可以督促世人多待在網路社群裡不要離開。

不過，在目前，虛擬貨幣不論是何種型態，只要不是立即可以兌換成現金或是同等的東西，就還停留在「虛擬」這個英文字的古義裡——就我所知，也就是只存在於暗示和理論的領域裡

（如果不是，也只是在一些規模有限的實驗應用裡，尚未普及）。的確，即使像尼爾森曾提了個簡單多了的作法，說我們可以在網際網路的每份文件上加裝電子存摺，每次有人取閱文件時，電子存摺就可以從該人的線下賬戶裡扣掉應付的費用（1980/1990）。這樣的提議，到現在也還是沒人在用。

這障礙，跟地球村的民主一樣，不在技術上面，而是心態的問題（一如直接民主可能牴觸一般認為世人不靠代表沒辦法管理自己一樣）——在這經濟的例子裡，橫亙的障礙，是世人老是要網際網路上的東西全都免費。

我在《柔刃之刀》裡，曾有比較詳細的討論（1997，第十七章），說這樣的心態，源出於一般人將所有的虛擬活動，和資訊財產劃上了等號（是沒錯），而資訊財產又是和實體財產或房地產、服務等很不一樣的東西（還是沒錯），以致，一般人常常就此認定，資訊財產（也叫作智慧財產）是不可以買賣的。但我要說，這樣的結論不僅不公平，也很不智；因為，這樣等於是在懲罰創造資訊的人，而不是在獎勵創造資訊的人。

但好玩的是，「資訊渴望自由」（information wants to be free）（free 也有「免費」之意）這首讚美詩，歷來卻和布蘭德有最密切的關係（參見 Barlow, 1994，有比較詳細的討論），後來又和戴森（Esther Dyson）（1997）等人連上了關係。而這位布蘭德，正是老早就將「脫殼人」的概念轉化成在地球外觀照地球的「全地球」觀點（參見前一章）那號人物；他常尊麥克魯漢為其智慧導師，而麥克魯漢也絕非浪得虛名（例如，布蘭德在其著作《媒體實驗室》〔*The Media Lab*〕裡，就引述麥克魯漢的話，作第一章標題頁的引言〔1987, p.3〕）。

而麥克魯漢本人，對這又會說些什麼呢？

顯然，麥克魯漢絕對不是布蘭德所說「資訊渴望自由」的祖宗。

其實，《認識媒體》（1964）書中見解最犀利的幾章裡，麥克魯漢在其中之一章：〈錢，窮人的信用卡〉，便又施展出了他的獨門工夫，為我們勾畫人性裡需要和人交易、買賣、獲取、補償等等的天性，而從前文字時代的表現媒介（以物易物），一直說到字母／文字（由錢幣發展到印刷而成的紙幣），再到後字母時代的電子貨幣。值得一提的是這些電子貨幣，雖然不是錢，只是信用和信用卡，但是，即使在一九六四年，也顯然是可以取代現金的東西，但絕不代表世人棄絕了財產和買賣行為——至少在資訊和虛擬活動等這些方面——而是在呼應布蘭德和戴森等人的呼籲。其實，再往我們這時候推進一些，甚至推到一九八〇年代第一波網路傳播泛濫開來之時，麥克魯漢（於其身後著作）和鮑爾斯就已經反覆強調，在數位時代，信用會取代現金，而這時之信用，和遠古的以物易物有許多類似的地方。世人的經濟活動，絕對不會中輟，只是，型態會變得很不一樣（MuLchan & Powers. 1989）。

因此，雖然麥克魯漢正確指出了著作權是印刷術的產物，而助長了「以智慧勞動為私人財產的習慣想法」（McLuhan & Fiore, 1967, n.p.），但他從來沒說過智慧勞動應該無償貢獻的話，也不認為後印刷時代，人腦的服務和產品不應該進入買賣。

這就很清楚了，麥克魯漢認為電子時代來到，特別是電子信用問世，是真的會淘汰掉許多東西，例如像財務的隱私。在電子時代，任何人只要連對了線，手指頭在鍵盤上飛快敲幾下，就可以叫出任何人的信用證明和記錄。但是，財務本身，也就是智慧和資訊財產及其連帶的義務，倒不在淘汰之列。

因此，出現一個完全可以自給自足的商業型地球村，依麥克魯漢對電子時代及其於經濟影響的解讀來看，就算離實現還差得遠，依然是個頗可以尋思的可能發展。於此同時，數位和類比兼具的混血地球村——由線上和線下服務、財貨的網路交易所組成，全都由線下的盈利和信用支付——倒已經是我們現在日常世界的真實寫照了。

這也絕不足奇，因為，麥克魯漢生前便常說，「我們正在倒退走向未來」（McLuhan & Fiore, 1967, n.p.），能抓住多少已知的過去不放就抓多少，以之為安全的保障；這點，我們在後文裡會有比較詳細的討論（參見第十四章）。在紅磚蓋的學校裡拿的學分，用紙張印的書，可以走進去領錢的銀行，這些，不管還有哪些別的好處，全都是我們踏進未來的墊腳石。而這未來已然在望，世人在這未來裡，上課為的是知識，而非學分，要讀書，就在電腦螢光幕上讀，要賺錢、花錢，一概不需要把錢或支票或信用卡等東西拿在手裡。

但是，各位若在這一章裡看出來，這村子的觀念，未必容不下這類虛擬替代品。的確，這些東西甚至有助於社群的組成——我們在下一章裡，就會發現二十世紀的大城市，依麥克魯漢的看法，在這樣的數位時代，還是碰上了重大的危機。

第七章　中心的命運

Centers everywhere, margins nowhere

中央無處不在，邊際無處可尋

「中心」這概念，在羅馬天主教會看來，攸關人類福祉至鉅——未必以地球為世界的中心，但一定要有樣東西、有個地方，來當世界的中心——所以，一六〇〇年時，他們要把布魯諾（Giordano Bruno）*送上火刑架。走哥白尼路線去質疑托勒密及亞歷山大學派以地球為宇宙中心的學說，實在夠搗蛋了。貝拉爾芒樞機主教（Bellarmine）和巴貝里尼樞機主教（Barberini；後來當上了教皇烏爾班八世）等多人，對伽利略又威脅、又利誘、又辯論的，拚命要他把他說太陽不是宇宙中心的新發現換掉——伽利略倒是乖乖聽話，收回了他的說法；但是，天主教贏的是一場皮洛斯式†的勝利，因為，後來伽利略的書，還有伽利略本人收回的說法，依然在歐洲由印刷廠源源不絕推出市面。不過，由歷史記載來看，我們知道，伽利略絕對不可能真的被處死。他的「罪」，衝擊雖然嚴重——他把宇宙的中心換掉了，怎麼還會不嚴重？——但還不致真正動搖信仰的核心。布魯諾就不一樣了，他不僅說地球不是宇宙的中心，連太陽也不是。他跨越了伽利略支持的哥白尼式太陽中心論，進一步懷疑天上的繁星是不是個個也是太陽，也有行星繞著它們打轉；因此，個個都是自己的中心。宇宙的中心一旦數之不盡，當然就等於沒有中心了。布魯諾不肯收回他的說法，加上他自己就是僧侶，這在教會眼裡，等於是罪加一等。因為，他說出這樣的異端邪說，等於是背叛信仰，當然就是可以處死的原因了。但是，除掉他真正的目的，其實是在除掉他完全不合時代，卻又合理得無法置若罔聞的想法。

如今，值此邁進新的千禧年之際，我們不僅發現布魯諾的想法完全合理，而且，還有哈伯望遠鏡傳回了宇宙深處的太陽（恆星）影像，證明布魯諾絕非胡思亂想。我們也不覺得他的想法有何不妥。或許是因為我們的研究，已經從搜尋宇宙的中心轉移到宇宙的源起——宇宙源起若真的是大爆炸（Big Bang），那大爆炸到底始自何處。也或許我們現在已經比較習慣沒有中心的宇宙，因為，即使從資訊的觀點來看，我們生活的世界，也愈來愈像沒有中心的世界。我們這星球上的電腦螢光幕，雖然還是比宇宙的繁星要少得多；但是，每次我坐在電腦前連線上網時，我也等於是坐在某個宇宙的中心，其資料的行星數量，遠超過宇宙任何一顆恆星周圍旋轉的行星。

麥克魯漢生前便看出了這離心運轉（centrifugal）的端倪，而且也早就開始估量其於印刷、收音機、電視獨大的時代會有何影響了。「城市不再存在，」（McLuhan & Parker, 1969, p.12），他用一貫誇張卻又不失信實的筆調寫道，「只剩文化的鬼影，供觀光客憑弔。高速公路旁的任何一家小吃店，只要有電視、報紙和雜誌，其都會的條件便一點也不輸給紐約和巴黎。」

也不盡然啦，因為，即使現在世上任何地方的個人電腦，連線後取得資訊的能力，都比最大的都會圖書館要強，但紐約、巴黎這樣的大都會，依然可以提供世人知識的糧食——還有滿足口

---

* 譯注：布魯諾（1548-1600），義大利文藝復興時期的哲學家、天文學家，提倡哥白尼「太陽為宇宙中心」的學說，不見容於天主教會，而遭火刑處死。

† 譯注：皮洛斯式（Pyrrhic），語出古希臘國王皮洛斯（Pyrrhus, 319-272 B.C.），指得不償失的勝利。

腹之慾和其他感官的糧食，而這些都是其他較小的實體中心所無法提供的糧食。

然而，我們的故事也只能說到這兒了，或說是暫且在此打住。

首先，為了看看我們是怎麼走到這裡來的，我們要追索一下世界各地中心的成長史，從麥克魯漢檢視的大眾媒體，看到麥克魯漢身後幾十年間出現的新媒體。

上帝的空間

「中心無所不在」的概念，顯然和地球村、脫殼之人有關，進而由此推進到音響空間去。麥克魯漢說的「立體式」（holographic）思考、寫作模式，不只和他書裡的編輯體例有關——如他《古騰堡銀河系》裡的一百零七條等距段落——也和他跨越著作推演理論的作法有關，而且，連他和別人合著，或是以前的同行所寫的著作，如卡本特，都包括在內。的確，他的想法，以及他這些想法散落書頁各處如同天上繁星的作法，合起來等於是內含一份「中心無所不在」的文件。而《數位麥克魯漢》這本書，一樣可以看作是這份文件的一部分，只是加了圖說的快照。

卡本特曾在著作中，點明「脫殼之人」和「全中心」（omni-centrality）有明確的關係（1972/1973, p.3）。指明這點後，又說，「尼克森上了電視，就等於無所不在。這便是上帝的新柏拉圖式定義」（參見本書第五章，有更多討論），卡本特解釋道，上帝「是中心無所不在的主，其邊際無處可尋。」麥克魯漢說「湯瑪斯（Lowell Thomas）以前愛說『一播音，你就無所不在』（McLuhan & Powers, 1989, p.70）」時，也是這樣的看法，而且他的說法更貼近人，回頭前的廣播媒體，收音機。這裡的重點是，至少就聖奧古斯汀、收音機和電視而言，沒有實體，就是無所不在。

比起個人電腦和網路比較深、比較全面的「分散」態勢，這「上帝」用在收音機、電視之類「中心無所不在」的廣播媒體人，就顯得特別適切。聽收音機或是看電視的人，只要在播放半徑之內，隨時隨地可以輕鬆收聽或收視；所以，從他們的角度來看，廣播還是真有起點的，或說是有中心點。而這中心點，不只在技術上有意義——若是離廣播的起點太遠，可能就收不到了（除非有中繼站或是網路）——在決定廣播的內容上，意義就更大了。也因此，即使是今天的美國有線電視收視戶，其節目的選擇依然相當有限，而和全球資訊網上的內容幾乎無窮無盡，相當不一樣。此外，收音機和電視的內容，是由一群人數相當少的專業人員所製作出來的，這群專業人員的地位，絕對高於節目的受眾；而這點，也和全球資訊網有無以計數的受眾整天在製作網頁、修改網頁的情況不同。因此，沒有中心的概念放在廣播的環境裡，似真又幻。

不過，我們可以檢視二十世紀最後二十五年的歷史，而會發現即使在個人電腦革命沒有掃到的地方，收音機和電視的中心也愈來愈弱。如美國，以前大電視網只有三個，但到了一九九〇年代末，增加到了六個。美國民眾收看的無線電視網，直到一九八〇年代晚期，絕大部分都集中在這三大電視網裡；但現在，美國電視觀眾收看有線電視的人已經愈來愈多。而且，錄影機於一九七〇年代中期問世之後，在電視上看錄影帶的人也愈來愈多；他們愛看什麼就看什麼，根本不必管別人在電視網或電台總部排了什麼節目（「叩應」節目出現在廣播和電視上，供收聽、收看的人提問題，也是另一股將受眾分散的力量）。

然而，閃爍不定的螢光幕和劈啪作響的擴音器，其無所不在的特性，怎樣也無法和網際網路媲美；這不只是因為前者只是被動的接收資訊，也因為前者必須主動獵取受眾，必須發送才可。

無所不在的網路教育

而在我們登堂入室，談網際網路及其分散動勢的革命效應，及和收音機、電視等大眾媒體作比較之前，我們可以先在網路教室這間理想的會客室裡盤桓一下。如前一章所述，在網路教室上課修學分，其本質仍然不脫提供課程的核心機構掌握，像大學、校務委員會之類的組織，因為，學分要不要給，是他們在決定的。這樣子看，他們還是有間毗連在中央當局的會客室。但是，除此之外，網路課程的每一方面，倒都還是相當分散的，程度遠超過麥克魯漢描述的大眾媒體。

網路課程首次定期開設，是在一九八〇年代的時候。一九八二年時，由法森（Richard Farson）擔任院長的「西方行為科學研究院」，在網路上開了主管研習班的課程（沒學分）；杜屈曼（Ward Deutschman）主掌的紐約技術學院，也於一九八五年開始在網路上開課，供人修習大學學分；「連線教育網」（Connected Education）於一九八五年，和「新社會研究學院」合力在網路上開辦研究所學分班，再於一九八八年，在網路上開辦完整的媒體研究碩士課程。我從西方行為科學研究院那裡學到了網路教學的基本原則後（我第一次在網路上教書，是一九八四年在西方行為科學研究院開課），便創立了「連線教育網」；我和我太太蒂娜，現在仍然在「連線教育網」上，為英國的巴斯斯巴大學學院（Bath Spa University College）主持「文學創作」的碩士班課程。因此，我對於網路教學，可以說是有第一手的經驗。

「連線教育網」上的媒體研究碩士學分，於一九八五年到一九九五年間，是由「新社會研究學院」授與；這所學院，是成人教育的先驅，早在一九一九年時，就已經開始開班供成人進修。然而，除了身在紐約市但選擇在網上上課的學生之外，「連線教育網」的學生，沒幾個人真正踏進過紐約市；而真的跑到紐約市來的人，大部分又是因為好奇而來——跟到印刷廠或廣播塔台參觀差不多——而非義務。換言之，他們就算到紐約來，也是像麥克魯漢對電子時代城市的看法一樣，是來觀光的。

而他們的學生身分，則散落全美四十幾州、全球二十幾國的家裡和辦公室，英國、中國大陸、日本、新加坡、加拿大，和非洲、中東、南美、歐陸等地都包括在內（參見 Levinson, 1995b，有比較詳細的討論）。開課的老師一樣四散全球各地，不只全美都有，連南非和以前的蘇聯都找得到。雖然老師、學生的人到底在哪裡，大家都很想知道，因而為課程添加了不少趣味；但是，你人在哪裡，跟你是不是進得了「教室」，在這網路社群裡可是一點關係也沒有。

既然這網路教育無處不是中心，只要有具個人電腦和數據機，任誰在什麼地方都可以用電話上線上課，西方高等教育自巴黎大學、牛津大學、劍橋大學等教育機構於十一世紀設立以來即持續不斷的發展方向，就此被網路教育整個扭轉了過來。《大英百科全書》（Grave, 1954, vol. 4, p.652）在描述劍橋大學剛成立時，說得很貼切，「只要能住到大學城來，也付得起學費，就可以入學。」如今，這些頂尖大學的入學條件，當然還是十分嚴格，但是，就讀，仍然需要你人真的到了那所大學才可以——就是要住到大學城裡去。不錯，就由於始終沒辦法丟掉固定的場所——你一定要到哈佛去，才有辦法當哈佛大學的學生——所以，我們目前的教育制度，其淵源不僅回溯到了中古時代初期大學剛創立時的作法，甚至還可以再往前推到更小的學校，如柏拉圖的雅典學園（Academy）和亞里斯多德的萊西門學園（Lyceum）。雖然，兩位大哲學家都寫有著作（不過，比起印刷術發明後的數量，還是少得多），但是，他們的學生還是必須親炙大師門庭，才比較可能獲得最好的教誨。而且，有鑑於文字在那時（就跟蘇格拉底注意到的一樣）對任何問題也只能提供一以貫之的同一個答案，跑到會講話的活人身邊親炙教誨，還是相當明智的作法。

因此，網路傳播有了對話的功能之後，不論對教育或是教育忠實的隨員「書籍」而言，在不少重要層面上，皆不可謂一大進步。的確，有鑑於網路課程不僅能供教師授課，還能讓學生發問，讓教師和學生回答，讓師生彼此之間能作討論、作作業、改作業，這些全都能像書本一樣，任由人在這上面又寫又讀。網路課程，還真可以說是新式的課堂和書本，匯集了雙方最好的優點，形成黑格爾式綜合體，而超越了課堂或是書本下線時各自施展本領或甚至協力合作，所能締造的成效。

然而，無中心的網路教學，其優點雖然已甚可觀，但還無法完全打敗教室或書本。雖然，網路課程是一天二十四小時隨時隨地可上；而且，一次可以有多少學生發問，沒有限制；因為，手寫的問題和口頭發問不同，手寫的問題出現時，一定會有先後，而每個學生一次可以提多少問題，也沒限制。此外，三個禮拜前輸入的意見和三個小時前輸入的意見一樣，供人取用的便利，一點也沒有差別。大部分的網路課程都是不同步的，學生、老師可以視自己時間方便上網，而可以加強參與率；老師批改過的學生作業，也可以放上網路供其他學生查閱、學習。但是，就算有諸如此類的優點，在場所固定的大學校園裡接觸真人實體的愜意感覺，仍然是網路所望塵莫及的條件；教師走進學生濟濟一堂的教室，一言一語都可以勾住學生的注意力，心裡會有一股興奮，而學生一丟出一個問題就可以控制教室裡的資訊流向，心裡同樣也有一股興奮；諸如此類，都是網路所不可得的經驗。網路上的課程討論得再熱烈，一比起春日把課搬到戶外明媚陽光下的草坪去上，馬上相形失色；至少比起在吸收知識之餘，還有皮膚上暖融融的春陽和拂面而來的清香微風作陪，是失色許多。傳統上的線下書籍，一樣有目前的網路經驗所無的動覺優勢。例如，你可以捧著一本書坐在椅子裡、躺在吊床上、靠在樹幹上，或是趴在地毯上看（參見 Levinson, 1997a，對網路教學的優劣，有更進一步的討論；以及 Levinson, 1998a，對網路書的未來有所討論；另也請參見本書第十章）。

當然，依目前媒體的發展來看，這些正反優劣的比較，隨時都會改變。待電腦螢幕價格下降，網路書讀起來一定也會舒服一點；網路課程於現在，其實已經可以傳輸師生的影像，只要當事人願意曝光。然而，依上所述可知，就算透過電腦讀大學有再多的好處（如網路學習團體，在許多重要層面都比較活潑），在固定的場所教學，依然會有一席之地，至少在教育上是如此。

然而，實體場所，並非無中心社會唯一一個去不掉的平衡錘。社會的觀念、政府的制度，樣樣也都有重量，樣樣都可以反過來制衡分散的重力加速度。

的確，以中央政府來看，這中央政府不只可以反制這股力量，甚至還可以積極壓制各處竄生的中心，將之剷除盡淨……

政府的萬有引力

政府對於分散其權力的媒體，一定會強加約束，以維護治權，這早在歐洲最早的印刷廠出現時，各國君主便欲將之收編麾下，便顯示得很清楚了。我們在上一章裡談過，這些收編行動在民主社會裡，最後還是會被廣告打敗；因為，廣告主可以提供報業政府之外的資金來源。到了二十世紀，各國政府特別愛打廣播業的主意，「因為，廣播四通八達的訊息，其源頭之本質，早就集中甚矣」。也因此，哪國發生政變時，革命黨人拿下了電台或是政府軍死守電台負隅頑抗，已經是司空見慣的事；只要最後一處廣播中心被叛軍攻了下來，我們就知道，不管地面戰鬥再激烈，革命已告勝利。革命，都是在空中打贏的——是由電磁載波在空中打贏的，而不是飛機。

但是，若這資訊權是分散在數百萬具電腦裡，其中還有不小的一部分，不只是接收資訊而已，還會製造資訊，像製作網頁、成立網站等等——簡單一句話，就是電腦不僅是閱讀、收聽、觀看的工具，還是分散各地的製作、廣播中心——這時，若政府仍然想要一手掌握資訊權，或是維持資訊權，情況又會變得怎樣呢？

對這問題，倒還有個足堪告慰的答案：大凡意圖控制資訊的政府，至今，還沒有成功的例子——跟過去的君主企圖控制古代的印刷廠一樣——集權政府，雖然殺起人來的效率特別猙獰，特別讓人髮指，但是，當起資訊獨裁者，卻又特別蹩腳。所以，納粹德國在第二次世界大戰初期，就始終沒辦法掃蕩「白玫瑰黨」（White Rose）*，沒辦法遏止他們用最原始的複印法對德國民眾傳播真相。最後，納粹輸掉了戰爭，而這有一大部分要歸功於盟軍破解了德軍代號為「謎」（Enigma）的密碼（尤以英國數學家杜林〔Alan Turing, 1912-1954〕應居首功），因而得以窺知德軍所有的祕密調動。所以，納粹之敗，部分就是敗在他們資訊科技的效能不佳；雖然，他們在

*譯注：第二次世界大戰初期，德國於納粹治下出現的一支學生地下反抗組織，不少分子雖遭納粹逮捕處死，但卻仍前仆後繼，生生不息。

其他重要的軍事科技如火箭，占有優勢，但仍於事無補。

約莫過了四十五年，蘇聯帝國之崩潰，其實也是舊事重演：雖然，他們的軍事和飛彈科技，可以和西方平起平坐，有時甚至超越；但是，在戰略防禦優勢方面，由於必須仰賴極精密的電腦程式，蘇聯在原型階段就已經無法和美國較量了。其實，蘇聯在國內的權勢即使在全盛期，也還是無法遏制那些潛入地下，轉由錄影和複印等途徑散播、茁壯的思想市場。蘇聯時代，就跟「千年帝國」（Thousand Year Reich）＊一樣，因資訊能力不足而落敗。結果，正和歐威爾（George Orwell）在《一九八四》（1984; 1948/1949）這本小說裡寫的正好相反，愈是集權的國家，好像愈沒辦法控制他們的資訊。

然而，即使是生活在民主國家裡的民眾，也不能因此掉以輕心；因為，他們的政府跟所有的政府一樣，有哪個資訊的供應者或消費者膽敢拂逆他們的意思，他們絕對有權力加以罰鍰甚至送進監獄。而且，在美國由於有部分罪行，依然可以處以死刑，因此，風險甚至還要高些。如席亞（Joe Shea）在一九九六年，由於在兒童的網站登了一封信，用有色的語言批評國會通案，便被柯林頓政府依〈傳播正俗法案〉起訴。他若依該法被判有罪的話，須繳交幾十萬美元的罰鍰，加上兩年刑期。然而，他觸犯的若是一七九八年更恐怖的〈煽動叛亂法〉（Sedition Act），很可能會因觸犯某些資訊「罪」，而以叛國罪論處死刑。

幸好，〈煽動叛亂法〉因為傑佛遜在一八〇一年當上美國總統，而告壽終正寢，〈傳播正俗法〉也在一九九七年被美國最高法院打了回票。但是，最高法院的判決，差距還是相當小的。其實，他們判定〈傳播正俗法〉企圖規範網際網路上的行為是違憲之舉，純粹是因為他們把網際網路看作是網路報紙。所以，美國政府若要以比較小的動作去控制網際網路，門路依然很多。的確，在整個二十世紀，美國最高法院已經數度支持美國政府規範廣播媒體，即使廣播媒體也是新聞的一隻臂膀。

過去這一世紀，美國政府對〈權利法案〉（Bill of Rights）的誤解痼疾，特別是該法案和資訊流動的關係，在一九九八年美國副總統高爾於紐約大學畢業典禮的演講，一覽無遺。他在講辭裡，呼籲政府應該採取行動，以預防世人的隱私因為資訊時代來到而沒有了保障（另也請參見 Border, 1998）。他說這些話時，指的是信用機構之類的組織，蒐集個人和財務的資料，任人付費取用。規範這類行為，立意當然很好，但是，高爾先生用來強調必須加以規範的譬喻，卻頗教人心驚：他說，我們需要訂立〈電子權利法案〉（Electronic Bill of Rights），以保障我們的隱私權。然而，我們的〈權利法案〉所要保障的，是我們的言論和傳播自由，也就是資訊流通的自由。依〈第一修正案〉（First Amendment），也就是我們傳播的權利，我們發送資訊、接收資訊的權利，而不是保障我們不表達、不傳播想法的權利，不管這類傳播是不是會抵銷掉一些我們的

＊譯注：即納粹的第三帝國。

隱私。以訂立〈電子權利法案〉來保障我們的隱私權，無異於以發表〈獨立宣言〉來保障我們免於遭別人侵略。

然而，政府意欲將我們抵擋的對象，也就是危害我們自由的源頭，從大中央政府（如〈權利法案〉實際所示）轉移到大中央企業（高爾說的〈電子權利法案〉，是要保護我們不致因企業貪得無厭，而將我們的信用資料蒐集、貯存起來出售圖利等等），和我們這社會的集中現象在許多前線正頻遭網際網路攻擊的處境，若合符節。權力集中的源頭一旦愈來愈弱，手中權力所剩無幾的機構，自然會爭先恐後要保住殘存的部分；而且，只要可能，一定也會盡可能增加手中的籌碼，而和潮流頑抗。

所以，我們的美國政府在一九九〇年代末期，就企圖使出他們在二十世紀最喜歡用的一招中央權力：打擊壟斷。而此刻，他們打擊的對象便是微軟，以及微軟據稱企圖宰制全球資訊網的未來，進而循此宰制美國甚至全球社會的不當手段。

網路壟斷？

美國政府擔心微軟什麼呢？一言以蔽之：「微軟利用其視窗作業系統享有的壟斷力量，阻撓業界進行公平競爭，而進一步擴張其壟斷勢力」，結果便會「在世人凡事皆須透過網際網路進行，諸如買車、買飛機票……到讀新聞等等時，微軟可以一把扼住網際網路的咽喉」（Lohr, 1998a, p.D4）。美國政府詳列出來的罪名，從微軟企圖串通死對頭網景（Netscape）瓜分網路瀏覽器的天下，到微軟對電腦硬體廠商施壓，要他們生產的配備只能和微軟的軟體相容（Vacco, 1998），不一而足。可是，美國政府要的，其實就只是「弄得傳播界裡的每一個人……怕微軟怕得要死，包括我在內，」梅鐸（Rupert Murdoch）一語直指核心（引述於 Lohr, 1998b, p.D3）；梅鐸本人同樣挨過壟斷媒體的指控。因此，在歷史悠久的《亞特蘭大月刊》當資深主編的比提（Jack Beatty），便寫了一篇評論徹爾諾（Ron Chernow）所著《泰坦巨人：洛克斐勒傳》（*Titan: The Life of John D. Rockefeller, Sr*）的文章，發表在《紐約時報》裡，以相當長的一段文字描述「微軟老闆比爾．蓋茲，一心想和洛克斐勒前無古人後無來者的殘酷競爭手法，一較高下」（Beatty, 1998, p.11）。

的確，美國聯邦政府動員起日薄西山的集權勢力，傾力防堵「新洛克斐勒」勢力坐大，而且，動員之廣，達全國三十州的州政府和聯邦政府一起控告微軟。在美國，向來是聯邦政府一心擴權，州政府極力自保；然而此次，美國的聯邦政府和州政府一反美國的政治常態，攜手合作，只不過是因為美國中央的權力大餅愈來愈小，以致焦慮愈來愈高。正由於各階層的政府，自己的權力日遭資訊時代的分散動勢削弱，而且，在媒體革命推動的深層進展裡，自己也都使不上多少力，所以才會聯手起來，在這股分散動勢裡，力抗他們心目中最大的商業集權核心：微軟，及其於網際網路的耕耘成果。

然而，微軟真的擁有刀槍不入的壟斷力量，唯有美國政府宣稱的公權力才可以迫其就範嗎？

麥克魯漢早在一九六〇年代，就已經注意到權力分散的動勢愈來愈大、權力匯聚的中心日遭侵蝕；就這樣的的情形來看，企業在這波浪濤擺盪、起落的沖刷下，受制的程度，應該絕對不下於政府，搞不好還更嚴重；因為，（由於我們實施代議式民主）法律向來比不上市場的喜好，從來就跟不上社會心理的變化腳步。而且，就事實來看，也真是如此。

微軟是在一九八〇年代，因為推出ＭＳ－ＤＯＳ作業系統供ＩＢＭ的個人電腦使用，未幾帶動市場出現一軍團的複製品，而如彗星般驟然崛起。於此之前，ＣＰ／Ｍ是業界最流行的作業系統，而由其帶動早期的 Kaypro、Osborne，以及蘋果電腦（Apple）、Commodore 等機型發展（參見 McWilliams, 1982，有更詳細的說明）。可是，ＣＰ／Ｍ這標準相當麻煩，因為它和八位元的機器不相容——Kaypro 的ＣＰ／Ｍ雖然和 Osborne 非常相近，但是沒辦法在 Osborne 的機器上用。所以，ＩＢＭ在開發十六位元的機器時（即ＩＢＭ個人電腦的前身）便要求「迪吉多」（Digital Research）這家ＣＰ／Ｍ的老闆，提供這套作業系統的十六位元版本。待迪吉多進度落後，微軟馬上趁虛而入，提出一套ＭＳ－ＤＯＳ的十六位元作業系統，而且，是可以用在ＩＢＭ所有機型及別家廠商的類似機型上的系統。這樣，自然教日益壯大的電腦族群十分高興，ＣＰ／Ｍ沒多久，自然步上了德蓋爾銀版攝影法和默片的後塵。

到了一九八〇年代末，個人電腦的作業系統只剩兩種：微軟的ＭＳ－ＤＯＳ和蘋果的麥金塔，兩大系統各擅勝場。DOS用起來，可以控制的資料數量比較大——這對文書處理、資料管理和電信，都是十分重要的條件，而三者也都是個人電腦應用的主要項目。但是，麥金塔的圖示和繪圖功能，用起來則好玩得多了，而且，也能提供剛萌芽的桌上出版出色的影像。後來，微軟又領先開發兼善二者的作業系統，以致如今視窗作業系統已經攻占了全球個人電腦市場百分之九十的天下。

而請各位注意，在這兩件事上，微軟可沒搞什麼串通不串通的。或者，就算假設有好了，也跟他們揚名立萬沒有關係。微軟的MS－DOS和視窗先後得以過關斬將，理由非常清楚，但是，愛罵微軟的人卻從不承認：那就是他們的作業系統符合大眾的需求。在以前，一張磁碟可以封得死死的——除了該磁碟最早格式化或寫入的同一家公司的電腦之外，它哪兒也沒辦法用——而這DOS，可是讓所有的IBM電腦，還有翻版的磁碟，全都可以轉換使用。到了後來，電腦族群開始渴望有作業系統既具有DOS的威力，又具有麥金塔的魅力；視窗適時誕生，滿足了眾人的需求。在這兩件事上，發號施令的人，都是使用電腦的族群，都是已經因為資訊帶動的分散動勢而力量愈來愈強的族群。

電腦族群若是不喜歡什麼軟體，微軟一樣占不到任何便宜。微軟若真的曾經要和網景串通，唯一的原因，也一定是因為網景已經在網路瀏覽器的市場裡，占下了主導的地位（先前推出的非商業型瀏覽器，Mosaic，也是開啟網路漫遊風氣的鼻祖，已經被網景的瀏覽器完全吃乾抹淨）。

而大家大肆宣揚的視窗九五的問題，也足以證明這家謠傳進行壟斷的微軟，就算真的把他最重要的新軟體硬塞給權力已經分散的電腦族群，一樣無法稱心如願。

的確，微軟跟中央政府一樣，擋不住資訊革命狂掃而來的巨大離心力。就算這革命的力量，有一部分是拜微軟之賜，微軟並未因此而占了什麼優勢；這番命運的捉弄，在史上已經司空見慣，頗能發人深省。因為，就如麥克魯漢所說，而其他有真才實學的媒體理論家也都同意（例如 Postman, 1992; Meyrowitz, 1985）：媒體向來會帶來眾人始料未及的結果。的確，了解媒體的第一步，就是體認：不論發明媒體的人的目的是什麼、提供媒體的人的期望是什麼，媒體在社會上到底是怎麼用的、又出現了什麼影響，全都不在這些人的算計之內。我就常說，愛迪生當年發明留聲機，原以為他的大發明，在錄下電話內容時一定會有大用；不出十年，他便發現他的發明，錄下的其實是音樂表演；所以，他又著手發明了默片（和法國的盧米埃兄弟〔Lumieres〕和英國的佛瑞茲－葛林〔Friese-Greene〕不相干），因為，他想，這下子可以為他留聲機裡的音樂放唱錄影帶了。這樣的想法，當然沒什麼荒唐。愛迪生發明這些東西後一百年，我們不有了答錄機，不有了音樂錄影帶嗎？但是，即使是在十九世紀末，那時權力比現在都要集中得多，社會大眾還是有他們自己的想法，而且，一壓就是一百年，或說是等到他們確定真的已經擺脫了愛迪生後，才決定他們要答錄機和音樂錄影帶（參見 Levinson, 1988b, 1997b，對於媒體革命裡的發明和意圖，有進一步的討論）。

這並不是說，大眾不會受媒體影響。正好相反，猛然撞向政府和企業的權利分散狂潮，如先前所述，其本身便是搞得無處沒有中心的媒體自作自受的結果。這是相當複雜的動力學，若要說得更精確的話，應該說成：媒體促成既定的人性傾向得以實現，或有更進一步的表現，但也同時在當時的社會制度裡，造成了深遠的影響。世人既希望有領導權，又希望有人領導（參見Fromm, 1941，就後者有所討論）。電子媒體之崛起，特別是數位的個人電腦，值此新千禧年近在咫尺之際，便強調出了世人領導的慾望，針對的，也是這一慾望：也就是可以自行搜尋資料，收集資料，自己作決定，而不再一味乖乖由中央集權的機構餵食。

然而，若是中央集權的社會體制不論殘存多少勢力，在這數位時代，於世界各地的處境，都是岌岌可危；那麼，那些不只是社會體制的中心，而且還具有怎樣也沒辦法縮減的實體的中心，又會有怎樣的處境呢？

所以，在這一章的結尾，我們就要回到這一章開頭時所提的麥克魯漢說法，「城市不再存在」，而要看看麥克魯漢在這一點上，為什麼說錯話了。

城市不朽：類比即是數位

麥克魯漢當初說，電視節目不論是在大城的家裡看，還是在市郊的家裡看，甚至在窮鄉僻壤的加油站裡看，完全一樣；這樣說當然沒錯，而且，放在現在也還是沒錯。以電視觀眾的角度來看，三者完全沒有差別——不論什麼地方都是地方，不是地方也變成地方。同理，速食店，連鎖旅館，店面和別的購物中心完全一樣或是交換也一樣的購物中心，在都會區附近也好，在高速公路的休息區也好，全都一樣。從麥克魯漢提出這說法後，這麼多年來，網路課程、網路書店、網路圖書館，後繼還有許多，都已經將以前只有高山深谷裡的城市，或是磚牆、長春藤裡的大學所獨享的資訊產物，擴散到了世界各地。

只是，人生就只有這些了麼？這世間的城市，難道就只是各形各色的資訊和商務，隨時隨地可以大量複製的資訊和商務嗎？

曾聽人說，在紐約市，你可以每天晚上換餐廳吃飯，吃上一輩子還是摸不到邊兒。網路上的現代美術館或自然歷史博物館的館藏（若哪天真的上線的話），看起來和你本人到博物館的實體裡觀賞原來尺寸的實物，就算隔了層玻璃或是屏障，當然也不一樣。上線寫些最火辣、最色情的信作電子情書，一樣和真槍實彈親熱大異其趣。在口頭上描述海風撲面的沙灘、蓊鬱的林間小徑、或是熙來攘往的繁忙大街上漫步，甚至看照片，比起自己身歷其境走在這些地方，遠難及於萬一。

雖然，我們在這一章已經評估過數位時代所颳起的分散颶風，勁道有多強；但這些「比不上」，依然數之不盡、避之不及，而之所以有這麼一串「比不上」，即因為我們生命裡每一方面的親身體驗，無不是絕無僅有的體驗，也因為城鎮裡能提供我們親身體驗的東西，罄竹難書。

首先，是我們的天生的生物條件。沒有資訊，我們根本無法存活；所以，在這方面，資訊於我們等於是生死交關的事；也因此，透過電視和電腦傳播的資訊，於我們同樣會重要到這地步。然而，資訊再重要，也僅止於資訊有助於維繫我們和更原始的現實之間的聯繫；換言之，就是：為我們提供情報。所以，若將DNA當作一套資訊系統來看，就很有意思了；因為DNA製造的是生命個體，而非別的抽象概念。我們是靠我們的視覺、聽覺、觸覺、嗅覺、味覺，而得以在這些感官為我們勾畫出來的世界裡巡航無礙。雖然電視、網際網路之類的精密媒體，常讓人覺得脫離了我們日常的現實世界，而且，往往還真是如此；但是，這類媒體正在取代我們的現實世界的想法，一等我們移開盯在電視或電腦螢幕上的眼睛去接電話，就整個被戳破了：電話鈴響會有這麼大的吸引力，全是因為在電話的那頭有個真人，而且，可能是我們認識的人、我們關懷的人。電話之所以常把別的媒體踩在腳底，就因為電話所傳輸的資訊，比別的媒體要更貼近我們切身的世界。也因此，一記敲門聲，召喚的力量又比電話鈴要大得多。所以，雖然資訊不拘於場所的情況愈來愈明顯，場所，依然是世人生命的基石。或者，換個說法，就由於資訊不拘於場所——資訊可以脫離場所而存在，正是資訊可以傳播的首要條件——所以，資訊不拘於場所的情況愈來愈明顯，不太會影響到場所在我們生命裡的優先地位。從我們無法和實體世界斷了聯繫的角度來看，集中的權力銳減，是量的改變，而非質的改變。社會的體制是愈來愈分散了，但是，世人日常的人際來往，大體和以前一樣。我們是可以在網路上面上課，而不必出門到真正的教室裡去；

但是，這多出來的時間，我們很可能用在花園裡摸摸弄弄，或和心愛的人兒吃頓很長的晚餐。

由此，就進而要再談到我們這數位時代的類比城市，有另一項歷久彌堅的優點：我們這類比城市，不只是實質的場所，而且場所往往還多得不得了，任我們選擇。如前文所述，個人電腦和網際網路相較於廣播媒體的一大優點，就是大大擴張了我們可以選擇的資訊範疇。而我們的城市，當然是早在數位時代或是廣播媒體出現以前不知多少年，就已經存在了。在古代，不論是資訊或是實物的選擇都不多的時候，城市便是最重要的擴大機——還真可以說是磚瓦石塊瀝青做的電腦，而由人和人的天性，當作這具電腦裡的軟體。也因此，英國作家約翰生（Samuel Johnson; 1709-1784）才會有這麼敏銳的觀察，而說，若是有誰厭倦了倫敦，就等於厭倦了人生。

如今，任何人都可以在網路上找到無數資訊，用在事業、政治、教育等方面。現在已經有不少人，可以安居在海濱或高山上的小屋裡，遠離塵囂，光靠電子通勤（telecommute）就可以上班、上課。如「連線教育網」的學生，就有幽居在海濱或高山的森林深處上我們的網路課的，而「連線教育網」的行政中心，就是我太太蒂娜和我。多年來的夏天，我們一直是在美國麻洲的鱈角灣的海濱小屋裡過的，一邊游泳，或在沙灘上陪孩子玩，一邊處理「連線教育網」的校務。工作和居住可以分隔遙迢的兩地，於當事人，絕對等於發揮了極大的選擇權；而這選擇權，是靠資訊科技創造出來的。而且，麥克魯漢是真的說對了，觀光業現在真的成了許多城市的重要生計。

然而，就算有這麼多選擇可以核算，還是有許多人要搬進城裡；數位時代的大城小鎮，依然生氣蓬勃。世人一方面頻頻上網，利用網路愈來愈多的分權、虛擬的選擇，一方面也將生活裡的實體選擇，放到最大——也就是多接近中心城市。所以，在這上面，約翰生的說法，比麥克魯漢要切中事實。

換言之，世人像是既要權力分散的大餅，又要在城市裡吃這塊大餅。可是，我們不是靠麵包就活得下去的。人生，不是只有麵包就好；也因此，不是只有傳播和媒體就好，也不是只有我們在前兩章裡談的事業、政治、教育就好。

麥克魯漢生前也談了許多審美上的事情，以及媒體對審美的影響。所以，在下一章裡，我們就要看看中古時代城市大教堂裡的玻璃花窗，現代人家裡和辦公室的電視和電腦螢幕，以及人人頭上的那片藍天，看起來，怎麼都和繪畫作品、書頁、草坪大不相同。我們要看看麥克魯漢說的「透光式」媒體和「打光式」媒體，以及這些媒體在新的千禧年裡，會為我們投下怎樣的光。

第八章　螢光幕後的大腦

Light-through / light-on

透光／打光比

「大部分的學者，用知識的方式跟用手電筒一樣，」一九七七年夏，有天我和麥克魯漢在他家附近的山榆公園裡，由身邊簇擁的成群松鼠陪同，一起在林子裡散步時，他對我說了這句話：「不是拿來照亮世界，而是拿來朝他們自己昏花的老眼亂晃。」

這樣的光，比眼花撩亂、自欺欺人還要糟糕！因為，這是從眼睛之外而非內部的地方，所射出來的光；是手電筒內含的知識，在外化之後，打回到眼睛的光。這是麥克魯漢向來愛用的「打光」例子之一，他常用這個方法來釐清他說的媒體論以及我們的媒體論。麥克魯漢在一九六〇年曾做過解釋（p.11，黑體依照原文）：「這馬賽克（mosaic）程序，我一直努力在跟著做；而這程序，得靠光**穿透**狀態才行；這程序基本上，不是在狀態上打光。」

然而，這程序，也不只是程序。

不管這光是從眼睛裡來的（不是手電筒打在眼睛上的光）、還是從天外射來的；從電視外的窗戶射來的、或甚至是穿透電視螢光幕而射出來的，麥克魯漢都認為媒體的「透光」特性，抓住觀者的力量比起平常射在我們世界裡的光，都要更深、更強。因此，麥克魯漢認為房間裡的內容物，雖有光線照在上面、反射出去，但是，比起發射出光線的電燈泡，趣味還是低得多了（這也是「媒體即訊息」的另一個釋義）。同理，麥克魯漢也覺得閱讀報章雜誌（手繪抄本除外）和看電影這兩項活動，比起看電視來，其先天的條件就不需要我們有多專注。因為，電視的光是穿透外在的螢幕而射出來的，等於是電燈泡的「影音版」，跟電影將光打在銀幕上反射而出來的情況很不一樣。結果，就是我們在看電視的時候，「照明，自動投射在觀者身上」（Carpenter & McLuhan, 1960, p.x），而使電視成了放映機，觀者成了電影銀幕。難怪，電視的吸引力會比較大。

而個人電腦，一樣也具有透光的程序。

在過去一二十年的前數位時代裡，個人電腦以飛快的速度攻城掠地，其速度，只有電視一九五〇年代從收音機和電影手裡搶下江山的速度，差堪比擬；這情況，是不是可以用這一點來解釋一部分呢？

麥克魯漢的「地球村」和「無處不是中心以致無所謂中心」，其中的道理，用起來雖然算不上是清晰透澈，但對於直覺的理解，還算一目即可瞭然。就連「媒體即訊息」或是「音響空間」，雖然道理一點也算不上一目瞭然，但還是指出了相當清楚的方向，讓我們知道在哪裡有什麼重要的現象。麥克魯漢的「透光」、「打光」比，就可以看作是一組有趣但也言過其實的例子了：他是企圖在媒體裡尋找這概念的表現和影響，但卻像一聽到人說「時光飛逝」，就急著在空中找手錶。

這種譬喻和事實扞格不入的混合體，在麥克魯漢的作品隨處可見。同時，也是麥克魯漢作品刺人的一部分。只是，在他的媒體二元對比法裡特別常見就是了：像是他的「透光」、「打光」比；還有和這對比互有重疊，且是一般人更為熟悉的「冷」、「熱」比。這「冷」、「熱」比，我們會在下一章談到。

而在這一章，我們要看看麥克魯漢這「光」的二分法，若是用來解釋新媒體之崛起和影響，或是用來將我們在第二章裡討論過的麥克魯漢媒體論裡用過的一些素材、組成條件，作進一步釐清，這「光」的二分法還是相當有用的工具。

而在這裡，我們先將角度略換一下，再看一次麥克魯漢的論述手法。

科學和美學家

我記得多年前曾讀過一則故事，十九世紀時，有個小孩，父母皆是高級知識分子，這孩子夏天最愛在家裡的草坪仔細觀察花朵的紋理和大小，葉子的形狀和組織方式，還有葉子襯著樹林、天空的樣子。他的父母一直以為他們的孩子長大之後，一定會當個自然學家，特別是植物學家。但他們錯了。那孩子特別愛看花朵的顏色、形狀以及在野地裡的位置，純粹是對色彩、形狀及其組織有興趣而已，此外無他。所以，他長大後，當的是藝評家，而非科學家。

那孩子當然不是麥克魯漢（麥克魯漢生於一九一一年），但他對花朵的興趣，特別是他這個興趣非常貼近科學卻又和科學大異其趣，正可以用來貼切描述麥克魯漢談論媒體論的手法。麥克魯漢一九三〇年代曾在英國劍橋大學唸研究所。這所大學，是世紀之交「劍橋使徒」（Cambridge Apostle）*、愛爾蘭作家羅素（George William Russell; 1867-1935）、英國哲學家摩爾（George Edward Moore）、文學評論家理查茲，及理查茲新批評所帶起的布倫貝里文人圈

（Bloomsbury）†等薈萃之地，所以，麥克魯漢自然習慣把二十世紀的人工科技製品當作建材，以之建築起他理解的藝術殿堂。也因此，原子分裂雖然不論於武器製造或是科學理論，絕對無比重要，而且麥克魯漢本人也不否認；但是，他還是喜歡把原子分裂看作是我們觀照世界可以用的更好方法，也就是射出一束分子，打穿原子，而非消極的把光打在原子上面，再從遠處端詳就好。也的確是如此，雖然這種打亂的方式，正是杜威及其實用哲學認為最好的科學方法（也是他們理論裡唯一可以得出真理的可靠方法），但是，麥克魯漢還是堅決不肯戴上任何哲學家的稱號，他曾說：「我不作解釋，只作探索」（麥克魯漢為史騰書所作的序，1967, p.xii）。他寧願像雅好醇酒花香的名士，從探索裡擷取創見。因此，麥克魯漢和杜威之間的差別，就跟理查茲和摩爾二人的差別一樣——雖然，理查茲還是摩爾這哲學家的學生——而認為哲學這門學科，尤其是哲學家最愛吵的方法論，其實都偏離了我們理解周遭世界及其科技機制應該要走的門路。他的理解，當然不等於同意，而是盡可能以見山是山的態度，去看待科技世界。麥克魯漢認為循這門路，才最有可能揭露科技隱而未現的效應。以麥克魯漢迴避形式哲學，視科學為人工製品的立

＊譯注：十九世紀初期即已成立的祕密文人雅集，英國著名的文化菁英許多皆是雅集的成員，如但尼生、維根斯坦、凱因斯、摩爾等人，後來還和左傾思想有頗深的牽連。

†譯注：即吳爾芙和兄姊所居的布倫貝里宅邸為中心的文人圈子。

場、這樣的角度去看，他除了和現代科學破曉之初的培根（Bacon），走的是同一路線之外（就是以世界原本的樣貌去看待世界，而不以後來學來的觀念去看待世界），也等於是跑到「後科學」的時代去了（但他可沒有踐踏科學，而是採集科學——要不是這樣，我也不會覺得他的著作這麼有意思了）。

麥克魯漢用他的馬賽克觀點，將科學及其技術應用打成了碎片，其所造成的一大效應，就是科學的發現不論大小，科技的影響不論強弱，在他的馬賽克圖案裡，比重都差不多。也因此，他才會認為原子分裂是觀照外在世界的深入方法，而這也是任何窗戶或是螢幕共通的特性：無論是窗玻璃或粒子加速器，都可以讓我們一窺事物的堂奧，而不只是就表相作浮面的一瞥。玻璃簡單明瞭的透明特性，比起物體表面不透明的反光特性，為這普通的技術以及運用到這技術的電視、電腦螢幕等精密科技，加上了一層強大的知識傳播功能，直追粒子觀測儀（particle chamber）。

不過，玻璃背面一塗上了銀，當然就成了鏡子，也等於是故意去掉了玻璃原本透光的功能。麥克魯漢也沒漏掉這很普通的技術，而且抓到了這當中一樣有助我們理解（或是誤解）媒體的寓意：「羅馬神話中，少年納西瑟斯將自己在水中的倒影，誤以為另有其人，以致他本人於鏡面映像的延伸，麻痺了他的感知能力」（McLuhan, 1964, p.51）。結果納西瑟斯因之而溺斃。在這神話的例子裡，只看水面而沒辦法看透水面，不只膚淺、迷惘，甚至還會賠上性命。

雖然，看穿事物的表象絕不容易，也未必沒有危險；但是，看穿了，便有機會可以超越我們自己所投射的映像。

媒體的動態理解

人類史上的第一張照片，是德蓋爾於一八三〇年代的發明，我們稱之為「德蓋爾銀版法」。這其實可以算是媒體的「打光」式科技所攀達的一個高峰。德蓋爾銀版法拍出來的照片，是在銀版上直接形成正像；而這銀版朝某個角度偏的時候，可以為觀者拿來當鏡子用；朝另一個角度偏的時候，就成了銀版所攝之主體外在的可靠投影了。這鏡子效果，是無心插柳的結果，也就是說，銀版是德蓋爾當時唯一可以用來長久保存影像的材料，但是，天知道有多少人在拿著一塊塊銀版，欣賞心愛的人兒留在上面永存不朽的奇妙投影時，不會趁著看膩了的空檔，偷偷也欣賞一下自己的投影嗎（若是碰上自戀狂，搞不好銀版攝下的人影就是他自己）？但是，不管怎樣，英國的法克斯－陶博特（William Henry Fox-Talbot）*等人，未幾便想出了別的方法，不用銀版，一樣可以永久留下影像，也就是想出了製造負片的方法，運用的材料有許多種，紙也在內，每張負片，都可以沖洗出許多張正片。而這些正片，沒有一種材料可以當鏡子用，因此，所拍下來的

*譯注：法克斯－陶博特（1800-1877），英國光化學家、考古學家、語言學家和攝影先驅，發明碘化銀紙照相法。

照片，就又回到了「打光」式媒體的基本面了，像印刷品、繪畫之類；其實，就是世上我們目視所見的大部分事物。

然而，在攝影的感光板上拍下影像，不管能不能當鏡子用，都可以激起動態（kinetic）的反應，而於藝術、攝影掀起了革命，終至孕育出電視和個人電腦這樣的視覺媒體。

而最先反映出這種效應的，是藝術，特別是繪畫藝術。想當年法國畫家德拉洛許（Paul Delaroche; 1797-1859），一看見德蓋爾銀版照片就脫口說出：「從今天起，繪畫已死！」但他這句斷語說得太早了，事實正好相反，繪畫這項古老的手工媒體，不僅沒死，還繼續茁壯，朝別的方向發揮，在照片留下動態世界靜止的一幕之外，另闢蹊徑。像印象畫派，就刻意要營造倏忽即逝的意象，大膽運用破碎的點描筆觸和色彩，奮力捕捉光線流竄、閃爍的視覺效果。到了十九世紀末，塞尚和秀拉等印象畫派的後繼者，已經從營造光影閃爍的幻覺，到真正在畫布上製造光線的效果了。麥克魯漢對他們筆下企圖宏大的幻覺效果有過評論（McLuhan & Parker, 1968, pp.24-5，黑體依照原文）：「印象畫派的畫家，是把光影畫**在**畫面上。秀拉則是把光影畫**透**畫面，直接把畫面變成了光源所在，為盧奧（Rouault）復興玻璃花窗的透光效果，開啟了先河。」

於此同時，攝影也進一步以比較直接的方法來捕捉動態。若照片（靜物照）真像巴金（1967, pp.14, 15）所說，把影像從時間「本然的腐朽」裡拯救了出來，那「動態攝影」（motion photography）就等於是將影像重又安插回時間的序列裡去，而傳達出「彷彿木乃伊的僵化之變」。雖然，電影裡的動作從某個角度來看，也是幻覺——電影其實還是由一連串靜止的畫面所構成的，只是，這連串的畫面，在觀者眼前播出的速度極快，造成不斷在動的幻覺但在分界線的兩邊，還是有真正的動作存在，在一連串靜態攝影所拍下的現實狀況裡，有動作；在長條的底片穿過放映機時，也有動作；就算是老一點的愛迪生式放映機，也有轉盤的環繞運動。動態攝影，因此算得上是我所謂的「即溶咖啡」式傳播：其實，也是夏農－韋佛（Shannon-Weaver）提出的「編碼／解碼」（encoding/decoding）說的庸俗版。世間的動作（咖啡），轉化成了一連串靜止影像，以利傳送（咖啡粉），然後，再於底片穿行過放映機時，重新轉化回動作（咖啡粉一倒入熱水，就成了咖啡）。電影和印象畫派不同，印象畫派的光影流動效果，是暗示出來的，電影則是透過放映機實際運用流動的光影。因此，繪畫裡的純粹暗示，在電影裡，就改由暗示加事實來取代了。

無論如何，巴金說出「僵化之變」這樣的話，強調出二點：一、看電影的人和銀幕之間，有無法縮減的距離；二、電影一旦開始放映，看電影的人，便無法改變銀幕上的任何動作。而電影裡，就算有這麼多動作，但由於電影還是投射在平面上的，因此，還是為麥克魯漢歸於「打光」這一類。

可是，電影再怎樣，也至少有「投影」這實際的動作，麥克魯漢卻將之歸為「打光」；而那秀拉的點描式後印象畫派的實際動作，再怎樣，也只是在畫布上點些筆觸千篇一律的斑爛色點而已，麥克魯漢卻將之歸為「透光」，這是怎麼回事呢？

這中間的道理，一半是因為點描派刻意不畫完整，秀拉用的純色細點筆劃（也就是光），還需要觀者自行整合成活潑生動的光影。反之，電影放映在平面上的效果，至少比較完整：我們一點也感覺不到銀幕上活龍活現的動態影像，是由一幕幕個別的影像串接而成的。因此，透光式媒體的動態效應，和「冷」調性媒體的效應有些關聯（也是大家比較常用的麥克魯漢式「辭令」，我們在下一章會詳細討論），就在於這樣的媒體會促使我們主動參與。

而剩下的另一半道理，就和麥克魯漢媒體論的一大特色有關了——特別是在他的「透光」、「打光」比，或是「冷」、「熱」比的用法上——而不喜歡他這特色的人，很可能因此備覺困惑、氣惱。他這特色便是：他這些對比，以效應是同一類的媒體或是訴諸同一感官的媒體，用起來的效果最好，道理也最為簡單明瞭。因此，點描派是透光式媒體的說法，若以點描派和電影比較，其間的道理就不甚了了；但若拿點描派去和其他的畫派比較，就很清楚了：例如更早的印象畫派，若是肖像畫和風景畫就更好了；因為，這些跟靜態攝影一樣，都是「打光」式的，完整的。

而麥克魯漢心目中，有一樣媒體最適合拿來當「打光」式電影的「透光」式影音對比，那就是電視。

悠哉游哉的沙發馬鈴薯

史上的學者，也唯有麥克魯漢拈得出這種二分法，比較電影這二十世紀大部分人大部分的時候都得出門才看得見的媒體，和電視這大部分人都可以癱在家裡，不管頭腦清不清楚，不管人是在長沙發、安樂椅還是臥室的床上都可以看的媒體，而說二者以電影比較不需要觀者那麼專注、那麼主動。

然而，再仔細想想，麥克魯漢的邏輯就清楚了起來。電影其實是將曾經出現過的現實，透過光化學效應，留在一格格的底片上組合而成的；歸根結柢，電影其實是靜態的，或說是透過放映技術，將原本完全靜止不動的一格格影像，重新復活了起來。電視則否，電視播的雖然是動態的影像，但是，電視的播放程序，是即時的電子傳輸，若是現場轉播，電子傳輸的甚至就是即時的現實了，讓我們可以見證時事現下的發展；新聞報導可以緊追時事的變化，隨時隨地插播「快報」，這是電影先天的結構怎樣也做不到的。光憑這一點，看電視就是比較主動、比較專注的體驗了，因為，觀者隨時隨地都在回應當下時事的發展，或說是隨時隨地都可以回應。至於這隨時隨地都可以回應的觀者是癱在沙發上呢，還是西裝筆挺肅立在一旁，一點都無損於他隨時隨地待命的機動。

麥克魯漢就這一點的說法如下（1964, pp.272-3，黑體依照原文）：「電視的觀者便是銀幕，任由光線的脈衝轟炸……電視影像內蘊的視覺資料不多。電視影像不是**靜止**的場景。電視影像根本就不是照片，而是由掃瞄的手指頭勾畫而成、幻化不止的物形。這種隨物賦形的效果，是因**透光**而來的，而非**打光**……」

麥克魯漢於此，還是沿用他的一貫手法，提出了紛歧中有交集的多種見解。電視影像具有栩栩如生、活潑靈動的特質，也就是「幻化不止的物形」。這和靜態的相片影像不同，此其一也。電視影像因為「內蘊的視覺資料不多」，所以有比較強的吸引力，此其二也，同時也是麥克魯漢「冷熱比」的核心，我們會在下一章裡談到。「電視的觀者便是銀幕」，此其三也，也可能是最聳動的一個，是麥克魯漢媒體分類法裡「透光」、「打光」比的核心。

在電影院裡，影像是從觀者後面投射到觀者前的銀幕，電視則反過來，是從觀者前的螢幕後面投射到觀者的臉上；麥克魯漢抓到了這方向相反的情況，指點出一條線索，告訴我們為什麼「透光」的效果可以顛倒眾生。由於「透光」源起於我們之外而非之後的地方，顯示出的內涵，大於實際所見；因此，「透光」的效果難免就像一根手指頭，一直在召喚我們作進一步的探究。

然而，就電視而言，如前文所述，我們對這個大眾媒體所播放的內容能做的探索和影響依然有先天上的限制，無法踰越。

只是，隨著「透光」從電視螢幕轉移到了電腦螢幕，這些限制，大體上都消失於無形了。

螢幕和蒼穹

不過，即使是電腦螢幕的透光特性，也未必就擺脫得了納西瑟斯自戀式的鏡面效應：寫作的人，盯著自己打在電腦螢幕上的文稿看時，其實和看德蓋爾銀版照片差不多，只是這是二十世紀末、二十一世紀版的德蓋爾銀版照片。不過，一待接上了全球資訊網，個人電腦馬上就從文書處理器，變成了文字選擇機（word selector），而且，還逐漸加進了影音選擇的功能。因此，電腦螢幕就變成了通往虛擬無限的大門（「虛擬」這個英文字，是包含了虛、實二義在內的），由此，可以再進入彼端無所不為可能的世界。

將電腦螢幕上的遙遠端點比作天上的繁星，是相當突出的比喻。太陽在天上，當然也屬於透光一類；但是，太陽的光源太強了，以致我們從太陽取得的，除了天空的「透光」式蔚藍和朵朵白雲之外，全是太陽在地球上的「打光」式照明。反之，星斗則召喚我們迎向前去。（月亮和太陽系裡的行星，雖然是太陽光照射的對象，本身無法自行發光，但在我們看來，依然是「透光」的，依然很神祕。因為，這些行星是在太陽、繁星同在的天空那一邊，反射光線到我們這裡來，因而和星光相當類似。）

而太陽和繁星之別，書籍上的文字和電腦螢幕上的文字之別，不僅只是審美的層面而已。如前一章所述，太陽是集中現象的一個符號，繁星則不論是在布魯諾還是在我們這個時代，都是人類浩大的分散現實的代表。同理，書籍比起手稿，是分散得很厲害的媒體；但是，比起電腦螢幕上不斷在變的字母，書籍的頁面就成了相當可靠、歷久彌堅的資訊「中心」了（於此，還是在就媒體的特質作比較式的敘述）。的確，我們無法面對沒有中心的情況（因為印成書，我們才知道我們想看的字，在某一書頁裡面一定看得到），說不定書籍就算到了二十一世紀，甚至二十一世紀以後，依然會是重要媒體的唯一原因吧（當然，我們是可以設計出一種電腦螢幕，上面的字永遠不變，但如果這樣，電腦也只是書籍的特殊型態罷了；參見 Levinson, 1998a，有更多討論）。

麥克魯漢抓到了遙望窗外的美學，和電視而非電影之間有關係，抓到了這美學既可以用在他生前幾乎不算存在的電腦螢幕，也可以用在他之前已經存在不知多少年的星空，更可以用在超乎美學之外的諸多生命層面。這些「打光」、「透光」比的各個層面，在在證明了麥克魯漢思考之犀利、思考之廣博，及其歷久彌新的價值。我們一次又一次看他幾乎像著魔一樣，專注在一樣看起來不甚了了的對比上——有時還不只是不甚了了，甚至像不明所以——然後，再將之擴張到好像大而無當的地步。而再下來，就會被他當頭一記敲在腦袋瓜兒上，突然搞清楚了他的對比用來談某件事或某樣媒體的影響，有多貼切；因為，他說的事情，就正在我們眼前搬演。

如今，不僅有光從千百萬處超文本的場所，透過電腦朝我們流洩而來，我們也回頭伸手到電腦裡、到電腦後的真實或虛擬世界裡，去買東西，作生意，交朋友，談戀愛。

而且，我們還是一樣愛看星空。因為，既然電腦及其螢幕已經可以依我們的意思，將資訊散播到地球上的任何地方，也把我們的形體運送變得更加便捷（我們現在已經可以在網際網路上，買到汽車或是飛機票了），天空的螢幕，一樣帶我們拜訪月球，拜訪別的行星；而且，有朝一日，還可以遠達太陽系外的恆星。

所以，這兩種「透光」經驗的共通點，就是天外有天，天外還有我們未知的事物。一言以蔽之，就是：未來。未來，便是透光經驗之極致。

麥克魯漢的媒體論裡，有一樣說法，和「透光」裡帶出來的那未知、蠱惑、召喚的未來，有密切的關係；這就是他說的「冷」調性。他認為銀幕上影像鮮明、活蹦亂跳、反射到觀者這邊的電影，是「熱」的調性，反之，電視幻化不定、模糊不清的影像，是「冷」的調性。他這對比，頗類似「打光」、「透光」的對比，前者朝我們潮湧而來、席捲而過、震懾而去，後者，則把我們拉進它的世界。

所以，下一章，我們就要看看麥克魯漢媒體論裡最生動，但也備受批評的對比——「冷」媒體和「熱」媒體——有些什麼特色，同時為他作些更新。

第九章 勁酷文本

Hot and cool

冷熱比

麥克魯漢媒體論裡的「冷熱比」，是他名氣最響、誤解最多、但也是理解新媒體影響最有用的工具。史騰一九六七年編的那本評論麥克魯漢學說的文集，收錄許多尖刻的批評作者包括伍爾夫、史坦納（George Steiner）、蘇珊·宋塔（Susan Sontag）等知名人士——那本書就取了個滿恰當的書名：《麥克魯漢：冷熱比》。威克斯勒（Haskell Wexler）於一九六九年拍了一部談媒體和政治的電影，迭獲佳評，而這部電影的名稱，也就叫作《冷媒體》（*Medium Cool*）。伍迪艾倫在他導的電影《安妮霍爾》（*Annie Hall*; 1973）裡，人在戲院外排隊等著進場時，聽見一位大學教授大放厥辭，說電視是「熱」的，便把麥克魯漢從陰影裡拉出來，要他糾正一下人家；而麥克魯漢也真的好心去糾正人家：「你根本不懂我的理論，而且完全運用錯誤。」那位教授，說不定是看米勒寫的那本《麥克魯漢》看壞的喲！米勒在一九七一年的「現代大師」（Modern Masters）叢書裡，曾經這樣說：「所以，這『熱』，指的是資訊有缺口的訊息，需要接收的人主動推論」（p.97）。他說得很高興，但正好和麥克魯漢自己的用法相反。

這「冷熱比」的溫度計，和麥克魯漢大部分的探測工具一樣，教人乍聽之下，覺得好像頓悟了什麼大道理，但之後，再想將各種解讀法兜起來，卻怎樣也兜不攏，就教人陷在挫折裡久久無法脫身，甚至氣得要死。而且啊，唉，這挫折感，常常就是許多麥克魯漢的學院讀者或一般讀者的終站；因為，他們怎樣也不肯再鑽研下去，不肯把「冷熱比」想通，好摘取「冷熱比」的果實。而「冷熱比」的果實裡，最重要的，是可以協助我們評估文化的大環境，預測文化的大環境。換句話說，就是可以供我們作「天氣預報」——套用一下麥克魯漢喜歡用的生態比喻。

當然，要測溫度，伸出一根手指頭就可以抓個大概了。這樣子測溫度，得出來的結果，當然談不上明確或有組織——麥克魯漢要講媒體的溫度，也差不多是這樣——但是，這樣子，和一大堆統計數字和抽象理論比起來，還是可以幫我們對外在世界的實際狀況，有比較好的掌握。

麥克魯漢的「冷熱比」，借用自爵士樂。爵士樂把熱鬧、喧囂、淹沒一切、酣暢淋漓教魂魄為之癡狂的大樂團音樂，稱作「熱」的；另一種幽忽、縹緲、輕盈、靈動得教性靈為之沉溺、無法自拔的音響速寫，就叫作「冷」的。大樂團響亮、火熱的銅管，朝我們橫衝直撞，撞得我們昏頭轉向，但是，我們既說不上欣賞，也說不上沉醉；而冷調性的爵士樂就不一樣了，冷調性的爵士樂如清風徐來，拂過我們全身，渾似斑衣吹笛人輕喚我們所有的感官，亦步亦趨跟隨。

麥克魯漢第一次完整提出這個二分法，應用在傳播媒體上，是在《認識媒體》（1964）這本書裡；他在書裡，就他一九六〇年的打字稿〈認識新媒體之專案報告〉裡提出的「高解析度」和「低解析度」，作了進一步的推演。他的想法，是「熱」調性的媒體，傳播資訊時會展現響亮、鮮豔、高姿態等等特色，大剌剌朝我們的感官招呼而來、席捲而過，但也很快就教我們的感官覺得厭膩；「冷」調性媒體的丰采，則具有模糊、輕緩、低姿態等特色，婉約召喚我們沉浸其中，填補夜色的靜謐，活絡夜色的生氣。如今，我們的宗師級樂手，既有火熱、大銀幕、七彩的電影院，也有清涼、小螢幕、黑白的電視；既有小說、報紙上的火熱印刷文章，也有清涼的詩歌和塗鴉；有纖毫畢露的逼真照片，也有寥寥數筆以簡御繁的政治漫畫；有收音機和高傳真、身歷聲音響飽滿的聲音和樂曲，也有電話上教人無法抗拒的馬口鐵聽筒。

不過，更重要的是，麥克魯漢看出了文化環境裡，有火熱的煤和清涼的風在調節溫度，而這火熱的煤和清涼的風，為文化注入資訊，也從文化裡擷取能量：一九三〇年代，在收音機和電影這兩樣媒體裡，流竄的是火熱的年代：鮮豔的色彩，簡潔的髮型，犀利的機鋒，和明快的睿語，成為流行的風潮。到了一九六〇年代，電視崛起，冷卻了文化環境，破牛仔褲、披頭散髮、摸索怎樣掏心挖肺表達感情，成為走在時尚尖端一定要依循的禮法。

然而，再仔細想想，這電視既傳輸影像又傳輸聲音，比起只傳輸聲音的收音機，怎麼反而是「冷」的呢？而且，教科書裡的散文，或許真的不如詩歌來得迷人，但是，這散文若是情書，絕對又是最最迷人的文章了。

後一個例子，便碰到了本章的核心：網路傳播——電子郵件、團體討論、網路空間裡的數位文本——不論依什麼標準來看，一概是史上互動性能最強的媒體，比起任何一類印在紙張上的文字，都要更短促、更簡略、更廣闊、也更快速。也因此，網路文本之「冷」，幾乎冷到了英國物理學家克爾文（William Thomson Kelvin, 1824-1907，發明絕對溫度的觀念）說的絕對零度。然而，網路文本還是堂而皇之穿梭在某一類的印刷文字裡，而且還是以散文為主：這媒體表現在報章雜誌或書籍上的特性，又是麥克魯漢最喜歡用來作為他「熱」調性、高解析度論述的例證。

這是否即表示麥克魯漢所說的「冷熱比」，太過零碎、太過牽強，根本不堪使用；在這數位時代的淺灘裡，終究也只是製造了一堆怎麼看都是大腦垃圾的東西呢？

在這一章裡，我們要看看為什麼他這二分法，怎麼看都不是這樣；我們也要看看，電子文本為什麼會是「冷」的，而且比電視都要冷得多；而和近來大為風行之冷調性的饒舌歌，及昆丁．塔倫提諾（Quentin Tarantino）的電影，為什麼完全合拍。

為了了解這一過程，我們先得仔細檢視一下這「冷熱比」到底是什麼意思——就是用起來到底是怎樣的——以及冷／熱效應的媒體或作用力，到底有哪些組成。

露出媒體溫度計的基本條件

麥克魯漢認為兼具影像和聲音的電視，比起沒有影像只有聲音的收音機，算是「冷」的，不完整的；而且，比起紙張上既沒影像也沒聲音的大部分印刷文字，更是如此。

怎麼會這樣呢？

因為，媒體之「冷」、之需要填補細節，和需要用上多少種感官沒有關係，而和投入的感官強度有關。即使是現在這麼進步的電視，其音響之清晰，傳播之深度、幅度，在在也比不上收音機、隨身聽，以及音樂光碟。這是因為電視當時是以「講話的大頭」（a talking head）之姿問世的，而和收音機、錄音機、光碟等媒體以播放音樂為主有別，至少在薩諾夫（David

Sarnoff）＊一九一五年成名前是如此（參見 Dunlap, 1951, p.56）。至少，電視上的影像，就算迭經改良，有了彩色，大了兩倍，還有錄放影機為它加了記憶的功能，比起電影影像的震懾效果，仍然差了一截；再比起印在書頁上的文字，重拾的功能也特別差，維持的時間特別短促。

因此，電視從一開始便是「冷」媒體，後來，雖然和其他的勁敵比起來，電視對感官的支配力要大得多，它的「冷」調性還是始終不變。所以，我們不妨說媒體的「幅員」不論是以所訴求的感官數量，還是以所擴及的群眾數量來看——對其「冷」調性（或「熱」調性），都有倍增或促進的作用，只要該媒體幅員裡的組成，全都具有相同的媒體溫度即可。表皮多，遮蔽的卻少，一般就比較「冷」，比較有蠱惑力了。

當然，媒體溫度的比較，就跟我們比較任何單一條件一樣，若是其他的條件全都相等，才比較容易得出確定的答案。電視和電影比起來，由於二者的影音條件相等，電視「冷」的特性，就特別明顯。電話聽筒裡郵票大小的擴音器，和收音機的「熱」比起來，就特別顯得「冷」了（雖然等一下我們會說到，電話先天的互動性能，一樣具有相當明顯的「冷」調性）；這跟詩歌和大部分的散文比起來，其簡潔的「冷」，一樣是一目了然。

這類清楚明瞭的比較，對媒體「冷熱比」的探討、演繹、運用，都是很有用的起點。而其關鍵，便是不要卡在裡面。也就是說，隨時隨地要去探究別的可能狀況；像我們之前的作法一樣，看看電視除了和同樣兼具影音的電影比起來是「冷」的之外，和收音機、印刷文字比起來，也一樣是「冷」的。換言之，「冷」和「熱」，不只是兩種媒體的比較而已：「冷」、「熱」，也是人類使用媒體時會出現的特性；不管環境裡是不是還有別的媒體，都不會改變的特性。

可是，我們也不能因此就認定，電視或任何媒體的「冷」（或「熱」）調性，都是永遠不變的，都是形而上的。事實正好相反，媒體常常因為人類的使用和發明，對它形成壓力，而不得不有所演進；因此，任何時候，都有可能在該媒體的溫度上造成重大的變化：例如電視，就跟上文所示一樣，從一九四〇年代末期問世以來，變得愈來愈熱了，到現在，已經變成五彩繽紛，螢幕至少兩呎寬，再加上錄放影機，因而也有了重拾的功能。然而，電視之所以依舊是「冷」媒體，是因為電視雖然屢有「加熱」——再套用一下麥克魯漢的說法——但是其熱度依然未足以燒穿電視的「冷」調包裝，使之轉性。也就是說，就算你在家裡客廳看的是全尺寸的新力彩色電視機，還加裝了錄放影機，你所接收的，依然不足。

而文字印刷在二十世紀，也同樣因為平裝書、麥克魯漢的著作，以及像《連線》這類雜誌刻意在紙面和版式上降溫，而於陣陣夏日微風當中，冷卻了不少。然而，就算十九世紀的大部頭書、期刊，和今天最豪華、多媒體的印刷品比起來，天差地別，但是，二者依然都有文字印在紙

＊薩諾夫（1891-1971），美國廣播電視界的先驅，曾任RCA總經理、董事長；一九一四年在馬可尼公司任職時，截獲了鐵達尼號沉船前的求救訊號。

上，這是書寫從發軔之初即始終不變的基本條件，也因此，使得文字印刷比起其他較為短暫的媒體，不論是語言或是電視，都要顯得熱一點。

然而，螢幕書寫一出現——這是我們的新混血媒體，幾乎像是由「熱」調性的文本，和「冷」調性的電視，各占百分之五十混血而成的——就不是這麼回事了。這時，二者的特性是否就此抵銷，獨留電腦螢幕上的生命既不冷也不熱，像微溫的水，既沒有高姿態也沒有召喚力，反而顯得很特別呢？我們其實都知道，根本不是這樣。既然如此，那最後稱霸的會是哪一樣特性、怎樣的溫度呢？抑或是弄出了個拼花似的媒體？

這答案，就要看媒體是怎樣當另一種媒體的內容了。我們在第三章已經談過，每一種媒體，都像一組中國套盒（Chinese box）或是俄國套娃娃（nesting doll）：媒體裡有媒體裡有媒體裡有媒體，一路一直套下去。因此，我們在使用媒體時，耳裡聽的聲音、眼裡看的面孔、身體髮膚上感受到的氣息，都涵括了先前出現過的所有媒體；而新媒體若真有什麼不同，就在於該媒體將其內含的舊媒體放進我們注意力裡的方式不同。在電影院裡看電影，是「熱」調性的、逼真得不得了、戲劇化的經驗，還有觀眾群裡不時傳來的笑聲、驚歎、低泣和鼓掌。但在電視上看電影，同一部電影就變成了另一樣媒體的內容了，而且，還是很不一樣的媒體，比較冷，比較孤立，比較需要我們多專注一點、多給予溫暖的媒體。若再用錄放影機播放同一部電影，由於這時我們愛停就停、愛倒帶重播就重播、愛快轉跳過去就跳過去，這同一部電影，就又變成了另一種很不一樣的媒體，而且，是很像蘇聯獨裁領袖赫魯雪夫，在看了一九五九年六月他和美國總統尼克森作的那場「廚房」辯論後，說的一句妙評：「像讀書」（參見 MSNBC-TV, 1997）。

這就表示，不論印刷文字的遺緒有多「熱」，碰上螢幕上變個不停的「冷」調性文字長流，一樣也要稱臣：因為，那些可以不斷更新因而混沌不明的螢幕，也正是發出文字的直接媒體。

然而，「冷」調性之所以能夠稱霸，除了個人電腦及全球資訊網之應用外，還需要另外一項條件。所謂之「冷」與「熱」，不僅無法由個別媒體在真空裡施展——這類媒體特色，不只是在和別的同類媒體作比較時看得最清楚——也因為這「冷」與「熱」的特性，於整體文化也有作用，而文化同時又會反過來挑選溫度適合的媒體來用。

所以，麥克魯漢覺得電視以其冷媒體之姿興起，為世人帶來的最重要後果，就是在我們的文化、我們的心態、我們的人際行為等方面，揚起陣陣清風，輕拂而過，讓我們懂得珍惜輕聲的召喚，隨之注意電視上呆滯的播報。

主宰二十世紀前半葉的「熱」調性文化，其基本元素的效應當然還未消失；但是，在電視時代出現之後，大環境的整體氣溫降低，「冷」調性的電腦隨之崛起，這絕非偶然。我們的文化，其實早就準備就緒，等著它們。

文化效應

「冷」、「熱」這兩個詞兒，早在麥克魯漢一九六四年從爵士樂那裡借來形容媒體之前，就已經滿載各式各樣爵士樂外的衍生義了，而且還愈「衍」愈盛。

世人向來滿愛「冷冷」的調調兒，而且，過去十年還變本加厲要「勁冷」（way cool）。但是，「熱」當然也不是省油的燈。至少有家汽車公司這麼想的：「豐田汽車熱！熱！熱！」（Toyota's hot! hot! hot!；廣告詞。）

「冷」這個詞兒，暗含不費吹灰之力，即可和宇宙目前之實際狀況及未來之可能狀況完全合拍，隱隱觸及了一汪汪深潭，觸及了契合未來的節奏。而「熱」，就是飛車、是速食、是快節奏、是露水姻緣、是狂飆、是火爆——喔！火辣辣的屁股、火辣辣的腹肌、火辣辣的妞兒、火辣辣的帥哥，吻我吧，隨便你，讓我昏頭更好。

這種文化的理想，顯然是以適時「要酷」、適時「搞炫」最好；也就是要看情況、看時代，擺出當時最討巧或必要的姿態。

但通常沒那麼容易。麥克魯漢在《認識媒體》的相關篇章——〈媒體冷與熱〉（Media Hot and Cold）與〈轉化過熱的媒體〉（Reversal of the Overheated Media）——裡，不只指出某一媒體或是媒體群的溫度，可以燒旺大文化的熱度；熱文化也常激發冷媒體出現，為熱文化澆冷水，而形成自動調節溫度或是平衡的作用；而反過來也一樣。麥克魯漢的這個想法，是從他加拿大的同事，也是他媒體論導師殷尼斯那裡推演來的。殷尼斯認為，文化會在「世代傳遞」（time-binding）或具有「保存」功能的媒體，以及「空間擴展」或具有「散播」功能的媒體二者之間，自動作拉鋸式的制衡——請參見殷尼斯寫於一九五一年之《帝國和傳播》（*Empire and Communications*）和《傳播之偏倚》（*The Bias of Communication*）。麥克魯漢後來再將這想法進一步擴張，而推演出他的「媒體律」，或稱「四大律」（於本書之第十五章裡討論）。身處在這樣的洪流裡，衣衫不整甚至是沒穿褲子被人逮個正著，也就見怪不怪了。

庫克（Peter Cook）和杜德利．摩爾（Dudley Moore）的經典之作《眼花撩亂》（*Bedazzled*, 1967），就將這問題刻畫得很漂亮。片中，摩爾扮演的角色和魔鬼作了次浮士德的交易，因而可以實現七個願望。他許的其中一個願望，是要變成像貓王一樣的搖滾明星。唉，他美夢成真的喜悅還真是短暫；因為，到了電影拍攝的時代，火辣辣的貓王那個搖滾偶像的寶座，已經被冷冰冰的「滾石合唱團」的主唱米克．傑格（Mick Jagger）給奪走了。可憐那摩爾變成的貓王，和時代的溫度完全不合（傑格倒是直到一九九〇年代，都還一直保有他「酷」的偶像地位，至少嬰兒潮那一世代，如比爾．蓋茲等人，是如此認為的，因為，微軟用「滾石」的歌《撩起來吧》〔*Start Me Up*〕作微軟視窗九五的電視廣告配樂）。

而麥克魯漢在美國政治界，也有一次進行田野調查的大好機會，可以讓他盡情探索「冷」、「熱」的動力作用。史蒂文森（Adlai Stevenson）的博學，便是電視時代早期的祭品；那時，電視偏愛的是「白丁」，也就是艾森豪。但到了甘迺迪的時代，他的機智慧黠和優美辭藻，和攝影機卻是一拍即合：依甘迺迪和尼克森大選辯論後的民調，在電視方面是甘迺迪贏；但同一場辯論在氣氛嚴肅、發音清晰的熱調性收音機裡，卻是尼克森大獲全勝。不過，八年後，韓福瑞（Hubert Humphrey）明擺在眾人眼前的奔放熱情，就成了比尼克森還要熱的候選人了。那時候，尼克森已經學會怎樣在攝影機面前遮掉一些他的臉，還有他的邏輯。但是，到後來的水門案時，真正得意的還是電視：尼克森在電視裡急切否認有罪，放在印刷或是聲音的媒體裡看，相當可信，但放進映像管後，就變得像是卡通裡的壞人，睜著閃爍不定的眼神極力狡辯。《華盛頓郵報》（*The Washington Post*）的著名專欄作家兼漫畫家赫布拉克（Herblock；原名赫伯特・布拉克，Herbert Block; 1910-2001），在那時畫的一幅經典政治漫畫裡，就將白宮裡的尼克森畫成俯趴在翻過來的辦公桌上，身旁彈藥俱全，口裡大喊：「來啊，看你抓不抓得到我！臭警察！」

這些「冷」、「熱」的詮釋，大部分還有些說服力，所舉的例子也都還可信。然而，一定還有別的因素，在這些政治人物的浮沉裡插了一腳。不管怎樣，麥克魯漢沒活到一九八〇年代，親眼見證這時的政治對他的「冷熱比」提出了最猛烈的挑戰：因為，這時候的雷根，比起口才一點也不靈光的卡特，和依絕大部分標準都很低調的孟岱爾（Walter Mondale），怎樣都要「熱」得多了，他卻在兩次選舉時，都以極大的差距贏過了對手。

雷根的老式溫情，在冷世代裡居然可以成功，箇中的癥結，要從一九八〇年代的熱元素裡去找——像是上述的電視「加熱」現象，或甚至是個人電腦的初期溫度：因為，那時候的個人電腦，還很依賴固定不變的條件，和後來比較開放的結構體不同，因而算是「熱」的程式。其實雷根的氣質裡，還是找得到「冷」元素的——我們看看他出了名的天分：寥寥數語甚至是不發一言，卻能「意在言外」作出明確表達——這是他一九五〇年代在電視廣告裡磨練出來的本領。

然而，用「冷熱比」來作文化評價，雷根時代給我們上的更好的一課，應該就是「冷熱比」的分析用在政治上面，有其限制。所以，我們或許可以在這上面得出一條通則：「冷熱比」的分析，用在離媒體源愈遠的地方，就愈模稜、愈容易有衝突，也愈薄弱。若是用在音樂、電影、服裝（麥克魯漢認為服裝在許多方面，個人表達的功能要遠大於抵擋風寒），就非常好。

不過，「冷熱比」在政治上，也不是沒有大顯身手的時候。雖然布希在一九八八年大勝舌頭跟打結差不多的杜凱吉斯，再次證明「熱」調性一樣可以得勝；但是，柯林頓在一九九二年和一九九六年，在許多方面就絕對比布希和杜爾（Bob Dole）要冷。

「冷」、「熱」的旋風，在文化整體，若要說有什麼效應不彰的例子，或許是在科學方面吧。雖然文化既定的期望方向，一定會主宰科學研究的方向，以及初步成果的解讀。但是，外在現實的證據，遲早會貫穿流行的想法，要不然，我們也不可能有哥白尼、達爾文、愛因斯坦等人創造的科學革命。這箇中癥結，在於我們的感知、信念和媒體，雖然會過濾外在的現實，但是，外在的現實，絕大部分都是獨立在我們的感知、信念、媒體之外而存在的。分子物理學家卡普拉（Fritjof Capra）寫的《物理之道》（*The Tao of Physics*; 1975）流行了一陣子，而且，他寫出來的主旋律，到現在都還在提普勒（Frank Tipler）寫的《不朽物理學》（*The Physics of Immortality*）這類書裡傳唱不休：提普勒在這本書裡，指出「未來」早已存在，且正在主導「現在」。但是，真正的科學進展，依然是由實驗和觀察所得的鋒利之刀所刻畫下來的。事實會一口咬定事實，不管溫度冷熱。

然而，我們的通俗文化，其普遍溫度從一九五〇年代起一直在朝下降，則是無可置疑的事。粉嫩的顏色、吳儂軟語、軟體等等，全都挖開了一窪窪魅惑之潭，吸引我們投身其中。不過，電視在這個時候就成了一大諷刺，因為：電視通往的是街邊黝暗的陰影，顯然先天就不是互動型的媒體。麥克魯漢認為，電視缺乏互動的特性，便是電視最重要的效應：就因為這媒體不讓人有互動，因而刺激了觀者更要費心參與，進而在觀者身上產生了無法饜足的需求，需要不時向外探求，需要觸及別人，需要和別人有聯繫，而且，是透過「透光」式媒體向外接觸——需要盡可能和外人作實質的肢體接觸。不論是「觸動式」（touchy-feely）的團體治療、披頭四合唱團的歌《我要握住你的手》（*I Wanna Hold Your Hand*），或是性革命，這些無不和這一點有直接衍生或間接引發的關係。

然而，媒體輕聲道出的互動召喚，若是透過媒體本身便**可以**進行的話（尤有甚者，還破天荒可以透過媒體本身追尋），那又會怎麼樣呢？若是挾其低姿態、不完整的呈現，而發出蠱惑召喚的媒體，其參與的機會就以硬線接在系統上，這時，情況又會怎樣了呢？

這時，我們就要談電子文本及其效應了。

文件互動

雖然「酷」世代最風光的媒體是電視，但是，電視絕非傳播革命裡的第一個低姿態媒體，或許，連最重要也談不上。真要舉個居功厥偉的例子，應該要歸諸電話。因為，這一八七六年發明的電話，其實是印象主義及其於繪畫、詩歌、音樂等領域的子嗣所開展的「酷」世代產物，甚至是這「酷」世代催化劑的一部分。

電話傳輸的音質較差，它傳輸的，不過是人聲整體的一份註解而已，因此，從一開始，就擺脫不了冷媒體的本質。然而，電話另還有一個迫切的原因，要求使用者有所互動：電話不論音質如何，先天就是供我們進行互動的工具。的確，電話鈴響，幾乎沒人抵擋得住。電話鈴響，我們心底就泛起一股希望，不管這希望有多渺茫，多虛幻，我們都希望打電話來的人是來告知我們事業有了著落、實現夢想的途徑，或是世上人人認得我們，要不也至少有人認得我們。因此，電話鈴響，從來就教人抵擋不住。若真有別的事情我們會擺在優先，恐怕也寥寥可數。傳播理論向來愛開玩笑，說愛侶溫存到一半被電話打斷，是患了「電話騷擾症」（telephonus interruptus）。雖說玩笑歸玩笑，倒常常說中了事實。

因此，電話互動召喚那麼強，有人在電話線那頭的誘惑那麼大，電話的音質就算再鮮明、再清晰，也絕對無損其「冷」的調性。的確，我們甚至可以推論，電話之所以可以一直「冷」下去（電話的音質過去一百年來，根本沒改進多少），就是因為電話以其互動性能，而深鎖在世人極為滿意的冷潭裡。電話並不是因為低姿態而促進互動，電話是因為互動，而牢牢烙下了低姿態的特性，也使任何姿態高一點的性能，皆屬多餘。

反之，非互動型的「冷」調電視，如上所述，未幾就因為有了彩色、尺寸加大、加上衍生了「重拾」的性能，而使溫度上升了些。這也可能是電視於我們的文化，比電話的影響要大得多的原因之一。電視的影音雖然短暫，但可以供我們觀看，供我們投入注意力。電話傳輸的，則是瞬息即逝的資訊——只有答錄機多少抵銷了這點——因此可能顯得太冷了些，在我們的文化裡的效應太過普遍、太過隱晦，而無法產生明確可見的重大影響。

然而，若有視覺文件，如散文這種典型的「熱」媒體變成了「冷」電話的內容，情況就會變成如何了呢？

世人對個人電腦最早的反應，就是覺得個人電腦只是在電視螢幕上加了料的花俏產品而已，於人腦認知程序的影響，應該跟電視差不多（也就是說：要不沒有，要不有害）。這樣的想法雖然很粗淺，但在媒體評論家，如波斯特曼等人之間，還是非常普遍的（例如一九九四年二月，他在新社會研究學院那場紀念寇金的演講——這本書便是獻給寇金的）。思想比較開通的人（恕我不揣冒昧，將我自己忝列在其中），倒是覺得應該將電腦看作是新式書籍比較恰當（如第七章所述，美國最高法院在一九九七年裁定〈傳播正俗法〉違憲，顯然就是把媒體看作是印刷媒體，而非傳播媒體，因此，有權享有〈第一修正案〉較為充分的保護；參見 Greenhouse, 1997）。不管怎樣，個人電腦一接上了縱橫全球的電話系統之後，馬上凌駕在電視和書籍之上，成為型態很特殊的電話：它不只保存了電話極為強大的「冷」調性互動性能，還進一步擴大了這一性能。所以，個人電腦其實有的不只是雙親，它有的是「三親」：書籍，電話，還有電視，而後二者，都是「冷」調性的。線上文本的「冷」調性，因此還比自然生成的要更順理成章。

文件上線，即是「熱」調性的印刷文字和全球電話網路的「冷」調性互動環境融合一氣，再裝上螢幕，在人類的書寫歷史裡，像施洗般立下了分水嶺，從而也在人類的存在狀態上，劃下了一道分界線。最早的字母文字以及後世的印刷文字，其固定、線性、明確等特性，從一開始，就是其分疆劃界的特色之一，也因而讓文字成為無出其右的熱媒體。蘇格拉底很早便在抱怨文字的熱度了，他在《費德拉斯》裡，就擔心書寫的文稿，對問題始終只能提供一個永遠不變的答案，而沒辦法和口語的對話一樣。因此，他殷切盼望「有大智慧的書寫……能夠為自己辯護，能夠知道什麼時候該發言，什麼時候該沉默」（Plato's Phaedrus, secs 275-6）。當然，在世的作家，就算再固執不通，所寫的文章，原則上還是可以由人質疑的；而私人的書信，於先天上，也一直就有互動的條件，事後看來，還頗似一種落後很久的非同步電話對談。然而，時間和人類事務的根本，有密不可分的關係，因此，寫信給在世作家問問題或是私人之間的書信往還，其落後的時間，也就是這類非同步的互動裡彼此回應所需的時間，常會消除互動裡的效應。或許就是因為看出了這一點，理查茲才會在他的《實用批評學》（*Practical Criticism*; 1929）裡，建議讀者只要可能的話，就應該讓文本自己發言，因為，在寫作完成之後多年再去問作者問題，這作者未必可以找出當時他到底為什麼這樣子寫的可靠嚮導。

不過，線上文件倒有辦法供我們進行即時互動。的確，早期使用網路的人，如一九八〇年代中期前使用美國電子布告欄、商業網路以及法國「電子資訊錄」的人，就發現利用電子文件進行立即的同步交談，其煽動力，甚至都比親口對談要大。麥克魯漢的「冷」調性概念，可以協助我們了解為什麼會這樣：在電話上講話，接收到的訊息是一整套的，可以知道交談的雙方是怎樣的人，從口氣裡可以知道講話的人心情如何，諸如此類。這些細節，可以看作是從親口交談移植而來的「加熱」元素。親口交談的內容裡，向來包括了大量「熱」調性、高姿態的細節：這些「加熱」元素留在電話上，可以為電話的環境加溫，或說是略為「化冰」（de-ice）。但在線上文本的社群裡，就完全找不到了，因為，上線談天的人，交換的只是書寫的文字，只能從書寫的文字裡去認識對方。也難怪，午夜時分，手指頭在鍵盤和滑鼠間忘情飛舞時，一切的壓抑都隨之解放；也難怪，完全陌生的人會在線上彼此挑逗，會在現在盛行全球的線上聊天室裡，開出虛擬的花，結成虛擬的果。電話線上的文件比言語還要冷，還要魅惑，它之所以（於心理層面上）很容易讓人上癮，正因為線上聊天的進行模式，讓我們怎樣也無法盡性。

若再加上非同步的條件，這原本已經很強的配方，效力就更強了：例如在「使用者網路」上談天，所說的話，往往幾分鐘、幾小時、甚至幾天後才會有人回應。「西方行為科學研究院」在一九八〇年代，便發現這樣的節拍非常適合進行學術討論：因為這時，有比較多的時間可以思考，答覆的記錄維持得比較久，再加上世界各地的人都可以參加，在在讓線上的討論會比傳統親身參與的會議要更有成效。線上開的學分課程，一樣有一貫的類似的效果：非同步互動；在線上若是以延後幾分鐘、幾小時、或是幾天的速度進行，參與的質與量，往往超過典型的課堂授課。在傳統的教室裡面，一次通常只能讓一個人（通常便是教師）說話（參見 Levinson, 1995b，有更詳細的討論）。所以，這時，雙方之間便開闢出了一塊冷調性的中間地帶，這中間地帶，因為擺脫了兩組限制的條件：一是面對面親自討論之類的行為、一是傳統藉由投遞的書信往返，以及在圖書館沒有互動的借書行為。因此，比起地點固定、書籍步調（book-paced）——也可以說成是書籍拼版（book-paste，和 book-paced 的發音相同）——的教育法，線上教學算是一大改良。老式的個別輔導，雖然已被集體教學淘汰掉了（牛津和劍橋兩所英國大學的導師制，還有英國空中大學新近設立的制度除外），但其優點有一部分卻在線上教學裡敗部復活。二者最大的不同，就在線上教學原則上是全球暢行無阻的，反之，個別輔導或是集體教學的面對面學習，就一定要有固定的地點了。

而麥克魯漢，當然也是擁護冷調性線上教學法的人。他在他那篇〈理解新媒體之專案報告〉裡就寫道：「我的教學大綱，全都以一項原則為基礎：低解析度是優良教學的必要條件。整套學科講解得鉅細靡遺，學生就沒有機會參與了……。低解析度的媒體，如電話和電視，之所以能夠成為重要的教學工具，就因為這兩樣媒體提供的資訊是不完整的。」雖然他的期望，在電視只實現了一部分，在電話則全沒實現；然而，透過電話線路連接到中央電腦和網際網路上的「電腦會議」設施，和在個人電腦上進行線上教學，倒已經成為冷調性「優良教學」的理想講台！而且，這裡所謂的「優良教學」，還不是麥克魯漢的定義，而是杜威、瑞士心理學家皮亞傑、義大利女教育家蒙特梭利等幾位教育理論家的定義。他們全都強調教師應該從旁協助學生主動學習（而非說教灌輸）（參見 Perkinson, 1982，針對非被動教學法的哲學和歷史有更多敘述）。

而文件互動內含的冷調性原動力，一路演進一路蓄積能量和質量，自然不足為奇。超文本及其連結的演進，早在幾十年前大型中央主機系統還沒出現前，尼爾森就已經預測到了（參見 Nelson, 1980/1990，有他一九六〇年代作品的概述）。這種演進，為線上的使用者開啟了無以計數的門路，可以連上隱藏的知識寶庫。你若是在線上的超文本裡讀到這篇文章，你可以點一下「麥克魯漢」這幾個字，「刷——」一下，天知道你會連到哪裡去？若線上有麥克魯漢的作品全集，你很可能就連上了麥克魯漢的知識庫；你也可能連到討論麥克魯漢的作品那邊，而且，可能還不是麥克魯漢生前就有的作品。你一方面大可放心，只需要按一兩個鍵，就可以進入一座碩大無比的知識庫；但另一方面，不論你我，沒人摸得出來這知識庫到底多大；因為，隨時隨地都有人在重組這座知識庫，添加新的東西，接上新的連結。所以，這座知識庫，幾乎可以無限擴張下去。也因此，全球資訊網及其超連結，其核心便是一套「冷」系統：像是蓊鬱密林裡的清風，徐徐拂過知識溫室裡的每一片葉子，除了一路冷卻溫度之外，也一路進行授粉。

難怪喜歡作學問的人，都覺得全球資訊網及其網頁，像貓咪最愛的貓薄荷，一聞不可自拔；也難怪我們在下一章裡會談到，網路正在將出版整個改頭換面。於此同時，每位讀者都有自己的作品，而且是每在超文本的網際網路上漫遊一次，就創作出不同的東西。這種冷到底的程序，也已經連在了我們通俗文化的其他冷卻特性上了。所以，像《黑色追緝令》（*Pulp Fiction*, 1994，還有之前的《霸道横行》〔*Resevoir Dogs*〕）這樣的電影，若不是超文本的電影，若不是一段段故事零散錯落又糾纏不清湊合在一起，召喚觀眾自動將之組織起來，成為他自己的故事，又是什麼呢？饒舌歌極簡又開放的結構，也有類似的召喚。二者都是熱媒體（跟網際網路出現前的文本一樣），但因為大文化環境的溫度驟降，而隨之冷卻（參見 Benzon, 1993，書中就饒舌歌和電腦文化二者之間的同步關係，有相當有趣的想法）。的確，講話的收音機裡加入了電話，它的溫度是真的冷卻了許多，因而開始打破其非互動的堡壘；如今，這堡壘也只能在電視老式的偷窺「冷」調性裡看得到了。

於此同時，電子文本無所不在的「冷」，逼得我們開始渴望多一點細節，多一點影像的溫暖，免得我們一上線就老是冷得直抖；麥克魯漢說的溫度自動調節原理或平衡原理，也就開始發揮作用。開放式的視窗，及其網路服務的後代，圖式都太模糊、太卡通了，因而顯得太熱。但是，網頁上出現了照片，網路使用者希望知道寫出網頁的人到底長什麼樣子，希望知道網頁上所說的事情、所說的地方的真實、明確視像到底如何，這些圖像效果之出現，就是我們在世事多變的冷冽強風颳得愈來愈大時，回頭開始尋找樹蔭，開始摘取無花果樹的枝葉，開始重新肯定某些我們熟悉、我們信賴的火爐和細節了。

說到文章，不管冷還是熱，難免就要把焦點放在出版上面，因為，文章只要沒有出版，除了作者本人之外沒有別人讀得到，就根本稱不上是文章。傳統的出版機制，及其極端集中而且偏好定型作品的「熱」調性同謀，早在一九六〇年代，便已身陷槍林彈雨之中：那時，除了詩歌之外，大部分的文章，還是在「熱」的那一邊，而麥克魯漢那時就已經注意到，影印機正在將每一位作者變成出版家。

在下一章裡，我們要從目前任何人寫了文章，只要花少許的國內電話費，就可以把自己的作品立即出版給全世界的讀者取閱，倒溯這一發展的過程。

第十章 生鏽的把關人

Everyone a publisher

人人都是出版家

英國浪漫派詩人葛雷（Thomas Gray; 1716-1771），有一首詩叫〈墓園輓歌〉（Elegy Written in a Country Churchyard, 1751），刻畫了文學成就和大眾肯定二者間殘酷的落差：「太多璀璨的寶石光澤晶瑩剔透，長埋深不可測的海底洞窟不見天日；太多嫣紅的鮮花綻放嬌豔無人問候，枉費馥郁的芳菲凋零荒煙不為人知。」

過了約莫二百二十五年後，在網路革命風起雲湧的前夕，阿格西（Joseph Agassi）曾在他一本書裡，對可能讀到他的書的人提到（1982, p.239）：「若不是取得了編輯同意出版我的作品，我根本沒辦法和各位溝通。」這句話一語道破了在全球資訊網出現之前，作家若要在親朋好友或是手抄本的涵蓋範圍之外，為自己的作品尋找讀者，會碰上何等的困難。因為，若要跨出個人的交友圈子，需要溝通過程裡的另一方，願意合作：也就是需要有一個人或是機構，願意複製作者的作品、發行作者的作品，而且，數量還要夠多。這就表示作者的作品，在某些方面，一定要得到該關鍵的輔助對象同意不可。若是另闢蹊徑，那就得冒著葛雷在墓園的英烈祠裡所感歎的，最後只是個「籍籍無名有口難言的彌爾頓（Milton，英國著名詩人，名作有《失樂園》）」。

我對阿格西寫的句子，心有戚戚，或許是因為我正是那位他說有權批准他出版的編輯。但我自己也寫書，因此，也很了解他身為作者的苦惱。我更清楚在取得編輯同意之時，不是只有作者的血壓會成為祭品：我知道波普——阿格西的《紀念集》（*Festschrf*），就是獻給他的，也是我編的——寫的《開放社會及其敵人》（*Open Society and Its Enemies*; 1945），就差一點沒機會出版，而真要湮沒無聞了；因為，波普「在美國的朋友……請教一位著名的權威人士，該權威人士認為是書對亞里斯多德有頗多不敬之處……因此不宜交付出版」（Popper, 1974, p.95）。幸好貢布里希（Earnst Gombrich）和海耶克（Friedrich Hayek）及時出手相助，波普這本書才得以透過「路特列支出版社」（Routledge）問世（各位正在讀的這本書，也有幸由這同一家出版社出版）。

我知道，麥克魯漢對出版社也有同樣的不滿，動不動就愛提起：「有了影印機，人人都是出版家」（1197a, p.178）。說時還特別得意。他特別氣「哈寇布雷喬凡諾維」（Harcourt Brace Jovanovich）這家出版社，那麼快就把他的《以今日論：高級主管中輟生》（McLuhan & Nevitt, 1972）特價出清（一九七八年初特價出清存貨，就是任其絕版的意思），他和「雙日書屋」（Doubleday）好像也處不來，因為，他的《媒體律》（和艾瑞克．麥克魯漢合著）剛開始是和雙日書屋簽約的，但後來卻是在一九八八年麥克魯漢身後，才由多倫多大學出版社為其出版。

但我也知道，影印是沒辦法解決問題的。雖然，在一九七〇年代，影印不貴，也很普遍，但是，影印出來的東西，一點也不像書報雜誌，甚至連學術期刊都不如。而這些，都是印刷術問世後，學者最喜歡對大眾發表作品的媒體。因此，影印即出版，跟麥克魯漢的許多創見一樣，都只是譬喻而已，而非事實。

然而，這譬喻，還是跟麥克魯漢的許多創見一樣，能見人所未見。

當年我在編書時，阿格西那本《真理之追尋》（*In Pursuit of Truth*）——就是獻給波普的那本紀念集，於一九八二年由「人文出版社」（Humanities Press）出版——也在內，卻沒料到約莫再過個兩年，說的清楚一點，是在一九八四年六月，我會用我那具個人電腦，參加生平第一次的線上研討會，初嚐縱橫全球資訊網的滋味，而這個全球資訊網，如今可真的是讓每個會做網頁的人，都變成了出版家。

所以，在這一章裡，我們就要看看這一點，於出版、寫作、還有愈來愈多的網路讀者，到底有什麼意義。

我們首先要談談出版把關人的黃金時代，那把阿格西氣得要死，而麥克魯漢認為即將成為廢墟的年代。

傑納斯的地位水漲船高

文章一印成書，就永遠無法更改不管是裝訂成手抄本，還是大量印刷發行。而這也就是需要有人為作者挑錯，免得一印成書就不得超生的最重要理由。在印刷術發明以前，古籍和原稿的數量比，是非常小的，在寺院裡埋首抄書的僧侶，最重要的責任，就是要保證傳抄珍貴的古代知識時，絕對沒有訛誤。

而想來，印刷術一發明後，書籍沒有那麼稀罕了，這些，應該會幡然一變的，在許多重要的方面，也真是如此。馬丁．路德曾要世人不要再透過教會的宣道，而要自行研讀聖經，自行找出神的意旨。他的這項訓令，因印刷術可以大量印製聖經而得以實現，世人方才真的可以在羅馬的大門之外，捧讀聖經，自行思索上帝的教誨。所以，伽利略的情形也一樣；他雖然因羅馬教廷的壓力，而收回他所說之地球繞著太陽旋轉的哥白尼派天文學說；但是，他流傳在外的書籍，可完全是相反的說法。這諸多例子，證明了文字一印上紙頁，就不動如山，即使在中古教廷勢力如日中天的時代，只要白紙黑字一流傳出去，一樣無法撼動其一分一毫；反而是屹立千年不搖的關卡，還有把關的人，應聲而倒。

然而，新興的印刷勢力，一樣立起了許多新的關卡，賦予編輯和出版社為出版品背書的權力，從事實是否正確到拼音是否無誤，一概操在他們手裡。這中間的邏輯，是認為手寫的錯誤一經大量複製，出現在千萬本書籍裡，這錯誤便像以利滾利，利息滾到多大，所引起的注意就會多大。也因此，英文的拼法在手寫的年代，幾乎跟發音一樣，不是絕對不能改變的；但到了印刷年代，卻變成了評斷學問高低的死標準。

印刷術不僅沒有推倒關卡，反而用更新、更多的關卡取代，這於人類的媒體史上，是劃時代的一刻。雖然，教廷所坐的那座出版品質首席裁判的寶座已經不保，但是，每一處出版中心，挾其准許出版的作家之名，儼然成為新的「教廷」。一開始，這股勢力分散的最大受益人，是民族國家。各國的君主以一樣嚴格的標準，管制國內新興的出版業。這一類的出版型態延續到二十世紀，始終十分蓬勃。到後來，還在蘇聯出了個「政治局」（Politburo），像教廷般設立層層關卡，一秉柏拉圖哲學家皇帝之姿，嚴格執行出版把關的工作。其實，就廣播和晚近更新的媒體而言，這情況到了二十一世紀，依然無法完全褪去，還會殘存某種狀態。這在下文會有比較詳細的說明（另請參見第七章，以及Levinson, 1997b，對於印刷術在歐洲之崛起及影響有詳細說明）。

在最民主的國家——也就是英、美兩國——報業掙脫了中央政府的管制，靠著廣告建立起經濟基礎。美國憲法的〈第一修正案〉，還特別明令政府不得有管制的行為：「國會不得立法……約減新聞……自由。」雖然這條一遭破壞，馬上就有人會拿出來宣揚一番，特別是在二十世紀（參見Levinson, 1997b，以及該文所引之資料）。但是，把關的工作，依然因為一大理由而始終無法根絕：媒體若是沒有政府節制，自己就會變成勢力極其強大的把關人。我們以前有教廷，要把基督教世界全納入他的關卡之內；後來，新興的民族國家群起仿效。再後來，像美國出現的〈權利法案〉，雖然原意是要保障人民的言論自由，但最後保障的不只是出版的自由，也保障了保留資訊的自由。傑納斯（Janus）*不僅沒有被消滅，甚至連削弱也沒有，傑納斯反而複製出了許多分身，到處林立。

然而，報業賴以掙脫政府掌握的廣告，多少也是報業不得不自己成為把關人的癥結所在。有那麼多的廣告營收，全看每天出刊的報紙如何分配新聞和廣告的量，因此，報紙絕對沒有辦法什麼新聞都登，而必須仔細過濾。書籍的經濟結構，雖然不同，但一樣造成了類似的限制：出版從紙張到裝訂到運送，在在都要花錢。有這些成本需要考慮，出版社當然也一定要仔細評估，什麼可以出版、什麼不宜出版。

但從讀者的角度來看，報紙自行把關的角色就變得比較可惡了，因為，報紙在大眾面前擺出的態度，向來是所有新聞一視同仁，什麼都登，而非有權過濾什麼要登、什麼不要登。所以，新聞界念茲在茲的信條，「宜於刊登即登」，說不定要改成「我們覺得什麼宜於刊登即登」比較符合事實。

生於「讀者投書」，一般認為可以為把關人犯錯或是事後之明略作補救：報紙若是漏了什麼大事沒登，或是報導有誤，讀者注意到了，便可以投書報社提醒一下。只是不巧，限制報紙無法刊登所有新聞的問題：版面有限，一樣限制了報紙無法將大量的讀者投書全盤照登。

例如一九九七年十一月二日，《紐約時報》的星期日書評登出了艾德蒙遜的書評，評戈頓所寫的《遁入理解當中：麥克魯漢傳記》（*Marshall McLuhan: Escape Into Understanding: A Biography*; 1997）。雖然評得一般還算好（是真的好嘛），但是，文章裡出了些嚴重的錯誤，甚至說「麥克魯漢的理論幾乎已經湮沒無聞」，有損麥克魯漢的名聲。許多人都注意到文章裡出現了一些錯誤的事實（參見該文刊登後一個禮拜，網際網路上的「媒體生態」網路服務的線

＊譯注：羅馬神話裡職司守護門戶以及萬物始末的兩面神。

上討論內容，例如 Wachtel, 1997），像凱利（Paul Kelly）就剛在幾個月前寫好一篇碩士論文，將麥克魯漢的作品作了番剖析及延伸，而我是他的指導教授（Kelly, 1997b；另也可參見 Kelly, 1997a）。凱利為此，寫了封簡潔有力的信給《紐約時報》，指正許多學者以及新近出版的著作，都證明艾德蒙遜的說法弄錯了。任何人只要到進書比較齊全的書店去走一遭，就可以看得出來這點：像布蘭德（1987）、波斯特曼（例如 1992）、梅洛維茲（1985）等人的作品，就承認麥克魯漢的理論對他們有極大的影響，是他們論述的基礎；就更別提還有幾十位學者，也都寫了許多有關麥克魯漢的文章，只是登在偏向學術領域的刊物上面。例如，一九九八年三月二十七日至二十八日，在紐約市佛德翰大學舉行的「麥克魯漢研討會」，論文集裡的作者簡介便列出了作者的作品；另可參見施洛斯柏格（Edwin Schlossberg）的《互動優勢》（*Interactive Excellence*）一書，一九九八年七月二十三日登在《紐約時報》上的廣告，廣告上說，該書作者「以網際網路時代的麥克魯漢自許」——麥克魯漢的地位，怎樣看都不像是「幾乎已經湮沒無聞」嘛。

但是，《紐約時報》根本沒登凱利的信（Kelly, 1997c）。因此，讀過艾德蒙遜那篇書評，但對麥克魯漢的理論又不熟的人——一般還是教育程度不錯的人，因為《紐約時報》的目標讀者，便是這一類人——就因為《紐約時報》對麥克魯漢下了這樣的判決，而對麥克魯漢留下了錯得離譜的印象。唉，所謂這「宜於刊登即登」，可不包括堆得跟山一樣高的反證。

不過，還是要還《紐約時報》一個公道。書評裡的意見，向來就容易引起爭論——特別是碰上麥克魯漢這麼一位氣死人的作者時——但倒不包括事實；雖然負面意見指責的對象，在提出抗辯時，多半將之視為事實的錯誤。或許《紐約時報》書評的編輯接到凱利的信時，誤以為凱利意在糾正意見而非事實。但是，那個大問題依然沒有解決：《紐約時報》每個禮拜天既然可以花上那麼大的篇幅，刊登十幾篇相當長的書評，又怎麼可以不登出糾正書評事實錯誤的投書呢？就算無法每篇書評的錯誤都登，至少大部分吧；其實，這在別家報紙或是雜誌也一樣。因此，若要為他們的把關職責再盡把關的責任，實在需要另外再出別的報章雜誌來處理。當然，書評一點也沒錯誤是最好的了。只是，評論家寫的文章跟人類做的任何事情一樣，絕對沒辦法不犯錯，因此，我們最多只能期望「讀者投書」可以多少糾正一點錯誤。至於諸多沒糾正到的錯誤，就只有禱告他們說的其實沒錯。

因此，印刷的經濟結構和物質限制，合起來，反而使把關人的地位水漲船高。典型的廣播網在這方面甚至更糟，因為，廣播的製作成本比報章雜誌要貴，而且，還緊握在時間限制的鐵腕裡。報章雜誌可以增刊，特別是有廣告的時候；但是，廣播只有在發生了最嚴重的事件時，才會考慮將新聞時段延長超過三十或是六十分鐘。儘管如此，名主播克朗凱（Walter Cronkite）在一九六〇和七〇年代為哥倫比亞電視（CBS-TV）主播夜間新聞時，每次播報完畢，都大聲對觀眾說：「就這樣啦！」這是報紙「宜於刊登即登」的廣播版；而且，跟報紙版一樣失真。比較正確的結語應該是：「哥倫比亞廣播公司的編輯認為你們應該就這樣想啦。」

現今電視網播報新聞的心態，和當年克朗凱幾乎一模一樣；只是，有的可能少了當年克朗凱自鳴得意的調調兒（但卻是一段難忘的歷史）。然而，廣播電台和有線電視的叩應節目，加上有線電視快速擴張，已經開始撬開這一道道的關卡了。這些，比起麥克魯漢說的影印機，才算是真的可以讓「人人」的代表人，都可以在空中印書。

然後是網際網路，它一出現，真的讓每一個做得出網頁的人都變成了出版家：其所創造出來的環境，可以將紙張、裝訂、運送、公告周知等等，一概全免了，因之而準備將出版的關卡全都拆除。

照這情形看，好像是以前老被人擋在關卡外不得出版的作者，或是必須付出代價徵求一關又一關的經紀人、編輯、評論人、書店主管點頭才得出版的作者，看見網際網路畫出來的遠景，應該會雀躍不已才對。

不然，許多人，連我在內（畢竟各位現在看的還是印刷品啊），顯然還是希望把關人繼續掌理我們的關卡，就像坐牢坐久了的人，最後竟對他的獄卒敬愛有加。

世人心裡怎樣都放不下關卡之必要，這一點，或許正是重重關卡屹立那麼久所留下的遺緒，即使像網際網路這樣的媒體勢力崛起，幾乎要將關卡夷為平地了，人心裡的關卡，依舊不去。

設立關卡的心態

這「設立關卡」的邏輯，不論是由教會把關，還是國家，甚至媒體本身，是將資訊看作是食品或藥物，因此，就跟美國的〈食品藥物安全法〉（Pure Food and Drug Act），還有世上大部分國家都訂有的類似法案一樣，資訊，也需要通過檢查或驗證，才得以推出上市。依這樣的邏輯，資訊未經審查即貿然推出，會跟腐敗的食物或是假藥一樣，毒害大眾的心理。因此，美國最高法院的大法官霍姆斯（Oliver Wendell Holmes, Jr.），在一九一九年最高法案審理「山克控告美國政府」（Schenck v. United States）一案時，代表所有大法官寫下一致的決議：「即使是對言論自由作最嚴格的約束，也無法預防有人在擁擠的戲院裡謊報火警，導致人群驚慌亂竄……不論是什麼案件，其癥結都在說出來的話……是否會造成立即而且明確的危險……」（參見 Tedford, 1985, pp.70-1）。

不過，霍姆斯雖然寫下這些理直氣壯的句子，以之為政府對傳播把關時的唯一原則，但矛盾的是他本人可是終身堅決捍衛美國的〈第一修正案〉，而且，沒多久他就有機會看出來他寫的這句子出了什麼錯。一九一九年十一月——距山克一案於三月的判決不過八個月——霍姆斯就發現在「亞伯拉罕控告美國政府」（Abrams v. United States）一案裡，他自己成了少數派還有同樣好心的布蘭迪斯（Brandeis）——在這一案裡，美國的最高法案判定亞伯拉罕指控為「無聊」的傳單，內含「立即而且明確的危險」（參見 Tedford, 1985, p.75）。因此，霍姆斯原本只是要讓關卡檢查的權限稍微放開一點，但還是要加些限制，最後卻適得其反：由於〈第一修正案〉的哨兵被繳了械，門戶因之洞開，美國政府的媒體檢查權反而長驅直入。雖然，後來美國最高法案的判例，大體上還是支持新聞界有權不受政府干預出版新聞的自由（如美國的最高法院就曾一致決議，當時的美國總統尼克森，不得禁止《紐約時報》和《華盛頓郵報》刊登國防部公文，這算是最鮮明的例子）。但是，美國廣播媒體的處境，還是不佳。也因此，美國的「聯邦傳播委員會」（Federal Communications Commission），才始終可以根據一九三四年通過的〈聯邦傳播法〉，嚴格執行把關的任務，依廣播內容是否符合「大眾利益」，來核發廣播、電視的設台許可——也就是入關的門票（參見 Levinson, 1997b，文內引述了不少資料）。如第七章所述，到了一九九六年的〈聯邦正俗法案〉，美國政府還企圖進一步擴張其於網際網路上的檢查權——若是在網際網路上散播「不雅」或是「侮辱」性的資料，可以處以二年的刑期，外加鉅額罰鍰——只是，美國的最高法院把網際網路看作是報紙，而非電視台，於一九九七年裁定該法違憲。由此可見美國國會的把關心態。

至少，科學研究、學術論述及文學作品，由於看起來不像政治言論或娛樂節目那麼容易危害到大眾的福祉，因此，民主政府大體上還不至於橫加管理。就這幾類媒體而論，把關的人應該是媒體自己。因此，有地位的學術期刊，一般會將稿子送給「圈子外」的讀者（也就是和期刊沒有關係的人），請他們提供意見，看看是否值得出版，而且常是「雙盲」（double-blind）的作法，也就是寫的人和讀的人都不知道彼此是誰。出版學術書籍的出版社，大致都是這樣的作法（如路特列支出版社，就把我這本書和《柔刃之刀》的提案初稿及樣稿，送給圈外的讀者徵詢意見）。

由於，學術著作絕少不經這關的程序便得以出版，因此，這作法的效力到底如何，很難評判。不過，像「皮爾當人」（Piltdown Man）*和勃特爵士（Sir Cyril Burt）†假造資料所作的雙胞胎研究；這樣的騙局，即證明了就算在關卡前面擺了專家把關，一樣無法保障過關的真的合格；就算有最好的學者投入了最大的心力在審查，這些騙局，還是過了幾十年才揭發出來。這樣看來，不知還有多少騙局逃過了關卡前的把關人呢？

藝術——音樂、文學、繪畫、電影等等——運用的是雖然另一套原則和組成，但是，同樣躲不掉把關的危險。如一九五〇年代末，美國政府曾以調查「暗盤」（就是電台的播音員播放唱

---

* 譯注：一九一二年於英國蘇塞克斯郡（Sussex）發現的化石，轟動一時，學界認為是史前人類遺骨，但在一九五三年經科學檢驗，證實為一大騙局，原先認為這位騙子便是當年發現遺骨的那位道森（Charles Dawson），但近年英國國王學院的教授賈迪納（Brian Gardiner）發現新證據，而將騙局幕後的黑手指向英國自然歷史博物館內的一位研究員辛頓（Martin Alistair Campbell Hinton）。

† 譯注：勃特爵士（1883-1971），出身牛津的英國著名心理學家，於教育心理學的研究有重要貢獻，以建立心理測驗的因素分析最為知名，但在死後，部分有關遺傳和智力關係的研究資料，卻遭發現為偽造，以致聲名受損；然而，學界也有人不認為他偽造資料。

片，是因為收了唱片公司的賄賂，而不是因為他覺得唱片裡的音樂好）的方式，企圖導正收音機裡播放的音樂品質，以致搖滾樂史在一九六〇至六三年間陷入了呆滯期。一九六三年底，披頭四崛起，挽救搖滾樂起死回生，但卻連吃了二十幾家唱片公司的閉門羹，都不願意和他們簽約，直到後來找上了EMI唱片公司，才碰上有腦筋、有耳朵的人，願意簽下他們。電影這方面，也一樣被他們自己弄出來的那套著名的「規矩」，綁得寸步難行，依他們的「規矩」，連「要命」（hell）這樣的「髒話」，或夫妻睡在雙人床上，都不可以入鏡（英國的規矩還要更嚴，而且，英國的規矩，一樣是由民間的英國審查委員會〔British Board of Censors〕自己訂的，而非英國政府）。

看看這些把關人的檢查事例，不論是政府還是學術期刊、唱片公司、電影委員會作的檢查，麥克魯漢說的那句「人人都是出版家」，其言外之意，就惹得我們不得不想：加減乘除一番之後，我們到底得到了什麼好處呢？若是把關不嚴，以致社會大眾接收了一些垃圾和錯誤（當然不是有毒物質，這我們得承認；但為了維持說理清晰，我們還是應該同意，垃圾和錯誤是沒有一點政治、學術或是藝術上的價值），我們的傳播體系出現這些漏網之魚，難道比不上因為同樣的過濾，而把披頭四、把波普的書、把一位「籍籍無名有口難言的彌爾頓」、把一顆「璀璨的寶石光澤晶瑩剔透」壓得不見天日要好嗎？

而我要說，失去這任何一樣——我們不差一點就真的看不見那本波普的書還有披頭四嗎？——其損害，可是遠大於翰姆（Michael Heim）不敢恭維的「機會多得不可勝數」（1987, p.212）。他在網路時代伊始之際曾說，「機會多得不可勝數」可能便是網路最大的缺點。

但如今事實卻是在這數位時代，我們的選擇只有更好而非更壞；因為，現在我們可能有機會拆掉關卡，但保留評價的機制，或是將關卡大門的功能，從過濾變成評鑑。

過濾和評鑑之比

雖然基督教會、政府以及民間媒體的把關工作，其目的全在為社會大眾排除不良資訊（或說是保障我們只接收得到他們認為良好的資訊），但是，民間媒體自律式的把關，其背後的動機，和教會、政府很不一樣。教會和政府的把關標準，背後有一套觀念在推動；不管他們的觀念有多模糊，對於大眾不應接受怎樣的資訊，他們都預設了一套標準（例如淫穢）。然而，媒體之所以設立關卡，其出發點，是在技術和經濟方面的考量；因為，他們只能出版一小部分的潛在資訊；所以，事後才找個理由，為他們設下的限制自圓其說（例如，我們只刊登有新聞價值的新聞）。

若這樣的分析沒錯，那我們便可以預見，文本一從紙張裡解放出來，政府一定立即將之視為大好的機會，又可以讓他們好好發揮他們預設的觀念（為民眾擋下危險），行使他們的檢查權了。因為，畢竟這新媒體和這套觀念完全沒有牴觸，甚至還因之而更顯急迫呢。也因此，美國國會在一九九六年通過的〈傳播正俗法案〉，不論於規模或是罰則，都是一七九八年的〈煽動叛亂法〉以來倒退得最嚴重的。

不過，若是上面的分析真的沒錯，那我們也可以預見，媒體一定也會因為網路上的出版機會極度擴張，而從根本上，扭轉了他們把關的習慣作法。因為，這些機會打破了紙上印刷（以及空中廣播）的技術和經濟瓶頸，而整個推翻了媒體把關的理論基礎。

亞馬遜網路書店成功打下江山（到了一九九八年，已經晉升為全球第三大書店），便是這效應的第一個明證。傳統書店由於有實體店面面積的限制，因此，不可能將所有的出版品全部放上店內的架上。亞馬遜網路書店則不同，任何線下出版社出的書，幾乎全可以蒐羅進他們的目錄裡販售。不錯，消費者是可以走進任何一家實體書店，向他們訂購任何一本書，但這樣通常需要幾個禮拜的時間才收得到書；而且，市面上所有印行的書，只有部分可以陳列在書店的架上，也就等於是把關篩檢的結果了；因為，這樣擺明了架上的書是書店青睞的書。反之，亞馬遜網路書店裡的每一本書，其虛擬展示以及訂購的機會就比較平等了（未必是完全平等，因為，還是有些書占了比較好的位置，運送的速度也比較快，但比起在實體書店裡有些書可以上架，有的不能上架，還是公平得多了）。

亞馬遜網路書店處理書評的手法，也具體展現了沒有大門的新式關卡是怎麼把關的。他們書店裡的編輯，是會挑出一些書來作特別推薦和評論，而且，除了列出書目之外，也會挑些《紐約時報》之類大媒體的書評，登在線上供消費者參考。然而，除此之外，他們在線上，一樣收錄普通讀者的意見和評論，甚至作者本人的評論也會登出。因此，雖然在亞馬遜網路書店看見《寇克斯評論》（Kirkus）評我寫的《柔刃之刀》，把事實搞錯了，弄得我很不高興，但我也有機會提出我自己寫的該書摘要，這樣應該就會比較正確了吧。因此，網路書店雖然還是在做指導和評鑑的事，但是，他們不會把門一關，而將反面意見關在門外。可是，邦恩諾博網路書店（BarnesandNoble.com，就是美國的大連鎖書店邦恩諾博〔Barnes and Noble〕架設的網路書店）就不一樣，他們雖然上線，但卻沒辦法完全擺脫他們在線下時的重重關卡，還洋洋得意，宣稱他們只在書目裡刊登「專家」的評論。而且，如上所述，純屬線下的評論園地，例如《紐約時報》的星期日書評，幾乎不容反面意見露臉（他們只有條件十分嚴苛的一小塊「投書」版，供人發表反面意見）。

的確，亞馬遜網路書店因為掙脫了紙張的束縛，而變成不設防的把關人，這種自由，應該同樣會在整體的出版流程上造成相等的效應。雜誌、期刊、書籍，不論在線上或是線下，都應該要繼續出版，而且，也一定會繼續出版下去，以之反映出版者的品味和編輯的才華；這相當於亞馬遜網路書店裡的「編輯推薦」。但是，任何人只要學會製作網頁，就可以自己出版自己寫的小說、論文、書，這就表示，就算有文字作品蓋上了出版者認可的戳記，也無法把其他沒蓋戳記的作品，擋在公眾接觸的領域之外。出版的關卡，不論在全球資訊網上還是在社會裡，其過濾的功能因之而整個消失，而讓關卡變成了沒有罰則的背書。

當然，一本書，若是有印得很漂亮的精裝封面，放在傳統書店的販售通路裡，當然會比只在線上出版的同一本書，要略占一點優勢（請注意，《紐約時報》的書評以精裝書為主，平裝書是不夠格的，當然，這又是因為版面限制這個避免不了的問題）。然而，隨著愈來愈多各式各類的文字作品，以線上發表為主，任何人只要在家裡的個人電腦上，就可以做出格式之漂亮不下於專業出版人所做的線上文本，專業出版的審美優勢，或許就此不再。

線上背書還另有一個大優點：線上出版，可以很「聰明」。也就是說，懂得「先下手為強」，或是自動媒合潛在的讀者。

從把關到媒合

麥克魯漢所說之「人人都是出版家」，於數位時代的未來會有怎樣的發展，似乎也可從亞馬遜網路書店再找到些啟示。亞馬遜列出來的書目，除了顧客要買的書之外，通常還會加進一些同類的書；顧客可以在這些選項裡「點」一下，亞馬遜在將來若有特定作者或是題材的書出版時，就可以據以通知顧客。諸如此類「推」（push）的技術：就是設定程式，自動將篩選過的商品送達顧客那邊；和以前「拉」（pull）的技術：就是使用者每次要挑選些什麼，都得再上網查上一次，大不相同，顯示線上書店已經將關卡整個扭轉成了快遞。不只是線上的「關卡」不再時時防著潛在讀者，不讓他們接觸到文字作品，這些關卡，都還變成了翩翩起舞的蝴蝶，四處告訴讀者有什麼書可以讀，免得有些書真的會「綻放嬌靨無人問候」。

這類「媒合」（matchmdng）（這是《類比：科幻與事實》〔*Anolog: Science Fiction and Fact*〕雜誌的主編施密特〔Stanley Schmidt〕，為這新式的編輯功能所取的名稱，取得相當貼切；參見Levinson & Schmidt，即將出版；還有Schmidt, 1989），於許多方面都還可以有進一步的發展。例如，「亞歷山卓數位數位文學」（Alexandria Digital Literature）這個網站，就請上網的顧客參與小說口味的調查活動，曲線圖一旦畫了出來，他們就可以根據讀者的口味，帶領讀者在線上的藏書室裡，找到他們可能會有興趣的小說。當然，讀者愛選什麼小說都可以。甚至，藏書室裡的推薦名單，讀者儘可以棄若敝屣。因此，他們的關卡，其實一點限制也沒有。

而這類媒合的機制，當然也絕對不必侷限在晶片上。雖然亞歷山卓數位文學是靠人工智慧在運作：一種極其精密的電腦程式（各位可以到他們的網站去瞧瞧：http://www.alexlit.com）。但是我們老式的人類智慧，一樣也做得來這些事，像編輯；就可以親自挑書推薦給讀者。其實，印刷出版這一行裡的編輯，做的始終都是這碼子事，如施密特就曾對他的讀者說（1989, p.5）：「你們一定沒幾個人願意像我一樣，每個月得讀上五百本左右的科幻小說，就為了找有哪六本是各位可能會喜歡的……你們等於是雇我來為你們找故事看的。」然而，施密特還有其他同樣在網路環境裡作同樣服務的編輯，最大的不同之處，在於這網路環境讓任何人都可以將電腦連上電話線再連上網路，只花些許上網的費用，就可以出版自己寫的作品；施密特他們，雖然一樣在網路上作篩選，或是也會偏愛某一小批作品，而把其他一大堆作品擱在一旁，不推薦給特定的讀者；但是，這些擱在一旁的作品，並不會因此像沒出版一樣，變得根本就不存在。因而，傳統編輯權限裡的惡性淘汰就被排除在外了，以至於這些線上編輯的把關動作，其實只是推薦而已，而沒有一點守在門邊的惡龍模樣。

儘管如此，在我們這樣的社會裡，出版經濟最早源出於紙張，至今仍然依賴紙張，加上紙張又不是沒有限量，因此，轉進到資訊龐雜的數位環境裡去，實非易事。在網路的世界裡，若真的「人人都是出版家」，那誰來付錢給編輯作媒合的工作？在傳統的紙張世界裡，出版家付錢給編輯買他們的人力。現在，這「人人」——就是作者和讀者——是否也會付錢給線上的編輯呢？其實，施密特便曾指出（1989），人人之可以成為出版家，其所憑藉的技術，也讓人人都可以成為線上編輯。而且，全球資訊網現在不到處都是網頁，列出網主自己喜歡或是要向世人推薦的書目、小說、餐廳等數之不盡的東西嗎？

談到網路經濟，就走到了麥克魯漢理論裡溢出出版本身的其他面向了。我們已經談過一些這類情況，像麥克魯漢說的「地球村」（第六章），以及「無處不是中心以致無所謂中心」（第七章），就已經在數位時代逐漸變成事實了，像電視影集《銀河飛龍》裡的血肉之軀，漸漸從「光束」裡脫身而出。所以，在下一章裡，我們就要談談，人力在新的千禧年裡會有怎樣的另一面向，特別是和寫作、編輯、出版有關；因為，現在這些活動，好像魚兒重回了網路之水一般生機活潑。我們要看看麥克魯漢早在個人電腦興起，融合了這麼多活動在同一螢幕之前一、二十年，就已經注意到電子會將工作變得……跟娛樂一樣了。

第十一章 網上衝浪奴

Surf-boarding electronic waves

電波衝浪

梅洛維茲在他寫的《不分場合》（1985）一書裡，曾經指出麥克魯漢的媒體論有一大中心想法：印刷術最早在我們社會裡所產生的分類效應，或至少所支撐的分類效應，現在已經因電子媒體崛起而告沒落。麥克魯漢所說之「電子媒體導致中心遭到爆破」（參見本書第七章），便是從這觀點得來的看法。梅洛維茲本人也探討過「電子侵蝕」的效應（其中，電視是最大的侵蝕劑）——也就是「公、私」、「長、幼」等社會的基本分際，遭電子媒體侵蝕的情形。這電子溶劑裡的活性成分，便是「取得」：即使是還不認識字的小孩，也可以跟父母一起看電視新聞，而電視上播的新聞，很可能比電視崛起之前在報上登的新聞，都要更為偏重個人生活的隱私，特別是和美國總統有關的事*。

麥克魯漢之前便抓到了電子媒體泯沒邊際的另一面向，而說哲學家「海德格（Martin Heidegger, 1889-1976）在電子浪潮裡衝浪」（1962, p.295）。麥克魯漢這種說法，是在拿海德格哲學裡的科技「備用庫」（standing resewe）[†]，和衝浪者所站的浪頭作比較：衝浪者既然站在浪頭之上，由浪頭帶動前進，這浪頭便等於是衝浪者的活動地點；由此，進而將這些全都連到電子媒體「一無所住」（non-locality）的特性裡去。麥克魯漢將這一高踞浪頭的動作，和「物理學家」搭上關係（例如 M. McLuhan & E. McLuhan, 1988, p.63），如德國物理學家海森堡（Werner Heisenberg）[‡]的「測不準定理」（uncenainty principle）說的「一無所定」（restless placelessness）——次原子粒子的位置和動量無法同時準確獲知，以及他們對駐波的研究等等。

但是，在我們的新千禧年裡，從他這「浪頭」的說法裡脫穎而出的，卻是「衝浪」一詞成了世人在全球資訊網上瀏覽的譬喻了。

即使只是偶爾衝衝浪的人，也知道在大海裡衝浪絕非易事，即使只是在浪頭上站一下下沒被浪頭打倒也一樣：專注力、練習、天分、經驗，缺一不可。這樣的狀況，跟騎摩托車差不多，甚至有點兒像敞開敞篷車的頂篷飛車。麥克魯漢曾經指出：「愛倫坡的短篇小說《墜入深淵》（*The Descent into the Maelstrom*）裡的水手，全靠他們對深海漩渦的了解，才避得開險境」（McLuhan & Fiore, 1967, n.p.）。衝浪和這類活動一樣，除了危險，也有無窮的樂趣。的確，樂趣——麥克魯漢覺得愛倫坡筆下的水手「理智不為所動，因而備覺有趣」——或許正是成功橫渡這類險海的不二法門。

而「工作即娛樂、娛樂即工作」的雙重特性——不論是粒子的特性，還是驚濤駭浪——一樣可以用在網路衝浪。把生意搬到網路上去作，說起來有點像是反喻（oxymoron，矛盾修辭法），因為，在網路上漫遊，本身便是樂趣。只是，若是衝過浪頭太遠，不是被浪頭打翻，就

---

* 譯注：此處在影射柯林頓的緋聞。

† 譯注：指貯存備用的資源，海德格的用語是bestand。

‡ 譯注：海森堡（1901-1976），創立量子力學，提出測不準原理及矩陣理論，一九三二年獲諾貝爾物理獎。

是生意會垮。《連線》雜誌在線上的分身《熱線網》（*Hot Wired*），便是因為賠得太慘，就算《連線》大賺，也不得不在一九九八年將雜誌經營權賣給「康泰納仕」（Conde Nast）集團，而雜誌的創辦人兼領航人羅薩托（Louis Rossato），也因此被掃地出門（參見 Wolfe, 1998）。

在這一章裡，我們就要看看網路衝浪到底是怎麼回事，看看網路衝浪在新的千禧年裡，會怎樣繼續將工作和娛樂結合在一起。我們要看看這一結合起來，對二者各造成了怎樣的質變，以致線上環境在世人的公、私兩領域裡，開啟了怎樣的新契機，帶來了怎樣的新樂趣；進而再談一談工作涉入私人生活，家庭因為家裡二十四小時永遠存在的個人電腦，又出現了哪些始料未及的問題。

首先，我們照例先談談麥克魯漢早在個人電腦出現前，便已經注意到的這一轉變。

赤裸裸攤在電話裡

在大哥大出現之前的時代，麥克魯漢便已經注意到：「北美洲的人，出門求的是清靜……北美的車子，不論設計或是使用，講究的都是隱私」（1976, p.48, 15）。箇中癥結，當然就在電子媒體早就把人從家裡的清靜隱密裡掃地出門了——尤其是電話。如今，各式各樣的電話連番轟炸到家裡來，不是推銷保險，就是推銷新的用話專案，再要不就是雜七雜八的生意經；不分日夜，連周末都不得倖免；這些，正是麥克魯漢說法最適切的寫照。而且，還不包括現在人家裡幾乎無處不見的電視、電腦螢幕上映現的公眾人物的臉呢。所以，汽車就算裝了電話，就資訊而言，還是我們最隱密的去處。因為，只有我們願意給汽車電話號碼的人，才有辦法打到車裡要我們回話。

待進入二十一世紀，大概沒多少人還會記得，電話出現前的時代，一般人家是什麼狀況了。雖然電報是以光速傳送訊息，但是，電報和我們之間，還是有無法跨越的距離；因為，電報再怎樣，也需要有人在我們的門上敲上幾記，才送得到我們手中，也需要有人到電信局去發電報，才送得出去。書報雜誌是會送到我們家裡來，但是，收的人事先已經知道他們收下的是什麼；而且，一拿進私人的避風港裡，這些書報雜誌也不可能鈴聲大作，要我們回應。

電話雖然最早叫作「通話電報」，但是，電話鈴一響我們就忍不住不回應，不僅是因為電話甜美的鈴聲很吸引人，也因為電話鈴聲裡帶有承諾，告訴我們電話線的那頭一定有個人在。此外，鈴響之時，那人是誰我們並不知道——在電話發明後的頭一百多年裡，也就是「來話顯示」功能還沒問世之前，是如此——而使得電話鈴響的誘惑力變得更大。那來話的人，說不定是要和我們敲定一筆大生意呢，或是要向我們傾訴永世不渝的愛，要不更常是要我們大發慈悲捐些錢，或是丈母娘請吃飯之類的事。收音機和電視，當然也會把外界的重要組成弄進私人的住家裡來——特別是組織比較好的公眾事務，如政治，以及正式的音響和影音類商業廣告——但這兩樣媒體和電話不同，只要關掉它們，它們就悄無聲息。所以，打開收音機或是電視，等於是決定把報紙或是書籍弄進家裡來；只是，電子媒體的觀眾對其內容的掌握，就比書籍讀者要少得多了。

就算收音機和電視會自己整天開個不停，但是，電話鈴一響，挑逗起我們的希望、挑逗起我們和外在世界有實際互動的特性，依然讓電話的鈴聲發出無人能擋的召喚（在這方面，麥克魯漢的說法，可能就太注重電視剝奪掉了我們居家生活的隱私；要不然也可以說是，他不夠注重電話同樣也剝奪掉了我們居家生活的隱私）。此外，電話還另有別的特性，在許多方面都比電話的鈴聲都要迷人，而會把住家變成了辦公的地方：我們就算人在家裡，靠著便捷的電話，一樣可以和別人談生意。

當然，早在電話發明之前，就有許多人會把營生的活計帶回家做。不錯，我們的農民幾千年來便一直是在家裡幹活兒的；直到現在都還是如此。但是，他們忙的活兒，都是些都跟人無關的「東西」——像是報紙、賬簿、莊稼、牲口之類。從這角度來看，那類「家庭作業」，是真的很像學校老師給的家庭作業，是在預備階段，而非完成階段。農人要把他的活兒完成，就得把牲口拖到市場賣掉才成，就跟學生（在網路教學興起之前）得到學校考試得出成績才算數一樣。農場裡或許會有一群群人在忙，但是，他們忙的活兒，依然要在農場外面收尾——或用現在流行的說法，在線下完成。

在家裡靠電話就可以處理公事，之所以是革命性的，是因為電話線的那頭是個活生生的人，而不是「東西」；因此，所要處理的事情，可以完全在電話上搞定。我們可以在電話裡叫賣商品，敲定交易（郵寄支票付款，或是稍後刷信用卡），一筆生意從頭到尾都可以在電話裡完成。

因此，工業革命的馬達開到高檔時，潮湧而來的力量便把農民拉進了工廠，把其他人拉進了辦公大樓當祕書或總經理，以及介於祕書、總經理二者間族繁不及備載的各種職位。但不論是什麼職位，全都不能待在家裡。然而，現在這電話——在打出去的這頭悄然無聲，在接進來的那頭震天價響——倒真把「家庭即辦公室」變成了普遍的現象。

到了二十世紀的最後二十五年，傳真機和加裝數據機的個人電腦——二者用的線路都是電信線路，這絕不能說是巧合——又將家裡純粹靠聲音作業的辦公室，變成了貨真價實的辦公室，紙箱、文件、照片、動態影像，一應俱全。

家庭辦公室：通家之好

我們先前已經談過「連線教育網」這家公司——就是我和我太太在一九八五年設立的教育機構，和幾家大學合作，在網路上開設研究所課程——以及這樣一家機構，於數位時代中心逐漸泯滅的世界裡，有何意義（第七章）。由於這家機構的所有作業，幾乎全在我們書房裡的個人電腦上進行，最早是一具老 Kaypro CP／M，後來是DOS個人電腦，一連上我們的電話線，就萬事OK！唯一需要走出我們這家庭辦公室才能做的事，便是偶爾要到系主任或是院長那裡報到一下——所以，我們這「教育網」（Connect Ed；這是我們的註冊簡稱），也可以看作是我們在數位時代早期，就「家庭辦公室」作了一次示範研究。我們創校的過程如下……

我們在一九八五年開的第一學期課程，總共收了十二名學生。其中一位一整學期的課都是在新加坡的家裡上的，另一位是在東京的辦公室裡上的；還有幾位，則是在美國紐約市之外的地方上的（我們這「教育網」，和當時合作的新社會研究學院，都設在紐約市）。一開張便有如此佳績，教我們軍心大振，知道線上教學於財務方面應該支撐得下去；到了一九八六年春，我們的學生人數已經超過五十人。不久，我便辭掉了我在紐澤西州丁內克市狄金遜大學的助理教授終身職（那所大學，從紐約跨過哈得孫河不過十分鐘車程），雖然，家裡人口逐漸膨脹，但我還是毅然決然將全家的生計押在「連線教育網」上賭一賭。

話說不過三年之前，我還在一所大學裡安享終身職，定時出門上課，薪資相當不錯。至於我太太蒂娜，則是「史密斯－史特諾」（Smith-Sternau）這家保險管理公司的促銷經理，辦公室在曼哈頓中心。一九八二年秋，我們兩人用的最精密電信科技，就只是電話而已；至於我們用來作「文字處理」的機器，倒是一部ＩＢＭ——只是這部ＩＢＭ，是ＩＢＭ Selectric 2 打字機。那時，我們還沒有孩子。可是，誰也沒想過這些即將成為過眼雲煙。

我們的兒子賽蒙於一九八三年出世，蒂娜雖然請了很長的產假，但一心一意要回去工作。只是，誰也沒料到數位革命很快便在我們面前擺出了新的工作機會，而且不會和她希望多花點時間照顧兒子的心願有一點衝突。一九八四年六月，坐在我的第一具電腦面前，我連上了「電子資訊交換系統」（Electronic Information Exchange System; EIES）*，為即將於九月在西方行為科學研究院開的一門課作準備（參見第九章，有詳細說明）。光是上網一晚——七月時就足以讓我明瞭網路傳播於學術研究有多重要；我在網路上找到韋納（Langdon Winner；《自動科技》〔*Autonomous Technology*; 1977〕一書的作者），發了封電子郵件給他。不出一個小時，我就接到了回音（他當時人在加州，而我在紐約市）。在網路上授課，也僅只要一天——九月時——就讓我明瞭網路教學的價值有多大。所以，那年年尾，我交了份企畫案：「新網路學院」（The New School Online; 1984），給新社會研究學院，希望開設網路課程。一九八五年一月，新學院接受了我的企畫案，「連線教育網」就此（在線上）起步。

「連線教育網」一九八六年的春季班、夏季班、秋季班，開得一帆風順。到了一九八六年十一月，我們的小家庭，又多了一位小寶寶，莫莉。我們這佛齊克-李文森之家，同時也是「連線教育網」的作業中心，算是相當理想的家庭辦公室：在家裡工作，我們的三歲兒子和新生女兒，都可以得到相當周全的照顧。而線上作業不同步的性質——我們愛在什麼時候上線、下線都可以——也表示我們「連線教育網」的教務雖然常被兩個幼兒打斷，但是線路另一頭卻沒人知道。蒂娜可以隨時上網，接下去寫她被打斷的電子郵件；我也一樣，隨時可以中斷正在教的課，隨時可以再接下去教。

＊紐澤西州技術學院（New Jersey Institute of Technology）的中央電腦所使用的操作系統。

此外，由於我們最早用的那具Kaypros，是「攜帶式」的（重量不到二十五磅——這樣的重量對習慣抱孩子的人，絕對不成問題），因此，我們每年夏天都可以把辦公室搬到鱈角灣租來的度假小屋去。不知有多少個七月的傍晚，我剛游完泳，全身濕答答的，就穿著浴袍坐在電腦前，趕忙將黃昏時在海裡游泳突然得來的靈感，打到網路上的教材裡去。雖然海灣裡的浪頭不夠強，沒辦法讓我衝浪，但那陣子，我其實像個苦力一樣，用另一種方法在大海裡衝浪。我敢說，麥克魯漢若是有知，一定會很高興。（馬歇爾和艾瑞克一九七八年曾到我家來吃飯——蒂娜後來把那道燉鍋取名為「麥克魯漢燉鍋」——我和蒂娜也曾到寇琳和馬歇爾在山榆公園的家裡吃了幾次飯，過得很愉快。我們始終覺得麥克魯漢走得太早，沒能見見我們的孩子，真是莫大的遺憾。）

因此，從我們的例子裡可以看出，數位的家庭辦公室，已徹底打破了工作和娛樂的界線。在事業和家庭完全融合一氣的環境裡，我們——既是父母，又是企業主——輕易便可以在父母和企業主兩種身分裡，換來換去，而且，說換就可以換；我們因而也發現，我們對自己生活的控制權變大了。以前必須聽命於預定的工作時程——這樣的工作時程還會把我們從家裡、從心愛的人身邊拉開——如今一旦掙脫了以後，我們這數位家庭辦公室簡直是自由的樂土。

麥克魯漢一定會樂見我們成立了家庭辦公室，因為，他曾寫過：「期刊的出版作業由於具有千篇一律的特性，因此帶有奴性」（麥克魯漢為史騰書寫的序，1967, p.270）。他從來就不喜歡時程表的鐵腕控制，誰的時程表都一樣，因此還說：「大部分的讀者都不喜歡大部分期刊一成不變的樣子。」

只是，奴隸在網路上得到解放，難道沒有條件嗎？

家庭辦公室：「通家」之好？——反證

說到要改變任何一種社會結構是否可行時，一定不能只考慮該社會結構的不利條件。所以，這因家庭辦公室而泯沒的工作、娛樂的分野，是不是還有其他的好處呢？

任何預定的工作時程——或說是非我們輕易即可控制的限制——最大的好處，便是讓我們輕鬆便可摘取這條分界線的果實，而不必次次都得重新再畫一次。出門去上朝九晚五的班時，我們心裡知道——而且，根本不需要多想、多費神——我們到辦公室去，是要去做事的。在辦公室裡，當然還是可以打私人電話，但是，在辦公室裡，唯有最不尋常的消息，才有辦法把我們整個從工作上拉開。同理，雖然在家裡打電話談公事會打擾居家生活，占掉私人的時間，但是，我們還是很清楚，出門到辦公室去上班，回家後，就可以把全副精神都用在家庭和私人的事上。

這中間的癥結，在於這條外力強加的分界線——離家到辦公室去上班——能讓我們在家裡安享掌握資訊的安全感；反過來也一樣。家庭辦公室雖然一樣有這安全感，但是，這全要靠我們自己每一時、每一刻所下的決定來定。而且，人生就這麼回事，這每一時、每一刻的決定，常常很難做到。

像賽蒙和莫莉漸漸長大以後，我就常常得從我的書房裡大叫，「你們能不能小聲一點？我在做事耶！」你上網時，把六個月大的孩子揹在肩上或是把兩歲的孩子抱在懷裡，都比開車送他們去參加別人的生日派對要簡單得多了。

家庭和工作攪和成一團的結果，就是二者的品質可能都會變差——家庭生活會遭工作侵蝕，工作會遭家庭生活打斷。

那麼，到底又是什麼條件，可以讓我們說家庭辦公室的好處大過壞處？

這答案可能就要看家庭和工作的性質了。比較小的孩子，依家庭辦公室的角度來看，在兩方面都有滿好的交集。因為，孩子比較小時，需要父母投入最大的心力，但又最容易放進家庭辦公室的工作時程裡面。由於我從事的是寫作的工作，因此，我一定要隨時隨地都可以用到電腦——至少在我身上是如此——因為，我抓不準什麼時候會冒出靈感來，或是原本預計只要寫個一個小時就好，卻突然文思泉湧，一口氣振筆疾書寫出八千字來。幹的既然是這樣的「活兒」（加括號，是因為寫東西寫得順時，真是快樂無比），若是有什麼事要把我從家裡帶開，把我從電腦面前拉開，絕對要命。因此，我們或許可以說，有幼兒的作家是在家工作最理想的人選。

當然，說到麥克魯漢預測的「中央無所不在」（參見第七章），我們就想到了這個人電腦不僅裝在住家，也裝在辦公室，提供同樣的機會，供世人靈活調配工作。像我現在佛德翰大學授課——每個禮拜得離家幾天——但是，由於我辦公室裡裝了個人電腦，因此，我寫作的節奏一拍也不會漏掉。這樣子來看，個人電腦比以前的電子媒體，如電視，其整合類別、塗掉分界線的能力就要更勝一籌：因為，電腦不論放在哪裡——住家或是辦公室——那地方都會變成適宜做事的地方。換言之，個人電腦會主宰我們工作的事項，或說是個人電腦可以決定一處地方可以做些什麼事。不僅在文字處理上是如此，連到網際網路顯然也一樣。像我們「連線教育網」的學生，便常趁辦公的午休時間上課。

但是，個人電腦挾其工作的特長，若真的塗掉了辦公室和住家之間、辦公室和教室之間、辦公室和書房之間、辦公室和辦公室之間的分界線，那我們也可以說，個人電腦憑其先天的特性，也在電腦工作裡注入了一些遊戲的成分。如麥金塔電腦十多年來始終熱賣，便是電腦這特異功能的明證；視窗軟體亦然。這幾乎像是個人電腦裡面不知有些什麼東西，會觸動我們的遊戲神經。

所以，在這一節裡，我們就要談一談，這一特性雖然以在電腦上表現得最為具體，但是，這特性其實也是所有媒體剛問世時同都具備的一點。

玩具、鏡子、藝術

說到工作和遊戲混合一氣，我的第一篇學術論文〈玩具、鏡子、藝術：科技文化之變形〉（Levinson, 1977b），就是我在一九七六年度蜜月時，用一具手提式可樂娜（Smith-Corona）打字機在旅館房間裡寫完初稿的；這是我在紐約大學媒體生態博士學位資格考的一部分（三年後，我拿到了博士學位）。而這篇論文，也是我寫的論文裡最紅的一篇，後來重刊了四次（請參見Levinson, 1977b，所附書目）。我的其他作品，也只有我寫的科幻小說——其實也只有一篇——重刷的次數差堪比擬（參見Levinson, 1995a，所附書目）。

這篇〈玩具、鏡子、藝術〉和麥克魯漢的作品全集一樣，寫時幾乎不知道有個人電腦革命這回事。但是，這論文內還是提到了一段《紐約郵報》（*New York Post*; Keepnews, 1976）上的話，「據報導，家用電腦的銷售量，增加之勢如『野火燎原』；而且，大部分是賣給專愛在電腦上玩各種視覺或是鬥智遊戲的『科技迷』」（Levinson, 1977b, p.165）。

的確，〈玩具、鏡子、藝術〉這篇論文有一個論點，便是新的媒體在打進社會時，一般是以玩具的姿態堂皇登場的——都是新鮮的好玩東西，一般人只覺得有趣，想拿來玩一玩，倒不注重這東西可以做些什麼。如當年「西聯電報公司」（Westem Union Telegraph Company）的總裁，奧頓（William Orton），在一八八一年便建議他那倒楣的朋友，狄普（Chauncey Depew），不要花一萬美金去買「貝爾電話公司」（Bell Telephone Company）的六分之一股權，因為，奧頓認為「那新發明只是小孩子的玩具」，根本「沒有商業潛力」（Hogarth, 1926）；布魯克斯（John Brooks）也說（1976, p.92），當年英國人因為認定電話只是「科學玩具」，以致拖延了至少十年才開始使用。奧頓等人有所不知的是，這電話看起來「好玩」，正是世人可以普遍接納電話、使用電話的潤滑劑——我們一般都是邊玩邊學的——電話就是因為這樣才大發利市。到了十九世紀末時，美國人的電話通話量，已經超過電報，而且，比例是五十比一強（Gibson, n.d. p.73）。

別的媒體，一樣會碰上這種看熱鬧似的歡迎陣仗。愛迪生發明留聲機時，雖然原本希望能有更正經的用處，但在推出時打的全是「新奇」的噱頭。而史上最早的電影在推出時，世人愛看的也不是劇情（其實那時的電影，根本沒有劇情），世人愛的是放映機或銀幕上打出來的人會動的那份新鮮、刺激，因此，那時的轟動大片是《奧特打噴嚏》（*Fred Ott's Sneeze*）（愛迪生拍的）和《寶寶的第一餐》（*Baby's First Meal*）（盧米埃兄弟拍的）。的確，回溯一千年前中國人發明印刷術時，最主要的用途也是印佛像、年畫，從來沒像印刷術傳到了歐洲後將之用於大眾傳播。

中國的例子，在這裡特別能告訴我們一些事情；因為，從這例子可以看出：「新鮮玩意兒」要從好玩變成有用——就是從對玩具浮面的玩耍，推進到注意這玩意兒可以做些什麼，從看這玩意兒覺得有趣、新奇，到開始研究它裡面到底有些什麼；跟小孩子看鏡子一樣——絕非必然，也不是每樣媒體的速度都一樣。麥克魯漢認為，中國人之所以沒能將他們發明的印刷術用在大眾傳播上面（1962, p.185），必須歸因於中國的表意文字有五千至二萬的常用字，無法用來排版。麥克尼爾（William McNeill）則認為，中國人「輕商」的觀念，壓下了具有「自動催化力」的經濟／科技力量出現；但在歐洲，這樣的力量則在十二世紀崛起，且於後世愈演愈盛。兩人的說法都可能對，而且說不定還有別的障礙也插了一腳。但是，比較重要的是，不管原因為何，在歐洲，這樣新發明問世後不過幾十年，便將歐洲帶進了現代世界；但在該樣發明的老家，中國，卻是幾百年都看不出有什麼效應。

倒不是每一種科技的發明，只玩不工作，就一定有害或不好。中國人還發明了火藥和火箭，一開始只用在節慶裡，跟美國人國慶日必放煙火一樣。雖然，我覺得到外太空去探險、殖民，於人類十分重要，也知道目前我們只能靠火箭來達成這目標。但是，這中國人發明的玩具，若是從來沒進步成槍砲、飛彈，如影隨形威脅我們的生命，我倒覺得沒什麼不好。

無論如何，用於資訊傳播的科技進展，出現半途而廢、甚至偏差的情形，於人類的歷史向來只會有害而無利。奧頓的短視，不僅害他朋友損失慘重，也把他自己家大業大的電報公司推向了萬劫不復的深淵，最後，反而被貝爾電話公司買去吃乾抹淨。電信媒體的第二砲，收音機，也重蹈了電報的覆轍。雖然，義大利物理學家馬可尼（Gueglielmo Marconi）＊希望他發明的無線電，可以用於海上船隻的通訊，拯危救溺；但是，鐵達尼號上的無線電收發員，卻因為忙著替船上旅客發送度假問候短箋，而把加州號（Californian）發給鐵達尼號的電信擱在一旁不管；加州號發那封信，是要警告鐵達尼號海面暗藏冰山，危機四伏。鐵達尼號沉船後三年，薩諾夫——說巧不巧，鐵達尼沉船之時，他正在紐約市當無線電收發員——提議美國每戶人家，家裡都應該裝上收音機，好收聽音樂節目（想起來這薩諾夫，搞不好就是因為親眼見證無線電拯危救溺的實用功能有一半破了功——接到鐵達尼號求救訊號的喀爾巴阡號〔Carpathian〕，當然還是奮力救起了近三分之一的乘客——而需要肯定這新工具另有安逸的一面，才要把它改當作娛樂媒體使用）。這樣就開啟了一九二〇和三〇年代的收音機熱（其實到現在還在熱）。但是，世人沉浸在這股熱潮裡，怎樣也沒料到後來希特勒和戈培（Joseph Paul Goebbels）†，也會巧妙利用這媒體，拿來作非常嚴肅的宣傳工具——幸好邱吉爾和羅斯福有樣學樣，也用他們的廣播天分來反制（史達林也是在收音機上號召俄國人民抵抗納粹入侵）。

電腦身兼玩具暨工具的問題，不在電腦是否既是玩具又是工具——這已是毋庸置疑的事了，電腦玩具、工具兼具的特質，於我們生命的這兩方面都有助益——但是，這兩種特性的組合，怎樣才算是最好的呢？什麼時候才做得到呢？如今，大眾對電腦的認識，顯然是以文字處理以及網路漫遊大過遊戲。特別是文字處理，已經成為電腦現行的主要工作，且以內容——輸入的文字——為其最重要的部分（還是跟鏡子裡的臉差不多）。但是，視窗裡還是塞了不少遊戲軟體。因為許多人上網，也還是以找樂子為第一優先。

電腦玩具的特性始終不減的狀況，兒童既是動因，也是受益人。雖然，社會整體對媒體的的看法會逐漸成熟，因而把好玩的鏡子變成實用的鏡子。但是，每一新生代剛接觸到媒體時，還是

---

*譯注：馬可尼（1874-1937），發明無線電，獲頒諾貝爾物理獎。

†譯注：戈培（Joseph Paul Goebbels, 1897-1945），一九三三年希特勒上台後任德國之宣傳部長暨國民教育部長，鼓吹侵略戰爭和種族主義。

會把媒體當玩具看。因此，不論是電話、答錄機、還是電腦，總會有一陣子被兒童拿去當玩具玩──媒體在兒童的第一瞥裡，永遠會返老還童。但是，由於在同一具電腦裡，遊戲和工作兩種性能並行，就算兒童把電腦當玩具看，一樣學得到怎樣在電腦上做文字處理，或是上網為學校作業找資料。電腦和汽車不同；兒童在汽車上，怎樣也只能當個被動的乘客，不得參與汽車的駕駛。但是，電腦可以讓兒童參與「成人級」的資訊世界。然而，許多成人都將兒童取得成人世界的資訊，和色情劃上等號，包括許多政府官員在內，因而苦思防制之道（也因此，才會有一九九六年違憲的〈傳播正俗法〉）。我的看法則正好相反。我認為成人對網路色情泛濫的恐懼，完全是無的放矢（參見 Levinson, 1997b），兒童網路取得其他領域的知識，實乃史上自印刷革命以來，對教育最大的貢獻。

這並不是說，我不同意應該預先防治，應該對網路上以兒童為目標的罪行或其他不法情事，科以重刑。事實上，我甚至提議過要將〈梅根法〉（Megan's Law）──就是將有猥褻兒童前科的人的照片張貼在公共場合，警告大眾提防──延伸到網路上，供全球的父母輕鬆取得資料。但是，在網路上追緝犯人、在網路上巡邏預防犯罪，和規範網路色情，是兩碼子事。

講到網路色情，就將電腦及其玩具性能的另一面，鏡子──還有藝術──帶到了台前。從某一方面看，電腦是玩具（找樂子用）加鏡子（實用）的混合體。的確，只要電腦的遊戲、文字處理、網路瀏覽等功能各有軟體分司其職，我們就可以將這些功能看作是個別的媒體──這就又成了麥克魯漢所說的媒體裡有媒體的例子了（參見第三章）——各有其玩具／鏡子的「化合價」（valence）。但另一方面，只要電腦的程式繼續演進出新的功能，新程式一推出來時，一般人絕對還會將它拿來當玩具玩。也就是因此，比較新的用法像網路瀏覽，在今天就比文字處理要好玩；因為，文字處理問世的時間比較久（而且，網路瀏覽的功能裡，一樣是以比較新的爪哇語言〔Java〕要比較好玩）。

然而，大眾對新媒體的用法和看法，也會朝另一方面發展——或說是日趨成熟。色情這東西，若真是好好想想，就是發現，它其實既不是好玩的玩具，也不是日常實用的工具。色情根本是另一樣東西——某種「後玩具」（post-toy）、「後工具」（post-work）的東西——某種依其結構而言，我要稱之為「藝術」的東西，雖然這是個很可爭論的例子。

從玩具進化到鏡子再進化到藝術的歷程，在電影的歷史裡看得最清楚。電影一開始，如上所述，拍的是《奧特打噴嚏》和《寶寶的第一餐》這樣的片子。在這樣的片子裡，內容一點也不重要，觀眾注意的全是有一種新媒體會放映出活動的影像，而覺得驚奇不已。但不久，拍出《寶寶的第一餐》的盧米埃兄弟，就在他們巴黎的戲院裡放映了《火車進站》（*The Train Enters the Station*）。而這時的情況就更驚奇了：戲院裡的觀眾以為火車卡答卡答直朝他們衝來，紛紛尖叫閃躲。他們大腦裡不知什麼地方，有柯立芝（Coleridge）說的「自動暫停置疑」（willing suspension of disbelief）在作祟，以致以為他們在銀幕上看見的影像是真的——像事實的鏡中映像。當然，觀眾一直到現在都很喜歡這樣的經驗——但是，觀眾喜歡的主要是內容，喜歡銀幕上像真的有火車在朝他們衝來，而非製造出該內容的技術。因為，那時，該技術已經不再是看得人瞠目結舌的新鮮玩意兒了。那時的樂子，是很不一樣、嚴肅得多的樂子（這心理轉變，也曾出現在收音機娛樂功能的發展上：自己動手做電晶體收音機的風潮，在一九二〇年代末消退了後，收音機的聽眾，開始將注意力從發出音樂的電器，拉到音樂身上了）。

但是，電影的演進，不是走到這一步就停了。沒過幾年，梅里耶（Georges Melies）用盧米埃兄弟的攝影機（盧米埃不肯借給他用，他只好用錢買通一位守夜員，才弄到攝影機），頂著大太陽在巴黎一條林蔭大道上拍攝景象；但攝影機卡住了，他修好了後，繼續拍。待他把拍出來的片子沖好，放出來看時，就這樣發現了剪輯的原理：雖然卡帶前和卡帶後拍的景象，連不起來（梅米耶花了幾分鐘才修好卡帶的問題），但是，前後居然接得非常流暢，渾似原來的景象就是這樣銜接的。捕捉現實，重新組合成新的現實——若真要描述的話，就是：凌駕在現實之上，但又保存了現實一部分的逼真效果——便是我所謂的「藝術」（其他人也是這麼講，參見 Levinson, 1977b，有更多討論）。科技發展走到這第三階段，將先前兩階段的面向，作了辯證式的結合，但又和前兩階段不同：藝術（我認為色情作品是其分支），是可以跟玩具一樣稀奇古怪，但又嚴肅得多；雖然，藝術相當嚴肅，但是，藝術顯然又跨到了我們日常工作外面一大步。

麥克魯漢跟詩人龐德（Pound）一樣，也將藝術家視作是藝術的「觸角」（1964, p.xi），而藝術，則是我們了解媒體以及媒體於我們的影響的核心元件。我們已經談過了麥克魯漢於「透光」和「打光」比較裡的美學創見（參見第八章）。在下兩章裡，我們就要請藝術站到台中央了。

第十二章 美的機器

The machine turned Nature into an art form

機器將大自然變成藝術品

麥克魯漢當年說：「機器將大自然變成一類藝術」（1964, p.ix），說的絕不只是我們掛在門廳或起居室裡的花卉版畫；而是看出來媒體因彼此競爭，而會產生一大結果：新技術出現，很可能是將舊技術推到樓上，放在欣賞供奉的角度去看，而未必是將舊技術埋葬掉。

我們和大自然在前工業時期一直是夥伴的關係——我們希望大自然多跟我們配合；大自然有時給我們五穀豐收的賞賜，但也從來不吝給與荒歉和災厄。那時我們擁抱大地，主要是在哄騙作物生長，提供我們生存所需的糧食，而非開胃的沙拉；我們奔向大海，是以運輸和捕撈為主，而非夏日度假；我們騎乘馬匹，也以行商、征戰為多，而少遊行。後來，隨著我們對大自然的控制日增，我們因技術進步也離大自然日遠——因為，這時，機器已經取代大自然，成為我們最貼身的夥伴——而這時，我們才開始漸漸能夠欣賞大自然的本然面目（或這原是我們本來就有的能力，只是此時大幅增加）。大自然之美，大自然之豐富，大自然之神奇，自此，都成了藝術創造以及科學理論的題材（依這樣子看，科學理論也可以算是觀念藝術的一支——看看達爾文的演化論，和從達爾文的理論裡衍生出來的其他動植物育種的實用知識就可以了）。由卡森（Rachel Carson）出版於一九六二年的《寂靜的春天》（*Silent Spring*）啟動的生態運動，在麥克魯漢看來，是蘇聯衛星「史普尼克」發射之後自然而然的發展。因為，這顆衛星在一九五七年，將人類第一次送上了地球外的地方（McLuhan & Powers, 1989, pp.97-8，另請參見本書第五章）。

然而，科技這種代換、淘汰、或甚至包含的演變，其中寓含的深意，絕不只是為藝術創作提供素材而已。雖然，麥克魯漢認為媒體最顯著的效應通常隱而未見，但在他這看法裡，另有一樣互補的論點，正好可以作為補強：他認為某一媒體一旦被新媒體從使用的主流裡淘汰下來後，其隱而未見的效應就會突然移到了聚光燈下，迸入我們的眼簾裡，供我們好好檢視、好好欣賞。其實，這取代的過程一定要完成，舊媒體才有辦法掀起它的蓋頭來。所以，麥克魯漢認為小說的敘事結構，唯有在被電影吸收過去了後，才變得容易理解；而電影的語法，又得在電視問世，進而將電影收納為其內容時，方才成為全球大學的研究課程（McLuhan, 1964, pp.ix, 32）（新社會研究學院早在一九二〇年代，就開了一門電影評論的課程；但是，這門課要直到五〇、六〇年代，才成為大學普遍開設的課程）。麥克魯漢在這裡，還是老樣子，說的不只是很容易找到反證的事——也就是小說若成了電影的內容，電影成了電視的內容，那麼小說和電影怎麼可以算是被淘汰或是取代了呢？麥克魯漢在這裡用的「取代」，其實是修正過的「取代」——某一媒體若是成為藝術或是內容，那麼，它之被別的媒體所「取代」掉的，未必是全部，而是該媒體之鼎盛用法，或說是該媒體堪稱為時代媒體或是時代精神的那些面向——再套用一下黑格爾的說法。所以，現在看電影的人口是比小說要多很多，而看電視的人口又比電影多很多。

這樣子來看，我們這數位時代的問題，就是我們的新媒體變成我們駕馭的馬匹後，已經發展到了怎樣的地步了呢？它掀開電視等舊媒體的內部活動，又是怎樣的情況呢？換言之，以我們於媒體的理解而言，個人電腦革命以及網際網路最大的貢獻，便在於二者在將電視變成藝術之時

——就我們於電視時代薰陶得的感情而言，注定如此——同時將聚光燈打在了電視身上。若是這樣子看媒體，那我們就得等到下一個新媒體革命開始時，才有辦法對全球資訊網及其分支有比較完整的了解了。

為了對我們眼前正在搬演的電視的變化有更好的了解，我們得先談談過去這一世紀裡，已經先電視而變成藝術的另兩項科技。

醃肉、敞篷車

讀麥克魯漢的一大樂趣，便是可以就他描述的效應，自行去找例子。我這輩子吃過的醃肉不少，坐過的敞篷車不多（至於開嘛，一次也沒有），但也不知為了什麼，第一次讀到麥克魯漢談科技在淘汰後會變成藝術時，這兩樣東西頓時迸入了我的腦海，成了他這說法最好的例子。有關電視在數位時代的命運，這兩個例子，也可以教我們一些東西。

醃肉的加工法——最早用鹽，後來改用硝酸鹽、亞硝酸鹽等比較複雜的化合物——一開始純粹是為了防腐。雖然，冰塊一樣可以延後食物腐敗的速度（因為後來發現腐敗乃因細菌而起），但是，冰塊有個很討厭的特性，它會融化。因此，除非有長期供應的管道，否則不太符合長時間防腐的要求。醃製於許多方面都是比較好的作法，而且風味也很不錯。

不過，人類最後還是發明了冰箱，徹底解決這個問題。十九世紀前半葉，人類了解了機械冷凍的原理——液體吸收熱力，揮發成氣體，因而降低四周的溫度——將之應用在食品的保存上面。到了十九世紀末，人類已經可以應用電力進行冷凍，效率因之大為提高，義大利蒜味香腸、火腿、熱狗，這時便都準備要改當藝術品了。

我這意思是說，現在，世人醃製這類肉品主要是為了吃它的風味，而非為其功能或是保存。它實用的功能還在——火腿在冰箱裡的保存期限，還是比煮熟的鮮肉要久——但是，這功能已非醃肉現在存在的理由。

重要的還不止這些。在吃下防腐劑或是活活餓死兩種選擇之間，只要防腐劑的負作用不致立即讓人一命嗚呼，就不算重要。古代的技術始終都是得失參半的情況；我們的祖先對此也沒有選擇的餘地，只有無奈接受。但是，一旦吃不吃火腿、熱狗成了我們可以選擇的事，硝酸鹽和亞硝酸鹽的負作用，就成了我們會去關心的事了。為了風味，卻要承擔罹患癌症或高血壓的長期風險，有道理嗎？搞不好這道理的陰影，還造成特別想吃這禁果的人跟不敢吃的人一樣多呢——因為有危險的事，先天就特別有魅力（抽菸便是個最好的例子）——但是，這裡的重點，是風險和風味如今已成了醃肉這道菜的一部分了。

這一點適用於所有媒體，也是麥克魯漢「環境論」（environmentalism）或「完形論」（Gestaltism）的基礎：媒體自己其實是不會製造怎樣的結果的；媒體需要有大環境作背景，供其發揮作用，才有可能製造出怎樣的結果。這表示環境若是有所變化，甚至媒體本身沒有變化，便會在媒體的作用造成變化，因之而導致大眾對媒體作用的觀感有了變化（這一點，我們在第九章「冷熱比」的討論裡，已經談過）。所以，醃肉不僅因為冷凍法出現而成了藝術品，也因為人類循別的管道而得的保健知識增加，而成為有保健風險的東西。（麥克魯漢生前常對我說，「重拾」過去的一樣媒體或是做事的方法，會因為我們目前的環境不知道該怎樣處理這媒體或方法，而為目前帶來「致命」的後果；參見第十五章，對麥克魯漢這一柏拉圖式的思索路徑，有比較詳細的討論。）等一下我們會再談到，這樣的看法放在電視上，會有出人意表的引申意出現，那就是電視進入二十一世紀後，因為需要和網路競爭播放時間時，而會比較像是世人的消遣；這跟在目前正走到末尾的這個世紀裡，電視比較能夠真的把世人閱讀的時間搶掉，很不一樣。

而從敞篷車身上，又可以讓我們對媒體角色轉換有另一面的了解。汽車車頂之所以要掀開，最早是為了涼快——在夏天悶熱、潮濕的天氣裡，這是相當實用的功能。但到了一九六〇年代，許多汽車已經裝了空調系統（也算是一種冷凍法），而且效果非常好，因為，坐在車子裡的人在納涼之餘，就不必再忍受滿臉煙灰、滿頭亂髮之苦了。一時間，車廠紛紛停產敞篷車。但是，接下來的這幾十年，敞篷車又捲土重來，愈來愈多；只是這時，敞篷車的身上多了「藝術」的目的：從一九八〇年代起，空調已是車上的必備配備，開敞篷車絕對不是為了納涼，而是為了擺酷（cool）——不是為了擺脫悶熱的空氣，而是為了擺出「酷吧，老兄」的調調兒。

到了新千禧年後，我們的流行語，可能就要改成「俏」（kewl）才比較合適，也比較傳神。

不管怎樣，敞篷車從實用的「冷」，變成審美的「俏」——或說是從天氣的涼快，變成社交的酷——都可以看作是技術的基本功能改頭換面的佳例；其於英文的用語，也因為對應得很妙，不必改變。換言之，就因為語言常有多重的寓意，甚至擅長包含多重寓意，以致無法很可靠的指點我們語言所描述的功能，到底是實用的還是藝術的——也就是所說的技術算是還在服役呢，還是已經退到了象徵性的來生去了。

或許不久後，我們在說「看」電視時，搞不好會出現和現在不同卻又相關的意思呢。

電視於數位時代成為藝術品

電視幾乎是從一問世起，便一直是世人砲轟的對象（例如 Schreiber, 1953），許多人喜歡抨擊看電視還比不上玩耍——電視是低級的趣味，甚至有點像毒品，因為看電視容易上癮，而且對我們、對我們的子女、還有我們比較精緻的文化，都可能有害——但到如今，電視也已經步上了昇華的第一步。主要倒不是因為電腦（至少迄至目前為止），而是因為電影在有線電視和錄影帶出租店裡無處不在，打破了以往電視節目幾乎由無線電視網壟斷的局面，而使電視於其「黃金年代」所發展出來的主題，甚至技巧，變成世人愈來愈重視的東西。哥倫比亞電視當年的現場戲劇節目，《九十分鐘劇場》（*Playhouse 90*; 1956-61；參見 Brooks & Marsh, 1979, pp.498-9），現在也被人譽為「正統」劇場（之所以變成「正統」，因為是和電影作比較）。即使是胡鬧式的情境喜劇，如《我愛露西》和《蜜月中人》，現在不只重播，還加了輕聲旁白，告訴觀眾劇中的喜劇藝術有何意義（跟美國專播老影集的有線電視頻道「尼克之夜」〔Nick at Night〕的節目一樣）。有線頻道「電視樂園」（TV Land）也常重播一九五〇、六〇年代的美國電視廣告，目的純在博觀眾一粲。

不僅如此，近年來，一部部電影從《絕命追殺令》（*The Fugitive*; 1993）*、《不可能的任務》（*Mission Impossible*; 1996）†，到《淘氣的阿丹》（*Dennis the Menace*; 1993）等等，反過來又把原來在電視小螢幕上發跡的角色，一個個拉上了電影的大螢幕；這種自動反射式的逆轉，正好是媒體演化進程裡「主體和背景」（figure and ground）不斷換位子的明證。電視在一九五〇年代取代電影，成為我們日常的影音媒體，循而將電影在世人的評價裡往上推了一級；到了現在，電視本身又成了電影的內容，而在曲線的另一端為電影多加了一項服務。這次，麥克魯漢說的「主體和背景」關係的轉化（參見本書第十五章），幾乎是完美無缺：電視在戰後，把電影變成它的內容和藝術，開啟了電視於媒體稱王的時代；到了如今這新的數位時代，電視卻又成為電影的內容和藝術了。

這箇中癥結，當然就在我們這數位時代——不只包括電腦，也包括有線電視和錄影帶出租——扭轉了電影和電視的本質，至少扭轉了我們看電影和電視的方式，因而扭轉了二者於我們生活裡的角色。所以，電影出現在有線電視和錄影帶裡，才是扭轉電視地位真正的導火線，倒非電影本身；而為這番演變收尾的，則是電腦。「主體／背景」的換位，絕不僅只是單純的換位而已——電影既沒有變成電視換位前的角色，也沒有重拾電影在電視問世前的角色。反而是典型的電視網，由於新媒體崛起，在如今，不論是當內容或藝術都很適合，因而加入了小說的行列，一起成為電影的內容和藝術。因此，新媒體之所以成為社會演進的開路先鋒，不僅是因為本身的角色，也因為新媒體扭轉了先前媒體的性能，而造成了連鎖效應。這類性能的轉化——以電視和電影為例——因此可以說是進步的，或說是貨真價實的新進展的一個指標，而非僅只是現況的重演。

然而，面對淘汰命運的媒體，雖然換上了藝術的新裝，除了我們對該媒體的角色認知改變之外，其本質未必需要有任何改變——像大自然，就始終還是大自然，即使機器把它推上了舞台的中央，也一樣。因此，我們現在到底是把電視的什麼看作是藝術或是電影的內容呢？問題的答案，就是電視一直在做的事——只是，電視和取代它的新媒體二者的性能對比最大的部分，現在在我們眼裡，散發出了藝術的魅力。若是有線電視和錄影帶出租，把原本自立門戶的電影，破天荒拉進了電視螢幕裡來，那還有什麼比周周不停播放的影集裡的角色，更可以代表剛逝去沒多久的那年代的「美學」，更教人著迷的呢？若是網路最擅長的就是隨意連接超文本，那像《九十分

＊譯注：原為一九六〇年代的影集，國內譯為《法網恢恢》。

†譯注：同樣是老影集，國內譯為《虎膽妙算》。

鐘劇場》這樣情節安排細膩的演出，又怎能不在懷舊的氛圍裡膨脹得愈來愈大呢？

不過，有一點很重要，雖然《九十分鐘劇場》等早期電視劇的「現場感」——套用現在的「行話」，叫作「即時」演出——是「古典」電視最為人稱道和珍視的特色，但是，電視一旦轉檔到了錄影帶或是全球資訊網上，就馬上變成了「現場」和「即時」的反面了。不僅電視上的節目未必真的在我們收看時同步演出——若是播放的是錄影帶，就是以前錄下來的了——連觀眾收看的時間也未必同步。古典電視時代，觀眾往往是一下子好幾百萬人同時收看同一節目；現在則不同了，在電視上看錄影帶的人，和在全球資訊網裡霰彈式零星看些電視節目的人，都是依自己高興，愛在什麼時間看電視就在什麼時間看。

古典電視時代，萬人齊聚同時收看電視的盛況，現在碰上美式足球超級盃或是奧斯卡金像獎頒獎典禮之類的盛會時，還是會出現——而且，現在透過衛星傳送，還真的是跨國的即時盛會。如一九八二年英國王儲查爾斯王子和黛安娜的婚禮，還有後來一九九七年黛安娜的葬禮，便吸引了全球的觀眾同步收看。這類古典時代的電視觀眾，等於是同步觀賞的演化洪流具體而微的代表；這道洪流，最早出現在古代的廣場和戲院裡，後來，由盧米埃兄弟帶著他們的電影放映機推進到了電影院，最後，是在二十世紀由收音機和電視締造了全國性甚至國際性的群聚盛會——奧斯卡獎得獎人的致詞，幾乎像是全球人人同時都在收看。但是，電視變成了一具具錄放影機的內容之後，就轉化了這程序，而將電影從公共的銀幕上面拉到了私人的放映機裡，變成一次可由一人獨自觀賞的電影。

不過，還是一樣，這類轉化絕不只是「舊事重演」而已。只不過當年看愛迪生式放映機的觀眾，需要依一定的時間，走出家門到拱廊式的大廳去看，《奧特打噴嚏》等熱門短片；而現代的錄影帶和錄放影機的觀眾，可以依自己高興找時間看。照這樣子看來，電視放映的若是事先錄好的錄影帶，其性質就比較像書籍，而不像電影放映機了。

電視經過轉檔，放到全球資訊網的「即時視訊」裡去後，和時間的關聯就更低了。我們要讀書或看錄影帶時，一定要預先作個決定，選擇要看的書是要去買還是去借，要看的錄影是要去買、去借、還是自己錄；若是沒有事先作出這些決定，那就想看也沒得看。反之，網路上對大眾開放的一切資訊，每天二十四小時任人使用，除了必須先安排好個人電腦的上網事宜之外，不需要再作任何事前的決定（當然，網際網路連線，跟人生、科技的任何事情一樣，都不是十全十美的，因此，也未必保證你要上網就可以上網）。

說到這兒，我們就要談談機器——就是網際網路——將電視變成一種藝術，從而轉化了電視和之前媒體間的關係。因為，電視之所以能夠變成藝術，靠的就是網際網路的結構，也就是網際網路可以做些什麼以及怎麼做；或者可以說，正因為網際網路在電視投下了陰影，才讓我們看出來這老媒體裡的藝術。

不過，在進一步詳細討論網際網路在這蛻變過程裡扮演何種角色之前，我們得先看看電視的另一面；而這一面，對過去五十年來的電視觀眾而言，是電視專屬的特色，並且對電視正在蛻變成的藝術產生了影響。

初戀和念舊VS藝術

麥克魯漢所說之「機器將大自然變成了一類藝術」（1964, p.ix），若再作進一步思考，便會發現其中有一大面向，其實算不上是媒體典型的特色，也非媒體整體會有的影響；這個面向，便是：大自然絕非我們特有的媒體或環境。大自然這類「媒體」或環境可以超脫其本身的變化——包括工業革命這場鉅變在內——而在颳風、下雨、出太陽時，次次重現其原始和太初幾無二致的面目。

至於人工的媒體，則不一樣，所有人工媒體都有明確的發端（雖然古代的媒體，如字母，其發端較不明確），而且，時候一到，就一定變成藝術。在電腦的文字處理功能大行其道，甚至提早到打字機當道的時候，很難想像還會有人把寫了一手好字，看作是不可或缺的實用技能；那一手好字在這個時候，反而成了裝飾性的書法。但是，儘管以前的工業革命還有現在的資訊革命，已經將我們帶離了鄉野和農莊，豔陽天的實用價值以及豔陽天的美，我們無論如何都還感覺得到，都還估量得出來。

由於大自然從來沒有真正失去過用處——或是褪流行——因此，雖然從小伴著我們長大、我們習以為常的媒體，突然間失勢，被新的媒體取代，我們是常會有一股戀戀不捨的心理；但是，大自然倒是從來不會跟這心理扯上關係。這股心理，經常在舊媒體剛被淘汰而變成藝術時興起。也就是說，我們會一方面懷念電視的黃金時代，一方面又把電視當作藝術來看。然而，心裡的不捨，最後還是會褪去（像消費者在媒體的盛世悄然離去一般）；這時，不論有沒有用過這媒體，世人只要還覺得這媒體有些特色、也相當迷人，這媒體就可以藝術的型式存活下去。現在喜歡吃醃肉的人，沒幾個記得以前沒冰箱而需要以醃製法來保存肉類的日子，更別提是懷念了：人喜歡醃肉，就和喜歡辛香作料一樣，純粹是喜歡它的風味而已。由此可知，我們可能還要再過個五十年左右，電視才找得到它的「客觀」藝術風味——就是說，當大眾不再緬懷沒有個人電腦、沒有全球資訊網、沒有電視作為最酷的尖端媒體的時代時，電視才會出現的那種藝術風味。

另外，有一種心理效應和懷舊心理有密切的關係，我稱之為「初戀」症候群：在我們剛開始學習社交、初入社會、或是學做一件事情時陪伴我們成長的媒體，在我們心中，始終不會失去它的一席之地。我們「初戀」的媒體，幾乎永遠都是我們最上手的媒體，碰上別的同類媒體要跟它競爭時，我們通常也會拿它的性能作標準去衡量別的媒體（參見 Levinson, 1997b, p.166，以 Levinson, 1998a，有比較詳細的討論）。我覺得這種心理效應，在一九八〇年代文字處理、電信、資料庫軟體汰換急遽的年代裡，出現得最為頻繁。一旦學會用 WordStar、Word Perfect，或諸多文書軟體裡的其中一種來做寫作、列印等工作之後，要再改用別的文書軟體，就怎麼樣也覺得不對；而且，常常得等到買了新電腦（或是別的理由），沒辦法再跑原來的程式，才會逼不得已去淘汰舊程式。我自己就是直到一九八八年，才放棄我那具CP／M電腦，改用DOS；而且，直到現在，許多事我依然寧願用DOS，而不用視窗。嗯，還有，我這本書就是用WordStar寫的。不過，我還是盡量不把我自己用慣了這些軟體的情況誤作是證據，去證明這些軟體的客觀價值真的高過新軟體（有些作家到現在仍然在用WordStar，請參見Sawyer, 1990/1996）。

由於在我成長的那年代，必須要上過《蘇利文劇場》、上過強尼．卡森（Johnny Carson）主持的《今夜劇場》（*Tonight Show*）、上過《夜線》（*Nightline*），才稱得上是文化人，所以，我想，現在任何人說他出現在網路上——當然是以文字公開播放的聊天室——在我看來，怎樣也比不上我們當年上電視的價值。同理，不管在線上或是螢幕上出版、閱讀真有什麼好處，我心底深處始終覺得，文章再怎樣也應該印在紙上才對——不管是報紙、雜誌或是書都好。我認為，所謂作家，名字一定要印在書店和圖書館裡裝訂得好好的紙上。雖然，我成天在網路上看到各形各色的人寫各形各色的文章，但是，我已經因為我成長年代的制約，而認定作家一定要在書架上，才能驗明正身。

網際網路正在搶電視和印刷的地位，正證明了網際網路搶進主流的威力幅度有多大。電視雖然幾十年來都在宣告印刷的末日已到，但卻從來沒有真正威脅到印刷的地位，最多也只是提供世人另一種消遣而已，無法真正將閱讀白紙黑字的活動給淘汰掉。如今，電視、書籍、報紙全都備受全球資訊網擠壓——這些媒體，全都是我們的初戀，只是功能不同——這三樣媒體，或許真走到了媒體生命周期裡絕無僅有的時刻了，也許該說些特別的臨別感言，然後坐上同一艘船，揚帆緩緩駛向二十一世紀的藝術夕陽。

這當然表示，網際網路多少將這幾種媒體全打敗了。由於網際網路是和電視在搶同一種螢幕——就是網路電視——所以，電視很可能是三者裡最容易擊敗的。有一次，我在網際網路上看到有個未具名的人說，電視是「給網路智障看的」；這句話，或許可以當作電視牆上若隱若現的讖書吧。

印刷而成的白紙黑字或許可以撐得久一點，因為，印刷內建了電池，不需要別的能源供應，光靠環境現存的能源便可運作；而且能為我們喜歡的文章，提供可靠的定點，不會像螢幕上的文字隨時隨地都在變（參見 Levinson, 1998a，對於書籍在數位時代倖存下去的機會，有比較詳細的討論）。實體地點——即使只是印在紙上的字——不僅有美學上的意義，在脫殼的年代裡，還因為「特殊」而更具魅力。

因為同樣的理由——電視和網際網路已經共用螢幕了，而書籍沒有——我們可以想見，電視在負隅頑抗力保它倖存的主流媒體地位時，一定會變成我們在工作、上網玩樂之餘的消遣，書倒不至於。

而網際網路一旦坐穩了社會上的霸主寶座，會變成什麼樣子呢？我們又會碰上什麼情況呢？

網際網路躍居主流

我們先前已經談過，在全球資訊網上工作會是怎樣的日子（參見第十一章）。在這一節裡，我們要談的是這個體系裡的另一面：網際網路取代電視的角色，若也像電視在過去五十年裡取代收音機角色的過程那麼徹底，那網際網路在成為我們文化和現實世界至高無上的霸主之後，我們的世界會變成什麼樣呢？

為了了解這個汰換結果有多重要，我們可以看看雷根這位人稱「溝通高手」的美國前任總統上電視的表現，還有美國民眾有多中意他的表現。但現在，再看看雷根上網用文字和美國民眾進行現場聊天會怎樣吧。若是收音機（收音機雖然被電視取代，但還是靠著搖滾樂而存活下來，興盛的程度不減當年）和後繼的電視二者間的鴻溝很大的話——可以用政治界的羅斯福（收音機）和雷根（電視）兩位的差距作代表——那麼，舞台化、單向式的電視，和互動式、文字化的網路二者間的鴻溝，看起來就幾乎無法跨越了：我們實在很難想像雷根在網路上正經八百的和人對談的樣子（依這樣來解讀，甘迺迪這位史上第一位電視總統，也是迄今最成功的電視總統，或許保留了一些收音機和羅斯福的驅策力和熱力。因此，他在收音機／電視這一道連續體裡，算是站在羅斯福和雷根中間的——尼克森的位置，則比較靠近羅斯福。此外，甘迺迪不僅口才便給、相貌堂堂，也富有文化素養，因此，很可能在網路上一樣一路亨通）。

當然，網路聊天，未必一定要靠書寫，特別是在未來的發展。這本書從一開始就不斷提起，全球資訊網上的即時聲訊和即時視訊，已經可以跟典型的收音機和電視一樣，呈現線上的訪問和演說。然而，我們也不斷注意到網路上的環境——訪問和演說呈現在接了瀏覽器的桌上型個人電腦，和呈現在汽車、廚房、浴室裡的收音機或是起居室、臥室裡的電視，是很不一樣的。光就電腦文字處理的功能，以及電腦上有那麼多工作都靠文字來進行，而且還和即時聲訊和即時視訊出現在同一部電腦裡，就不禁教人想到：即使是即時聲訊和即時視訊這兩種無關乎文字的性能，沒多久之後，也可能會出現文字。我以即時聲訊接受訪問時，大部分都准許聽眾透過文字來問我問題；因此，網際網路上的即時聲訊，其實也把聽眾變成了作者。

收音機和電視在網際網路上還有另一既深且廣的轉變，先前也已經提過了。出現在全球資訊網上的東西，一定要先轉檔到全球資訊網上才可能上網：線上的「即時」，由於必須上線，因此，也等於是隨時可以取用的「過去」。的確，網際網路有一大基本條件，而且這條件還重要到把它自己都變得像電腦了，這條件便是貯存；因此在網際網路上，通常規定上網不得要求不要存檔。我在一九八四年為西方行為科學研究院上第一堂線上課程時，就注意到這項預設存檔的好處了。那堂課為期一個月，在那個月裡，從一開始我和學生說過的每一句話，都可以任由別人叫出來看，直到課程結束為止。我叫這作線上教學的「知識安全網」。

總統的演講或是新聞報導一上了網路，這套安全網就緊跟著這些資料不放了，隨時可以重拾，責任無法擺脫。網路傳播除了簡便、即興之外——這些都和電視細膩的剪接、製作不同——

另還有一項互補條件，那就是網路上的資訊保存之久，不只遠遠超過了廣播媒體，連印刷媒體也可能瞠乎其後。在網路上散播資訊的速度，當然比紙張的印刷要快得多，所及的範圍也廣得多；而如今，也比報章雜誌的印刷要更能維持久遠。因此，我們沒理由懷疑網路資訊的持久力會低於書籍。只要想想在網際網路上製造資訊、取用資訊之便捷，再想想網際網路散播資訊、重拾資訊之性能，網際網路和先前所有媒體的差別就不言可喻了：先前的媒體，沒一種可以提供網際網路所能提供的這一整套機會和影響——電視不行，收音機不行，書籍不行。在網路上輸入文字，幾乎跟我們講話一樣簡單。此外，在網路上的話，原則上跟覆水難收一樣，再也無法消去。

重拾的性能大增，自然衍生的一大結果，便是一般人在把自己的話送上網路之前會更小心。畢竟，一旦知道我在網路課程上寫的每一個字，在課程結束之前分分秒秒都可以供學生取用、檢視時，我寫下每一個字，自然會比面對面隨堂討論時說的話要謹慎得多。而這也表示，一旦要將作品送上網路，成品的品質一定會比較好。推到極致的話，這種當初意想不到的結果，很可能促使一般人在線上時做事的品質，會比在線下好；而且，由於有愈來愈多的事情，都可以搬上網路進行，網際網路可能進而推動我們的一切事物更上層樓，做得更好。

說這結果是當初意想不到的，是因為我們在前一章已經談過的，網際網路泯滅了工作和娛樂的分際。這工作即娛樂（還有娛樂即工作），實在很難想像會因為建檔流傳後世，而成為促進工作改善、精進的良方。然而，麥克魯漢當年說在新的電子環境裡，原本各自為政的功能會靠得愈來愈近，他想的絕不只是兩種類型的分野模糊不清而已。他說的，其實是範圍更廣的大熔爐，不僅涵括遊戲的即興和工作的嚴肅，還包括藝術的精緻。若說工業革命割斷了童年和成年的關係，那麼，工業革命也把手工的精緻從機器大量製造裡排擠了出去。

「機器踐踏美感，因而踐踏藝術家」，這樣的想法當然至少從浪漫時期就已經相當流行了，而在近兩百年前，為了反抗工業革命，發出了第一聲抗議。然而，麥克魯漢說電子媒體轉化了這一過程，反過來將藝術融入我們的日常生活，則是全新的想法。他這個想法，和他對電子媒體的大部分想法一樣，都和他對我們看電視的感知模式的想法有關：他認為我們看電視是「一體同時」、全面的、融入的，而和印刷逐頁的具體、明瞭，以及內蘊的超脫，截然不同。而這樣的感知模式，是融合式、藝術式的經驗模式。

在下一章裡，我們就要探討一下這樣的觀看模式，在數位時代幾乎可以在網路上得到徹底的實踐。

第十三章

網路峇里人

We have no art, we do everything well

我們沒有藝術，我們只是把什麼都做得好好的麥克魯漢很喜歡說峇里島人的一句俗諺，「我們不創造藝術，我們只是把什麼都做得好好的」，這句話，他喜歡到總共出現在他至少六本書裡（McLuhan, 1964, p.72；McLuhan & Fiore, 1967, p.137; McLuhan & Parker, 1968, p.6; McLuhan, 1970, p.312; McLuhan & Watson, 1970, pp.118-19; McLuhan & Powers, 1989, p.15）。麥克魯漢之前便已指出，加拿大艾維里克族（Aivilik）的語言裡，「沒有藝術一詞」，也引用卡本特說的話，「艾維里克族裡，每個成人都是精湛的象牙雕刻家」（引用於Eskimo，寫於一九六〇年）。

一般人容易以為只要有了網路，就什麼事情都可以做得很好。虛擬的構念，是比實體的物資要容易駕馭。人際來往在網路上是比較安全。工作所需的資訊，從事前的準備一路到完成，在網路上是比實體環境要容易取得——世上最大的研究圖書館除外。

而這是不是表示任何事情一上了網路，真的就會做得比較好呢？我們在非象牙做的電腦鍵盤上工作，真的會跟艾維里克族的人雕象牙一樣厲害嗎？

在艾維里克族和峇里島這樣的前工業社會裡，能讓他們什麼都做得好好的資源（也可以說是讓他們豁達得認為他們可以把什麼都做得好的資源），就是時間。就像有句抱怨我們這現代世界的話，大家都已經聽爛了，但未必不符合事實（陳腔濫調一定多少符合事實——否則，怎麼會變成陳腔濫調呢？）產品一旦大量製造，雖為我們帶來了便利，但也教我們付出了代價，因為，我們可以用在每件產品的時間和注意力，同時也大幅降低。福特用裝配線生產的汽車，不論比以前的馬車好上多少倍，我們用在每一部汽車上的心力，絕對比不上養馬匹、造馬車所花的心力。

跟在工業時代後面的資訊時代，其運送虛擬產品的速度，比起裝配線絕對還要再快上許多。在網路上連結一個個文字檔或是傳送電子郵件，只需要電光石火的剎時，便可以完成；因此，若是時間長了點，我們還會覺得系統出了問題。其實，除非系統故障，我們還根本不會去注意網路的連結或傳送功能怎麼樣了。然而，我們還是覺得網際網路的時代為我們空出了許多時間，讓我們可以去做自己要做的事，至少，在網路上是如此。而網際網路上多出來的這些時間，到底是從哪裡來的呢？這些時間又被我們用在什麼事了呢？

時間，可以說是一柄神奇的三刃劍。若有些事情可以用光速來做，自然就空出了時間，讓我們可以做別的事情，或用在同一件事情的別的地方，做起來可以比較悠閒，可能也比較仔細。雖說和手工的速度來比較，裝配線確實大幅加快了生產速度，但所節省下來的時間，其實一點也沒有分到勞工身上，去讓他們去把事情做到完美，或在工作裡加些個人的個性。因此，麥克魯漢當年雖然不是在說網際網路，但他說電子傳播光憑速度，就可以為我們重拾呇里人注重品質和細節的精神，一點也沒說錯。

這份講究的精神，在網路上，並不是用在超文本和電子郵件上面，而是用在這二者的產生過程——就是用在寫電子郵件或是設計超文本的連結上。不過，亨利·福特，還有所有運用新發明的製造商，一開始，不也是個個要花上大把時間最後才成功的嗎？愛迪生不就有句名言：發明是百分之一的靈感，加百分之九十九的汗水才能打造成的。

話是不錯，但這指的是發明的過程，而非發明所得的結果。

而且，網際網路還造成了另一個結果，我們這本書，從頭到尾不時提起：網際網路已經把我們的世界變得和愛迪生的發明時代大不相同了；由於任何人只要有部個人電腦，都可以進入網際網路，因此，網際網路等於是讓無以計數的潛在愛迪生，都有機會在作品的產生過程裡，仔細琢磨每一件事情。若說網際網路真的讓我們可以把每一件事情都做得好好的，那絕不只是因為網際網路的運作速度飛快，而讓我們多出了許多時間可以做事，同時也是因為這裡說的「我們」，所集合的大腦之多，遠超過以前。

當然，現在就要為網際網路是否真的會為我們製造出一大群愛迪生——也包括摩斯、德蓋爾、法克斯－陶博特、貝爾、盧米埃、馬可尼——作證明或駁斥，還言之過早，更別提要擴及到已逝的發明時代那些非媒體類的發明家為我們留下的美好事物了。這些天才所在的環境，一定還有其他條件，和網際網路以及網際網路為我們省下的大把時間，一點也沒有關係。我們若希望在二十一世紀，也可以出現像十九世紀那麼蓬勃的發明盛世，像十九世紀為二十世紀的世人造福般為後世造福，這些條件，一樣不可或缺，至少也必須有可以取而代之的條件。

所以，接下來，我們就要討論這條但書，談談我們另還需要些什麼非網際網路可以提供的條件，才可以真的把事情做好。儘管如此，我們仍有許多空間，可以去探討網際網路到底可以怎樣協助我們朝峇里島人的美好世界邁進。

我們就先談談麥克魯漢為什麼說電子環境是「神話」吧。

神話的色彩，赫丘力士的任務：垂直、水平之比

麥克魯漢說電子時代是有「神話色彩的」（例如，Carpenter & McLuhan, 1960, p.ix），他說的不是假託、虛構的「神話」，而是神話更古老、更原始的意思，指的是一種更幽微、更深邃的資訊傳播方式，而能和凡人的尋常肉眼看不到的神祕奧蘊有所共鳴（麥克魯漢很喜歡用「共鳴」這個辭兒，因為，這個名詞是音響式的）。因此，麥克魯漢的「神話」，和坎伯（Joseph Campbell；鑽研神話的著名作家）的用法相當類似，安格達爾（Sylvia Engdahl）最近還在她的著作裡（1990），將這個辭兒用在她的「空間時代神話」（space-age mythology），她認為「空間時代神話」並非是人類對空間荒誕不經的奇想，而是在表達人類先天即在宇宙裡據有的子民地位。「神話」，就是要放在這樣的意思裡看，電子「神話」才能和峇里島人的藝術觀、峇里島人把什麼都做得好好的想法，連得起來。

而網際網路在這上面又扮演什麼角色呢？

我們發現時間於神話的創造，占有一席核心的地位。古典的神話——我喜歡叫這類神話為「垂直式」神話——一般都需要數百甚至數千年的時間，才能累積出足夠的心靈能量，一再複述

一件事情，直到把這件事情從記憶裡的歷史講成了心靈的神話為止。電子媒體所能製造的一大結果——就是收音機、電視，可以同時聚集起無數的視聽眾，電影可以吸引大批觀眾進電影院的效果也差不多（雖然不是真的同時聚集全國民眾，但也在數周或是數月的時間裡，做到聚集全國民眾的效果）——就是電子媒體幾乎只要一次便可以將製造神話所需的心靈累積起來，要不，也絕對比古代要快很多。這類現代的電子神話，我稱作是「水平式」神話。

其實，將製造神話所需的心靈能量快速累積起來，在印刷術發明時就已經開始了。哥倫布率領船隊開到了新世界，在一四九〇年代，就是由印刷術將他的報告傳送回到歐洲，而蒙上了神話的色彩——這裡的神話，還是指激勵人心成就大事的那種神話；因為，這裡的神話捕捉到了人性裡渴望偉大的動力，而且將之放大（參見 Levinson, 1997b, pp.25-8，有詳細討論）。然而，描述北歐的艾瑞克森（Leif Ericson）在哥倫布之前五百年就到達北美洲的口述傳奇，卻沒有類似的效果。因為，他的故事是閒閒軼事——也就是說，他的故事沒有寫成白紙黑字（這傳統始自希臘）。這北歐海盜的傳奇，對神話的影響力不夠大（只限於北歐文化），也因此，沒有足夠的時間滲進夠多的心靈裡，去以舊式的垂直方式為這故事捏塑神話的寶座。因此，雖然北歐是有人到過美洲，但是，歐洲的政治、社會、經濟體系，並未因此事件而產生了大發現的年代，進而出現重大的革命效果。

有個好例子倒是可以說明大眾媒體匯流一氣，從印刷、電影、收音機到電視，後來再加上網際網路，而為二十世紀的一件事情蒙上了神話的色彩——鐵達尼號的故事；由於媒體對鐵達尼號沉船悲劇大肆報導，而把鐵達尼號沉船一事，於通俗文化的地位往上推了一級。鐵達尼號的神話素材唾手可得：這艘號稱史上最大的郵輪，在不少人嘴裡也號稱永不沉沒，卻在首航途中撞上冰山，沉入北大西洋冰冷的海域，一千五百位乘客隨船海葬。除此之外，海葬的乘客裡除了三教九流之外，還包括當時數一數二的大富豪——如班傑明・古根翰（Benjamin Guggenheim）*、約翰・亞士都（John Jacob Astor）†、艾席道爾和艾達・史特勞斯夫婦（Isidor and Ida Straus）‡。鐵達尼號的船長以及造船工程師，也一起殉難，而船公司（白星船行〔white star Line〕）的老闆，倒是上了救生艇而保住一命；靠救生艇而得以倖存的人，總共是七百零九人。正巧在附近的加州號原本可以救起更多人，卻因為沒有回應馬可尼無線電、閃光電報（light telegraph）和求救訊號彈等多路求救的呼聲，而未伸出援手。

* 譯注：班傑明・古根翰，美國工礦大亨之子，著名的古根翰基金會即其家族所設。

† 譯注：約翰・亞士都，美國貿易暨房地產世家之子。

‡ 譯注：艾席道爾和艾達・史特勞斯夫婦，梅西百貨的猶太裔老闆。艾席道爾雖因行動不便，於沉船時特准可以上救生艇，但是，他堅決不肯違背男子不上救生艇的規定，而他的妻子，也堅決不肯自己一人求生，兩人在送走了女僕之後，同時殉難。

所以，鐵達尼號沉船時，其求救訊號未得到回音，就是電信傳播失敗的神話版。而當時人對鐵達尼號永不沉沒的信心，也成了古希臘妄自尊大自取其敗（hubris）的史詩版。幾位富豪甘願捨己救人，對照其他人的自私，加上下層民眾在最後一刻和船上管理單位的衝突，在在觸及了人性裡值得荷馬史詩、莎士比亞悲劇大書特書的題材。

當時的大眾媒體——報紙——自然不會放過這個機會。截至二十世紀末，以鐵達尼號的故事為藍本而拍成的電影，已超過三十五部，所寫的書，也超過一百本（參見 *Titanic: Secrets Revealed*, 1998，以及 Heyer, 1995，有詳細的說明）。鐵達尼號的悲劇在大眾心裡烙下了這麼深的印記，最後，終於推著巴拉德（Robert Ballard）踩著前人無數失敗的腳步，在一九八〇年代，於北大西洋兩哩深的海底裡發現了鐵達尼號的殘骸。他這一發現，像是一劑將歷史化為事實的強心劑，刺激起了新一波的媒體熱，其中又以一九九七年的電影《鐵達尼號》最為轟動，熱賣盛況在我一九九八年寫這本書時，已經高踞史上賣座第一大片。

網際網路跟著起鬨，自然不足為奇，觸目皆是談鐵達尼號的網頁——有的講那艘船，有的講那部電影，有的講那部電影裡的那艘船，反正，全都不脫神話色彩——從年頭直鬧到年尾。至於報紙、收音機、電視、書籍，當然也共襄盛舉，一起成就重寫神話的大業。因此，鐵達尼號從葬身海底一路上升到比凡間還要崇高的神話世界，全拜媒體和事實交相激盪、推波助瀾，刺激彼此衍生新的神話，挖掘新的了解，才有以致之。

而後一種效應——刺激世人對事實有更充分、更正確的了解——便是我認為這類水平式神話可以造福人類的根據，便是媒體可以協助我們把事情做得更好的例子。垂直式神話，由於奠立神話地位需時太久，因此，難以真的為我們增添歷史事實的了解。我想，雖然現在就算有人覺得中古時代的亞瑟王和圓桌武士的神話很動人，而上網搜尋資料，就算找到了一些前所不知的史實——像當年史萊曼（Heinrich Schliemann）確認希薩里克（Hissarlik）便是荷馬史詩裡的特洛伊城（Troy）遺址——但是，這樣的發現由於年代太過久遠，實難得出確切的結論；因此，絕對比巴拉德找到鐵達尼號殘骸，更難於歷史上蓋棺論定。

而我說的這類水平式神話效應，日常便在我們的電視和其他媒體裡不斷搬演；只是，搬演的都是意義比較尋常的事情。喜歡批評大眾媒體的人，往往忽略了一件事：不管你怎麼算，現在絕對有比以前多很多的世人，腦袋裡的見聞要比以前多很多。當然，是有一些事件的資訊大部分是扭曲的，或完全錯誤，因為，真的是有一些人會故意捏造故事透露予新聞界，製造出欺世盜名的神話。但是，我們若是承認傑佛遜所說，糾正錯誤資訊的最好解藥就是給與更多的資訊——因為，只要有充分的真實事件和偽造事實抗衡，世人的理性，絕對有能力區分真偽——也因此，我們可以相信資訊大量散播，大體上是可以創造出離事實較近而非較遠的神話。因此，當年甘迺迪和凱美樂的美好神話，到底還是因為幾十年來甘迺迪婚外情的報導不斷，而蒙上了一些汙點。然而，柯林頓一開始即流傳在外的玩女人神話，至少也在獨立檢察官一九九八年九月送交國會的報告，以及柯林頓於電視上公開認錯道歉，獲得了部分的證實。這兩個例子，都因為資訊的流通沒有斷過，而把神話拉得比較靠近事實。（這並不表示，我認為公職人員的性生活可以交由公審——如我在〈只有天使才可以當總統嗎？〉〔in Levinson, 1992, pp.151-3〕所述，我不認為如此——然而，上述的例子依然可以支持傑佛遜的觀點：唯有資訊流通不輟，才比較容易帶我們趨近真相而非虛構，不論這題材是什麼。）

此外，網路由於可以供我們每一個人以自己的方式，以自己選擇的時間，去追尋有關神話的資訊，而將我們個人獨力追尋真相的利器磨得更加靈光。但還是一樣，沒有人可以保證我們在網頁上找到的資訊，絕對是真的——就跟報紙和電視一樣，就算有把關的人看守，也沒辦法保證我們得到的資訊絕對是真的。然而，傑佛遜原則還是可以用在網路上面，而且施展的空間更大了，因為，網路是由多得無可勝數的作者、出版者所組成的，而和大眾傳播媒體握在寡占的幾個巨頭手裡不同。除非某一題材在每一網頁都錯得一模一樣，否則，我們遲早可以因為在網路上四處漫遊，而碰上一些資訊，進而將偽造的神話揭發出來。

而媒體容易創造真實神話的特性，特別是網際網路具有訂正神話的機制，是不是表示這些電子媒體正在將我們變成每件事都可以做得好好的峇里人呢？

不管怎樣，它確實是在協助我們把生活裡的一部分工作做得比較好——也就是讓我們成為見聞較為廣博的公民。若說藝術家是我們人類的觸角（McLuhan, 1964, p.xi，引用龐德的說法），那電子媒體顯然正在為我們每一個人準備各式各樣的強力觸角，供我們使用。

然而，我們生活的其他部分又如何呢？

電子媒體在我們的文化傳統裡劃歸為藝術的事情上，又造成了什麼影響呢？

以泰勒敏電子琴為藝術治療

就數位資料——二進位碼——在電腦裡的貯存及傳送而言，文件、影像、音樂三者的性質，其實是沒有差別的。或許用的二進位碼有多、有少，但全都是二進位碼。三者真正的差別，一來是文字、圖像、聲音輸入電腦系統的方式有差別，再來是三者從二進位碼轉換成我們看的文字、圖像或是聽的聲音的方式，差別更大。因此，鍵盤、掃瞄器、以及ＭＩＤＩ（樂器數位介面），是將文字、影像和音樂以二進位資料的形式輸入作貯存或是傳送，和網頁上的情況一樣。輸入的資料，後來再於螢幕上轉換成文字、影像或是擴音器裡的音樂。

資料貯存／傳送的型態，和資料最初、最終的型態不一致——就是指資料貯存／傳送的語言，不論性質，千篇一律都是二進位碼，但是輸入／輸出的內容（讀的文字，看的圖像，聽的聲音），則各有各自的特質——這是因為電腦資料貯存／傳送所用的程序，二進位碼，不是我們憑感官或是認知便能直接辨識的。以二進位碼作為傳播的管道，效果之所以會這麼好，就正因為二進位碼和它傳送的內容一點也不像。人類史上第一次用這樣的策略進行傳播，所用的媒體，可能就是英文字母——而英文字母散播所及的人群，就比象形文字要大得多，所能傳播的觀念，顯然也廣得多（參見 Levinson, 1997b，第二章）——DNA其實也可以看作是這一類的天然「數位」媒體，因為，DNA指揮蛋白質所組成的生物體或器官，和生成的源頭沒有一點相似的地方。

這種不一致的條件，也是一些類比式傳播的基礎。像留聲機的圓筒或是唱片上的凹槽高高低低的分布形式，等於所代表的聲音高低；但是，你把耳朵湊在凹槽上，絕對什麼也聽不到。同理，電話線裡的電波和所代表的聲音或許比對得上，但是，切開電話線把耳朵貼在上面，也絕不是搞竊聽的好方法——若想像有個人站在街上，豎著耳朵，拚命要聽廣播電台以無線電在空中傳送的節目，雖然滑稽，卻是（聲音）輸入／輸出及其傳送模式（以廣播為例，用的是類比式電波，類似聲波，但不是聲音）有天壤之別的鮮明寫照。這三個例子——留聲機、電話、收音機——所用的貯存或是傳送模式，我們的耳朵根本聽不到。

夏農和韋佛（1949）叫這種模式為「編碼」和「解碼」——就是將某種人類可以感知的能量，編成和該能量完全不同型式的暗碼，以供貯存或傳送，之後，再以解碼還原成其原來的型態——他們還說這是所有傳播的基礎。在數位電腦出現之前，編碼的模式因媒體而異——在唱片上是凹槽，在電話線裡是電波，諸如此類。數位技術在這方面的貢獻，便是將所有媒體的編碼化作一致。

而這在藝術領域，就開拓出了一些有趣的新途徑。

因為，鍵盤若是可以用來輸入文字，而這些文字，和貯存在數位資料裡的音樂（例如音樂光碟）同樣都是數位的型態，那麼，鍵盤當然也可以用來輸入數位資料，而在擴音器裡輸出音樂。換言之——不論是事實上，還是比喻裡——只要將音樂作數位編碼，就不必一定要由弦樂器或是管樂器演奏出來，甚至不會彈鋼琴、風琴都無所謂。所需要者，就只是曲調，以及在電腦鍵盤上敲出可以產生該曲調的常式就可以了。其實，寫出來的常式，甚至都還不必一定要用鍵盤敲進電腦——因為，現在這常式原則上已經可以用口述的了。

利用電子原理將音樂創作和實體的樂器分離開來，早在一九一九年就已經開始了。該年，泰勒敏（Leon Theremin；俄文原名為 Lev Termen）——是當年在傳播歷史上寫下重要一頁的兩位俄國人之一，另一位要角是庫勒少夫（Lev Kuleshov）——發明了「泰勒敏電子琴」（theremin）。音樂演奏當然早在愛迪生於一八七七年意外發明留聲機時，就和樂器分道揚鑣了。但是，泰勒敏電子琴和留聲機不同，因為，泰勒敏電子琴連樂器都不需要。這電子琴本身就是創造音樂的東西，而不是複製音樂的東西。

當然，泰勒敏電子琴用的並不是「心靈移動」（telekinesis）的方法（就是在科幻小說常看見光憑心念就可以控制物體的方法），但是，泰勒敏電子琴是由操作者在兩具天線——分別控制兩具金屬振動器的振動頻率——附近擺動手臂和肢體，來控制音高和音量；由於根本不需要操作者動口或是動手來指揮儀器，因此，可以說是極其近似透過心念控制實物進行編曲，因而算是個相當好的例子。的確，若是想想指揮家以肢體動作指揮樂團演奏，再想想演奏泰勒敏電子琴的人揮動手臂、搖擺身體的樣子，泰勒敏的發明，真可以看作是原始版的人工智慧樂團——就是懂得聽從指揮者的動作來運作的機器，跟人類樂團裡的演奏者一樣。

而泰勒敏電子琴抖動的顫音——聽起來真的很像高燒不退的大腦發出來的聲音——很快便擄獲了大眾的想像力和肯定。一九二〇年代，泰勒敏離開蘇聯到了美國，而他發明的泰勒敏電子琴，也立即在卡內基廳和史托夫斯基（Leopold Stokowski）的管弦樂團一起演出，之後，還出現在其他演奏會上，《紐約時報》的頭版樂評，還都有評論（參見 Steven M. Martin，一九九五年拍的紀錄片《*Theremin: An Electronic Odyssey*》，有詳細的報導）。艾西莫夫在他得獎的科幻小說《基地》（*Foundation*）系列裡，描寫騾（Mule）怎樣利用心靈感應控制奴隸對他效忠時，靈感說不定就是來自泰勒敏電子琴：「在我看來，人類的心靈就是個轉盤，由指針指出他當時最主要的情緒……而我知道，我可以探進他們的大腦，將指針轉到我要的地方」（Asimov, 1945, p.164）。埃伯特（Roger Ebert, 1995）在他評論泰勒敏的文章裡，就說這樣樂器「希區考克曾在他的電影《意亂情迷》（1945）裡，用來暗示心理的疾病」，羅勃・懷斯（Robert Wise）也曾「在《世界靜止的那一天》（*The Day the Earth Stood Still*, 1953）裡，用來當作外星人現身時的配樂……比利・懷德（Bill Wilder）在《失去的周末》（*The Lost Weekend*, 1945）裡，用這來暗示酒醉失去方向感，傑瑞・路易（Jerry Lewis）在《狡黠的罪犯》（*The Delicate Delinquent*,

1957）裡，用這來暗示瘋狂，」其他導演也愛用泰勒敏電子琴的音效，來翻攪觀眾的情緒波濤。搖滾樂的巨星級合唱團——如披頭四、滾石合唱團、「死之華」（The Grateful Dead）——很快也將泰勒敏電子琴飄忽的樂音，納進自己的音樂，而最有名的應該是「海灘男孩」（Beach Boys）一九六六年推出的名作，〈痛快的顫動〉（Good Vibration）（曾是海灘男孩樂團一員的布萊恩．威爾森〔Brian Wilson〕在其製作的唱片裡，也用上了異國的樂器，如猶太人的豎琴，演奏時要啣在牙齒中間）。

在這一時期，穆格（Robert Moog）因為在一九五〇年代用家用的工具自己做了具泰勒敏電子琴，而從中間得到靈感，在一九六〇年代發明出一種新的電子樂器，「穆格電子音樂合成器」（Moog Synthersizer）。穆格電子音樂合成器的音域，比泰勒敏電子琴要寬得多——控制和設定的方法也多得多——而由華特．卡洛斯（Walter Carlos）*，在一九六八年推出暢銷唱片《巴哈通電》（*Switched-On Bach*），而將穆格的音樂合成器推上了古典音樂和前衛音樂交會的路口，幾十年不輟。搖滾樂手也喜歡用穆格合成樂器，跟用「美樂窗」（Mellotron：商標名，數位電子琴）——目前的數位取樣器（sampler）的先驅——一樣，用來從錄音帶裡叫出聲音供合成使用。

說來好玩，穆格合成器和美樂窗，都用鍵盤來揀選聲音、呈現聲音，因此，等於是回過頭

---

*譯注：即溫蒂．卡洛斯（Wendy Carlos），以深厚的古典樂基礎，為電子音樂開疆拓土，和穆格是朋友。

去，呼應泰勒敏電子琴出現前，音樂創作者和樂器必須有實體接觸的模式。其實，葛雷（Elisha Gray；1835-1901）——就是當年一樣發明出電話的那個倒楣鬼，由於晚了貝爾一個小時申請專利，而被貝爾捷足先登——就曾在一八七四年在他的電報發送器（可以發出不同的音高）上，接了具鍵盤，演奏出八度音階。卡希爾（Thaddeus Cahill）在上世紀末發明的「電子簧風琴」（Telharmonium），則是用兩具鍵盤來發出電子音響。在下一章，我們會再談談麥克魯漢的「後視鏡」概念——一般人朝前走時，還常愛朝後看，近似一種概念上的戀舊——可以用來解釋鍵盤化作音樂以及文字輸入工具的現象。鍵盤於電子音樂所扮演的角色，同樣也在力求發揮樂器最大的功能，而和我們在古典鋼琴、大鍵琴、風琴上演奏出美妙的音樂，特別是現場演出時的肢體工夫，沒什麼不同——只是，演奏非電子樂器需要更靈巧的工夫罷了——因而，將人類將腦中聽見的音樂直接轉換成眾人耳朵裡聽見的音樂，泰勒敏電子琴等於是這過程裡的一道高水位線。

而這虛擬可以直接轉換成真實，音樂不需要人類施以實體的指揮就可以創作出來，又該怎樣看作是往前跨進了一步呢？

我們在前一章曾經談過「初戀」效應——我們很難割捨在生命成長歷程所學會的媒體，老愛以之作為評判別的媒體優劣的標準（這效應其實也可以看作是麥克魯漢「後視鏡」原理的一支分支）——由這效應即可知道，在藝術的領域要談進步有多困難。在我們成長的世界裡，美妙音樂不是從鋼琴前的演奏者指尖就是從吉他手撥弦的指尖，或薩克斯風手吹奏的雙唇之間，流洩出來的。因此，我們好像就是沒辦法把樂器發出的美妙音樂，和演奏者使用肢體的高超技巧，一分為二。而且，我們也聽得出來，在演奏的過程裡加入了電力——像是吉他通電——演奏的手法以及演奏出來的聲音，馬上就有了明顯的變化。然而，就算人稱電吉他之神的克萊普頓（Eric Clapton）在電吉他上的功力，和古典吉他大師塞歌維亞（Andres Segovia）有所不同，他的功力，還是功力。電子的成份在這裡是改變撥弦的觸感，但是，絕對沒去掉或甚至減損一點技巧的必要。

既然腦子裡和耳朵裡都帶著這樣的烙印，在豎立的天線旁比手畫腳就可以控制音高的樂器，又怎麼有辦法教我們去認真看待呢？藝術家或許真的是人類的觸角，但是，在天線旁邊比手畫腳，也可以看作是藝術嗎？

我們若是看看傳統藝術的組成——這裡不妨以吉他手或是鋼琴家為例——或許多少可以開始了解一些，這答案為什麼是肯定的；也就是說，為什麼在某些方面，電子樂器真的可以看作是藝術的進步。音樂於創作之初，通常是先在創作者的腦子裡產生構想，或說是樂思（也有例外，就是演奏者是在樂器上隨興演奏，而由音符激發樂思，再由樂思激發接下來要彈奏的音符），然後，就由音樂家在吉他上撥弄或在鋼琴上彈奏，將樂思化作音符，樂曲隨之成形。而在樂思開花結果的過程裡，創作者在樂器上實地彈奏、編曲，當然也插了一腳。以傳統模式發揮的音樂才華，基本上是由三個部分所組成的：(a)樂思的質，(b)演奏的質，(c)樂器的質。直接演奏的人，通常只在第二個組成——就是實地演奏——有獨一無二的輸入權。至於樂思——旋律和和聲——則可能是別人的創作。而演奏者演奏的樂器，則可能是第三人的構想和創作。

所以，我們現在再看看演奏泰勒敏電子琴的情形。演奏的過程一開始都一樣，都有(a)，演奏者的腦子裡有樂思，不論是他自己的，還是別人的，都一樣。然後，演奏者在天線附近揮動雙手，這部分就包含了(b)，演奏。至於實體樂器(c)，自然是泰勒敏電子琴，而且它和(a)、(b)的關係和傳統模式一樣，也就是這樣樂器的構想和製作，和演奏者無關。

所以，在這樣的模式裡，鋼琴和泰勒敏電子琴二者之間，到底有什麼差別呢？顯然，這差別全在於(b)，演奏。雖然演奏泰勒敏電子琴一樣需要技巧和訓練，才演奏得出來特定的樂曲。但是，若說演奏泰勒敏電子琴的人這方面的才華還是沒有吉他或鋼琴那麼重要，應該沒什麼錯。而這就容易讓人覺得泰勒敏電子琴的價值比較低了。所以，埃伯特就說過（1995），「泰勒敏電子琴是一樣嚴肅的樂器嗎？我看不是吧。」

但請注意，演奏泰勒敏電子琴於(b)這一項（也就是演奏的部分），才華或許不必太高；但是，整體的結果（就是a加b加c）所需的條件，絕對不下於鋼琴或是吉他演奏。演奏的技巧比較低，其實是因為它分散到了(a)和(c)——也就是樂思和樂器。（不過，歌唱在此的組成就又不一樣了，歌唱的樂思和演出大於實體的「樂器」——聲帶。）

我們若再看看美樂窗，或是其他從預錄的錄音帶裡創作音樂的樂器（套用現在的口語，就是數位取樣器），就可以覺察到：電子樂器在演出裡所占的比重，其實比我們想的還要大。雖然電子樂器的演奏者，在選擇聲音、決定音長和混音時，一樣要用上才華；但這才華，絕對無法和撥弦或是吹奏所需的技巧相提並論。我們或許聽過吉他手說，他撥弄出來的曲子早就存在吉他裡了。這樣的話聽來真是迷人，而且還頗有麥克魯漢式譬喻的味道（媒體即訊息）。但是，吉他或是豎笛裡的曲子，再怎樣都比不上數位取樣器裡的音樂；因為，取樣器裡的音樂，都是別人以前便創作好的。

只是，若說電子音樂到頭來只不過是把才華從演奏這邊轉移到樂器那邊，把演奏者占的比重變小，把樂器占的比重變大，這樣算哪門子藝術的進步？數位取樣器這東西，把音樂創作從鋼琴鍵盤那邊改放進電腦裡面，而把音色轉到一樣機器的身上，這樣，又怎麼算作是比較好呢？

這答案，有一部分在演奏者雖然不必比較好，但是，結果對聽者是比較好。電子音樂到後來，可能真的可以創作出某些人覺得很棒的音樂，只要他們掙脫了「初戀」效應和「後視鏡」的心態，即可。即使是泰勒敏電子琴，只要聽的人覺得它所發出來的音樂，觸動了他心底深處的靈魂，別的樂器都沒辦法做到，那這音樂是由魔術師比手畫腳弄出來的，還是大師在琴弦或是琴鍵上彈奏出來的，又有何干？

而這答案的另外一部分，可能就在(a)，音樂創作的構想（就是演奏者在腦子裡聽見的樂曲）走在實際演出之前。由於電子樂器可以將這虛擬的樂思，從後繼的實際演奏像去偶（decoupling）般分離開來，或說是拉低實際演出在樂思和樂器之間充當橋梁的地位。電子樂器，或許可以為我們在大腦裡打開一條新的音樂閘道；以前，這閘道需要有肢體的技巧作為過關的代價，如今，則否。

大腦裡的創意，一旦得以掙脫必須有實物作為表達管道的限制，我們或許就真的有了一把鑰匙，可以在數位革命裡開啟門戶，讓我們真的把什麼事情都做得好好的，而不僅只是音樂。

虛擬的才華

虛擬音樂——不論是以數位碼來啟動樂器，或是早期泰勒敏電子琴以揮動手臂觸發音樂——都只是數位藝術裡萬端已出現暨可能出現的發展之一。這藝術也可以是繪畫，因為，顏色一樣可以寫成數位碼了，深深淺淺的繽紛色彩，一樣可以在螢幕上輕易混合出來——當然，也可以是文字。原理都一樣。

我在《柔刃之刀》裡，曾對文字掙脫白紙黑字的束縛之後對寫作的人到底有什麼好處，有過相當詳細的討論（1997b，第十一章）。作家現在再也不必在打字機上思索這個字、那一段是不是真的該費勁重打；作家現在可以直接在電腦的文字處理工具上，愛改什麼就改什麼。這就跟電子音樂一樣，在文字處理的工具愈來愈精密後——這是跟打字機比——人腦的優勢，就愈來愈大。

去掉擋在創作路上的實體障礙或是挑戰之後——不論是白紙黑字、象牙鍵盤、還是油彩水彩

——就碰到了我們在第十章談過的把關問題了。早在政治、社會、或是經濟關卡出現之前，人的大腦一開始思考、感覺、或是想像，一道陡峭的實體關卡就昂然矗立目前。講話之所以比較沒有價值，就因為語言是我們天生就有的溝通型態。講話不必付出什麼代價，因為，講話沒有實體的關卡需要我們去打交道。

但是，「沒什麼價值」裡面說不定躲了一大優勢。為什麼我們的夢想、我們的藝術成就，始終侷限於個人所有，始終受制於一失去了肢體工具就可能沒辦法練成的技巧，這樣對我們的世界就是比較好的呢？

支持這關卡始終存在的理由（不論源頭是在社會裡，還是肢體上）就是：這技巧可以為我們過濾不夠格的創作作品。或者說，支持藝術創作需要有實體演奏作關卡的論點，是認為把創作的重點轉移到預錄的錄音帶或是電腦，由這些東西將我們腦子裡的構想轉化成創作，可能導致創作淪落到機械、做作、非人的層次。

但我的看法正好相反——因為，這樣創造出來的藝術，不僅沒少掉一點人性，甚至還更具人性；因為，思想、感覺、想像，比起敲打琴鍵或是吹奏簧管，更是我們之所以為人的基礎（我絕對無意貶低彈奏、吹奏樂器所需的技巧——只是，技巧背後的思考，好像才是我們之所以為人的最主要、最必要的條件）。

但若猴子也會打字，那又該怎麼說呢？——就是沒有音樂才華的人，可能一樣可以用精密的數位樂器，不知如何就創作出藝術作品來了呢？

除了哼一句，「那又怎樣？」——作品若是不好，扔在一旁不就得了——我並不覺得有這可能。以我自己為例好了，我從幼稚園起，就知道我沒有繪畫的天份。世上再精密的繪圖軟體，交到我手上一點用也沒有；因為，我大腦裡沒有才華可以透過這軟體施展出來。但在音樂方面，我從一九六〇年代起，就為搖滾樂寫和聲，寫歌，還愛玩各式鍵盤樂器。所以，我自己想呢，假以時日，應該可以在ＭＩＤＩ或是其他數位電子樂器上做出還算過得去的作品。我不會畫畫，但會作曲，其中的差別，就在於我腦子裡有音樂，因此，才有立足點可以借重電子樂器，在去掉音樂創造上的實體障礙之後，擷取得利益。

當然，創作變得更加方便後，即使你的腦袋裡有構想，也不是沒有風險。我已經在虛擬的商務以及教育世界裡耕耘了十五年左右，常常發現我構想計畫或是傳送電子郵件的能力，遠大於執行的可能。我寫郵件、發郵件的速度，常常大過收郵件的人的執行速度。所以，在這例子裡，擋在我心眼前的障礙，就是另一個人；而人，則是再精密的儀器也無法跨越的障礙，至少，現在一時還無法跨越。

虛擬的世界常會製造出這種虛幻的成就感，特別是沒有印表機將我寫的文章印成白紙黑字的時候（或沒有電腦螢幕可以供別人讀我寫的文章時），沒有數位碼的轉換器可以組合成曲子時，沒有儀器可以將揮舞的手臂轉換成聲音時，這種虛幻的成就感，就是我們在新世紀裡，必須面對的問題了。媒體革命的結果，並不是雨露均霑，這點已經毋庸贅言。數位工具不只是增加了我們實際能做的事，也增加了我們想像我們能做的事，這時，有些系統裡的印表機、擴大機就一定不夠用。峇里島人之所以能把什麼事情都做得好好的，說來說去，不外乎他們前工業時代的社會裡，要做的事情不致太多。此外，他們做事時要用上的工具比較少，也表示心理的構念外現在肢體上時比較簡單——或至少說是；麻煩比較少；因為，有些心理構念，例如飛向月球，他們根本就認定不可能，因此將之侷限在幻想裡，就像根本就不存在一樣，不會要將之付諸實現。

但是，就算我們真的可以成為虛擬藝術大師——就是有工具設備，可以供我們將腦子裡的構想，變成印刷品、音樂，或是其他可以在我們的大腦外展示的美好事物，而其他人，也可以欣賞得到我們表達出來的東西——這過程裡，最主要的障礙，便是不管我們怎樣想像，這方法有一大部分都和我們長久以來的做事方法牴觸。世人對於電腦的文字處理功能和成品，比電子音樂要容易接納，是因為輸入電腦的書寫程序，在表面看來和手寫或是用打字機沒什麼不同，不寫作的人，多半覺得在打字機上敲來敲去，跟在電腦鍵盤上敲來敲去差不多。但是，在電腦上輸入文字，或是在一圈圈、一條條天線旁邊揮舞手臂，看起來就和撥弄吉他或是吹笛子很不一樣了。電腦在音樂方面，就和我們長久以來以為是與生俱來的音樂看法有衝突了。

然而，這看法並非與生俱來的，而是來自後天歷經數百年、甚至數千年的傳統累積而得的。但是，就算是後天學來的，這力量一樣很強大。我們已經看它一直躲在這本書裡談到的諸多數位媒體發展的後面，閃著瑩瑩的光影很久了。我們思索新發明甚至使用新發明時，這看法始終盤桓不去，我們在媒體上做的任何一件事情，都擺脫不了它的牽扯。

所以，在下一章裡，我們就要專心談談麥克魯漢的「後視鏡」。

第十四章

穿透鏡面，熠熠生輝

Rear-view mirror

後視鏡

近幾年來，隨便晃進一家賣新式樂器的店，都可以看見店裡放著形形色色的電子樂器，鋼琴、風琴、吉他、薩克斯風等等。只是，你若湊近一點瞧瞧，就會發現這些電鋼琴，有些根本稱不上是鋼琴——是有鍵盤沒錯，但是，鍵盤根本沒連在琴弦或是別的什麼可以直接發出樂音的東西或擴大機上。其他的吉他或是薩克斯風也一樣。那些吉他、薩克斯風是可以彈、可以吹，但是這些電吉他、電薩克斯風的音樂，並不真的是這樣演奏出來的。電子樂器演奏出來的音樂——不管是當時還是後來——都是靠數位碼啟動別的聲音而演奏出來的。因為，這些假吉他和虛擬的薩克斯風，都是數位輸入的儀器；數位鋼琴上連接的鍵盤，功能也比較像電腦的鍵盤，而不像傳統鋼琴。這些配備，都是輸入數位資料的工具而已；所輸入的數位資料，之後才再轉換成音樂。

既然如此，何必一定要把這些電子樂器做成鋼琴、吉他、薩克斯風的樣子呢？電子樂器產生音樂的數位資料，輸入個人電腦裡不就可以了嘛。

麥克魯漢對此倒是已經有了答案，他說：「我們總是透過後視鏡來看現在的一切，我們是倒著走向未來的」（McLuhan & Fiore, 1967, n.p.）。他解釋說，「在面對全新的情況時，我們常會依附……最靠近現在的過去事物不放。」

他所說的情況，未必一定是全新的，他所說的依附，除了東西之外，也包括語言。我們在樂器店看見的那些電子樂團，就是後視鏡式的，不僅樂器的樣子一定要做成鋼琴、吉他、薩克斯風原來的樣子，連名稱也要保留原來的名稱。即使名稱的開頭或是結尾，加了數位或是ＭＩＤＩ這樣的字眼，聊表這類樂器發出音樂的模式和傳統樂器不一樣；但我們依然習慣把這樣的樂器，看作是和我們習以為常的傳統樂器沒什麼不同，只是加了些料。

這後視鏡的概念，跟麥克魯漢觀察媒體的深層關係而提出來的其他巧妙標籤，幾無二致；只要你一開始在身邊尋找「後視鏡」的效應，就會發現無處沒有後視鏡。像電話，最早叫作「通話電報」，汽車最早叫作「無馬馬車」，收音機叫作「無線電」。在這些例子裡，後視鏡的直接效應，就是把新媒體革命功能裡最重要的幾樣給掩蓋掉了。因此，雖然電話是真的以通話便利為主，但是，電話也擺在家裡，因此等於是把電報私有化、個人化，而改變了世人公、私兩方面的生活。而這改變，在「通話」這兩個字裡，一點也看不出來；因為，我們不論是在家裡還是在外面，都可以通話。雖然汽車是不需要靠馬來拉，但是，把馬否定掉，一點也沒有喻示到內燃機後來還進一步會把石油變成二十世紀最昂貴、最搶手的商品。「無線電」這個名稱也一樣——雖然收音機是真的不需要接收的線路——也一樣沒辦法暗示出收音機旁邊常常聚攏大批聽眾的特性。因為，這些聽眾集結在一起，不是因為收音機不需要用上接收線，而是因為當年在家裡裝收音機的費用非常昂貴，非一般人負擔得起（有線電話的收發配備，比起來就便宜得多了）。

其實，後視鏡在麥克魯漢看來，幾乎等於是媒體演進歷程及效應的一大操作原則，像是代用的簡式，和我們在這本書裡已經討論過的諸多麥克魯漢的基本見解有涵括、重疊的關係（這情形還是沒什麼好奇怪的，因為，麥克魯漢的理論具有全像立體的特性，每一概念，都內含了別的概念的藍圖，都提供了別的概念入口——像是觀念式超文本連結，只是跑在時代前面。也因此，麥克魯漢認為老媒體會成為新媒體的內容，因而變得比較明顯，反而為人誤以為是新的媒體，這也不過是後視鏡概念的另一說法而已，他是要將我們的眼光從前面轉到剛剛逝去的後面。而他說我們會愛上自己在媒體裡的投影，以致看不見媒體的真正效應，原因在於我們是媒體的直接創造者，也是這同一種情況。席奧（Donald Theall）——雖然和麥克魯漢在許多問題的看法南轅北轍——但倒也很早便抓到了這後視鏡的核心地位，而為他的麥克魯漢評論集取名為《媒體即是後視鏡：了解麥克魯漢》（*The Medium is the Rear-View Mirror: Understanding McLuhan*, 1971）。

由於我們在思索目前、未來之時，後視鏡的思考模式極其普遍以致麥克魯漢本人，其實也擺脫不了這樣的模式，他自己倒也滿口承認。因此，他的「地球村」，當然就是一面後視鏡，或說是透過古老的村莊來了解新世界的電子媒體（雖然村子比城市古老，因此可以算是「久遠」的過去，而非「最近」的過去；而麥克魯漢認為後視鏡最主要的應用領域，是在「最近」的過去；我們在下一章，會討論麥克魯漢對這種深入的重拾效應有怎樣的看法，及其與後視鏡到底有什麼不同）。其實，由於麥克魯漢太依賴譬喻，而注定會使後視鏡成為他作品的推進器。如我們在第二章所述，他很喜歡引述一位無名「笑匠」開的玩笑話，那人把布朗寧的話改成：「人類一定要伸向掌握之外，否則要譬喻何用？」（例如，1997*a*, p.176，另請參見 McLuhan & Parker, 1968, p.12）。然而，譬喻若不是一面後視鏡，可以在比較不明確、不清楚的新現象上面，加上某種我們覺得我們摸得一清二楚的東西，而把新現象弄得比較明白，那這**譬喻**又是什麼？

只是，雖然麥克魯漢認為他可以控制譬喻裡先天便很容易出現的誤解——只是他的讀者有許多人都做不到——他還是認為後視鏡在我們看待媒體和科技時，由於太普遍了，根本沒辦法抵擋，以致成為在所難免的事。他認為他自己，還有我們，唯一能做的，充其量就是在後視鏡出現時，盡可能認出它來；而他其實也常說，他身在加拿大，等於是位在美國媒體尖端的「遠程預警線」（DEW Line, Distant Early Warning system）上方，因此，算是占有優勢，比較容易認出自己的後視鏡（例如，McLuhan & Powers, 1989，第十章）。所以，我們就以這樣的態度來檢視我們放在電腦螢幕後面的後視鏡，以及這些後視鏡怎樣扭曲了我們對數位時代的認知和了解吧。

後視鏡拼成的網路

網路，其實正是名副其實由後視鏡拼成的大廳；因為，我們在網路上可以用新的方法，去做各式各類新的、舊的事情。我們在網際網路上用即時聲訊收聽廣播電台的節目時，網路難道不真的成了我們的廣播電台嗎？我們在網際網路上找研究資料時，網路不真的成了我們的圖書館嗎？在網路上面跟人聊天，比起咖啡廳裡的閒磕牙，到底是哪裡扭曲了呢？

其實，有一點相當重要：這些後視鏡根本**沒有**扭曲的效果；後視鏡其實可以提醒我們，在邁開大步迎向未來之時，眼睛不忘看向過去還是非常有用的：後視鏡像譬喻一樣，可以協助我們接納新媒體，掌握新媒體。我們都知道書籍的價值；因此，在線上讀文章跟在書上讀，在許多方面都一樣，甚至有人還為網際網路安了個「線上書」的名號，等於是在向全球——連那些只看網際網路的其他方面，而忽略網際網路的用處，以致愛罵網路的人也在內——強調書籍的重要。

但是，後視鏡的概念，是柄兩刃的利劍，因此，那些批評的人所憂慮的事，未必全屬無稽。譬喻或是後視鏡，分析起來之困難是出了名的；而且，我們看的後視鏡，往往還會擋住了我們的視線，而教我們看不出來新媒體在有些方面，是無法和過去的媒體相提並論的。像我們把網路當圖書館用時，若是碰上網路壅塞或是當機，我們就根本沒辦法讀我們正在讀的東西了；然而，若是手上有一本書就根本就不會有這問題，除非你給人敲得眼前發黑，什麼也看不見。我們若在網路上認識某個人，就算看過對方的照片或是錄影的影像，我們還是不清楚對方其他的方面，因而很難在和對方見面時，一眼就認出對方來：因為，照片或是影像，可以假冒（順帶一提，phoney這個英文字，很可以告訴我們一些事情；因為，顯然這個字和電話裡容易造假有關）。我們躺在海灘上曬太陽，海浪輕拍在腳邊時，是可以用掌上型電腦收聽即時聲訊，像以前用十塊美金就可以買到的乾電池收音機一樣。但是，現在掌上型電腦的價錢是十塊美金的十到百倍，一個浪頭打來把掌上型電腦捲走了，比起收音機來，任誰都會心疼得要命。

所以，這問題就是——若是容我把後視鏡放回它原來在車上該待的地方——我們一定要搞清楚，什麼時候該把盯在後視鏡上的眼睛拉回到前方的道路。若是眼睛死盯著後視鏡，只看新媒體和剛逝去的媒體之間有什麼關係，這樣子開車，可能一頭撞上什麼不測。但換個角度，若是眼睛死盯著前方，不去管我們從什麼地方來，開過了什麼地方，我們也不可能搞得清楚我們現在要去什麼地方。

不過，我們的問題沒這麼簡單了，因為，我們若是要用後視鏡來協助我們駛向未來，我們不僅需要掌握過去的正確資訊——就是：鏡子要能正確照出我們剛才走過了什麼地方——我們還需要抓得到一些暗示，判斷得出一些跡象，知道剛才走過的地方，有什麼部分和我們正要前去的地方有最重要的關聯。後視鏡裡，一株楓樹站在路旁固定不動，和未來的關聯，應該遠小於一架雪佛蘭跑車，正在以一百英哩的時速從我們右邊超過去。

而講到固定不動（stationary）和紙張文具（stationery），就要談一談麻省理工學院正在研發的「電子墨水」（electronic ink）了（參見 Peterson, 1998，有詳細說明）。他們這構想，是我們可以在輕薄柔軟如紙的「電子紙」（sheaves）上面寫字。但是，這樣的「紙」，會罩上一層帶有電子的粒子，其狀態，可以用特定的電子場予以改變，而讓作者進行消除或修正——也就是說，作者可以盡享文字掙脫傳統白紙黑字束縛後的便利（參見 Levinson, 1989，就文字的電子解放，有初步的思考）。

我們若朝後視鏡瞥一眼，可能會覺得這種電子墨水是個滿理想的作法：既有紙張的便利，又能在電腦螢幕上作文字處理和電子通訊。然而，若再仔細瞧瞧，就會發現，我們看的可能不是剛逝去的環境裡和這問題的關聯最密切的那一部分。因為，傳統的白紙黑字，有一個最重要的好處，便是固定不動：我們——其實，應該說是：我們社會裡大部分的人——已經習慣書報雜誌上的文字印好後就固定在那裡不變了，一開始看它們是什麼樣子，以後永遠都是那個樣子，將來不論我們什麼時候再回去看，還是那副老樣子。因此，文具紙張可以固定文字不動，輯印成書後，便是永遠可靠的處所。這些優點，比起電腦文字檔的便利，絕對不遑多讓（參見 Levinson, 1998a，有進一步討論）。當然，未來或許會發明出更好的電子文件，也有白紙黑字的可靠和持久——就是既有電腦文字檔的自由，又不減損可靠的程度——但是，目前的電子「墨水」和電子「紙」，都還是透過後視鏡映出來的墨水和紙，而排除了原始的墨水、紙張所獨具的重要優點。

講到了優點，就把這本書許多地方的媒體分析所內含的另一面向，拉到了檯面之上——但是，我們先前即已提過，麥克魯漢明白否認這一點是他媒體研究的一個目的（例如，他曾說過「價值沒有意義」，引述於 Steam, 1967, p.286），麥克魯漢甚至明白表示，他的媒體論只在探索，不僅不作評價，連解釋都排除在外（也請參見本書第二章）。不過，我在本書，以及其他文章裡（例如，Levinson, 1981a）都曾指出，麥克魯漢在他的探索路途裡，一路不只解釋，連評價也都出現過：當他說：「古希臘人因為視覺張力加大，而和原始藝術漸行漸遠；然而，新興的電子時代現在卻……而將之重視」（1962, p.81），他這樣的話裡，對古希臘人當然是有評價的；而且，說得再明確一點，他說的還是負面的評價。而且，出現這些評價，對麥克魯漢的作品其實是加分的，雖然他自己不承認。

因此，我們就要依照麥克魯漢實際做事的路線，而非他說的路線，在下一節裡，將他的後視鏡想法帶入新的千禧年，談談他的後視鏡概念，可以怎樣協助我們注意新媒體的優點和缺點。

工具箱裡的後視鏡

媒體對人類的貢獻如何，端看控制；而且，是我們對媒體的控制。雖然人都會犯錯，而且還常常犯錯，以後，也還會再犯錯——而且，還不少喲——但我認為，比起我們沒辦法決定要怎麼用的科技，我們可以掌握的科技對人類還是比較有利。因為，科技若在我們掌握之外，我們在周遭的環境裡就會變成智慧最低的生物了。若有人居然要說智慧這麼低的生物，在萬事萬物中可能還比人類要好，甚至，對我們的地球也都比較好，也因此，我們對科技的控制力增加不只不算進步，還算是墮落——那我沒話講，我們的討論到此為止。然而，你若相信現在人類的理性比起人類在地球上的老祖先，絕對有長足的進步，而且，這一點不需要提什麼證明，那就請你繼續讀下去吧。

不論麥克魯漢對理性的看法是怎樣的，他曾說，理性是希臘人「符碼式線性模式」所孕生的產物（引述於 Stearn, 1967, p.270），這「符碼式線性模式」，就是希臘字母，而且，他提出證據支持他這說法的邏輯，也相當合理（參見 Levinson, 1981a）——他還是常將人類歷史的整體和個案，看作是科技的產物；而且，還是人類幾乎沒辦法控制，常常還一點也不了解的科技。其實，就因為他強調我們對科技無力控制，才讓我們比較容易理解他為什麼反對評價：我們若是真的對媒體最強的效應和影響都不知不覺的話，我們若真的跟那位追求自己水中倒影以致身殉的納西瑟斯好不了多少的話（McLuhan, 1964，第四章），那麼，再去追究媒體對我們是好是壞，又有什麼意義呢？不論好壞，我們一概無能為力啊。

然而，就媒體的歷史，以及我所謂的「補救型媒體」（remedial media）的發展史來看，在在證明我們手裡不是沒有控制權。我們不就發明了窗子來補救牆上沒有風景可看，或是有風景可看卻沒辦法禦寒的問題。待後來，我們發現這新媒體出現當初沒想到的後果，偷窺狂因之坐大，我們就再改進這項發明，加上了窗簾。至於現代人發明視窗，也是為了改善的目的，而結合了DOS的單調、準確，和麥金塔的有趣、模糊。雖然，視窗免不了還是有問題，但是，焉知我們不會再發明視窗用的「窗簾」呢（所以，再回到我們在第七章已經談過的，美國政府對微軟提起反托辣斯訴訟，一點也沒有必要：因為，微軟的產品，也只有在有用時，才賣得出去啊）。人類在碰上媒體有問題時，會以理性設計出改良的產品；而這窗子和視窗，不過是人類這項能力無數例子裡的兩個而已。你不喜歡因為出門而漏接電話？那就發明個補救媒體：答錄機（一八七七年愛迪生發明留聲機，時間正好在貝爾為他的電話申請專利權後一年；而愛迪生發明留聲機，原就是希望可以拿來當答錄機用）。討厭生活的時程被電視節目控制在手裡？錄放影機就發明出來啦，將我們從電視節目的束縛裡解放出來（參見 Levinson, 1997b，針對補救媒體有較多的討論；參見 Wachtel, 1977/1978，他對於窗子乃人類之原型媒體，有初步的討論）。

其實，如我在媒體演進之「適人」論裡說的——「適人」（anthropotropic），「趨近」（tropic = toward）於「人」（anthropo = human）——媒體整體的演進，可以看作這樣：最早是人類為了滿足想像裡的渴望，而發明出媒體，將人類的傳播能力擴張到耳聞目視的生理條之外（因此，象形文字、字母、電報，全都在將人類的語文延伸到千百萬年之後，或是千百萬哩之外），接下來，為了將人類在先前的擴張裡所失去的自然世界重新再找回來，人類又再發明新的媒體（所以，攝影術就將寫作失去的實際影像找了回來；電話、留聲機、收音機，便將聲音找了回來）。從這樣的角度來看，人類媒體的演進歷史全都可以看作是在補救。而現在的網際網路，由於改善了報紙、書籍、收音機、電視等等媒體的缺失，便可以看作是補救媒體裡的補救媒體（參見 Levinson, 1979a，第一次就「適人」式媒體，提出了比較詳細的論述；至於我的「補救」式媒體，第一次出現是在 Levinson, 1988b, pp.225-6）。

因此，我認為補救式媒體出現，以及人類在使用媒體時理性和控制依然得以獨擅勝場，是媒體得以演進、有所效應的基本條件，也是媒體會出現始料未及的後果的主要原因——也就是說科技出現了人類沒想到的效應——而這些始料未及的後果，便是麥克魯漢窮其半生學術生涯在鑽研的領域。這樣子來看，套用麥克魯漢的說法，媒體的演進便是「冷」調性的——也就是往往潛藏在表面之下，姿態擺得很低，但是，一定會引起我們去干涉，以求改善。

既然指揮媒體前進的舵，已經抓在我們手裡了，我想，接下來，應該可以順理成章，不再只把後視鏡當作是認識錯誤的事後檢討，不再只把後視鏡看作是我們無力看清楚現在和未來真相的簡式，而也應該將後視鏡看作是協助我們主動引導科技走向更好道路的工具了。

因此，若真要做到這一點，我們又該如何運用我們的後視鏡呢？

波斯特曼常說（例如1998），面對新科技時，我們應該捫心自問：這樣新科技，到底為我們解決了什麼問題？或是這樣新科技到底試圖為我們解決什麼問題？若是仔細考察，他意在言外的答案，其實是科技幾乎沒為我們解決什麼問題，而由此，他自然也會進而認定，我們常常是以錯誤或是虛浮的理由來運用科技，以致輕則浪費時間，重則威脅及切身的利益。而我在這裡，倒要提議，我們其實可以將後視鏡當工具使用；而這也等於是對波斯特曼的問題，提出了另一種比較好的解答。

由於後視鏡像放映機，可以把剛逝去的過去和現下融合在一起；因此，後視鏡可以是協助我們掌握實際問題的理想工具。在錄放影機這一類簡單明瞭的補救型媒體裡，我們未必需要後視鏡，因為，手邊的問題和解決之道清楚明瞭；大家都很清楚電視的缺點：電視只能提供瞬息即變、而且無法設定的內容。錄放影機當初發明出來，為的正是要解決這個缺點，而大家也馬上看得出來，錄放影機就是要補救這個缺點。然而，如先前所述，媒體也會帶動始料未及的結果出現，而且，範圍可能極大；這就表示，媒體所要解決的問題，說不定沒辦法一眼就看得出來。其實，我們甚至對我們手邊的媒體到底可以解決什麼問題，往往都搞不清楚。因此，貝爾當年發明電話的動機，原是想為太太做副助聽器。愛迪生（如上所述）一開始為他發明的留聲機設定的目標，是要當電話答錄機。而十年後，待他了解他的留聲機，其實是在為世人提供音樂娛樂的永久服務時，他又把他心裡構想的電影放映機，設定為留聲機的影像配備（參見 Levinson, 1997b，有較詳細的討論）。這些例子——好像比錄放影機這類因果明確的補救型媒體，都要多得多——便是我們在分辨最早的感知裡到底是哪一種比較重要時，可以運用的基本工具。

在這方面，網際網路也是最純正的例證，可以用來說明一樣媒體之誕生，和它後來解決的各式各類重要問題幾乎沒什麼關聯。其實，網際網路的發源地，美國軍方的「高階研究計畫署網路」（ARPANET, Advanced Research Project Agency Net），和我們這本書裡從頭到尾一直在談的摧毀關卡和階層組織，正好站在對立面。網際網路當初之所以成立，是為了要在階級嚴明的組織裡促進溝通；但它促進得太好，反而把階級組織都剷平了。而這項效應，正是網際網路的發明人一開始怎樣也想不到的。不過，范納華、布希、恩格巴特（Douglas Englebart）、尼爾森等理論家——他們同都注意到傳播媒體裡會有東西需要補救，因而在探索新媒體的可能發展時，算是在用後視鏡來掌握這些問題——倒是多少都預見到了網際網路可以有怎樣的實際用處（參見 Skagestad, 1993, 1996，對布希、恩格巴特、尼爾森有比較詳細的說明）。網際網路除了撤掉了傳播的關卡之外，它所紓解的問題，犖犖大者，還包括：紙上傳播速度緩慢；寇美紐斯（John Amos Comenius）*所謂的「大對話」（Great Dialogue）在線下進行時，注定會排除掉許多人腦子裡的好構想；和實際表達出來之間有差距；還有其他這本書裡討論過的許多先行媒體的缺點，等等等。而這些放在後視鏡裡看，就都清楚了起來。

這並不是說，所有的問題放在後視鏡裡看就變得可以解決了，或是可以清楚起來。這後視鏡可不是祭司王約翰（Prestor John）†的那面銅鏡（Speculum），可以映照出媒體國度裡的一切虛假、扭曲和詭計。在剛逝去的過去裡，就算是從一樣不太相干的組成部分那邊反射出來的一絲陽光，一樣可以照得我們眼花撩亂，一時看不清楚關聯比較強的組成部分到底是什麼；就跟當年的「無線電」一樣。要不就是，雖然我們冷靜檢視過去，但還是可能漏掉關鍵的條件，就像我們看「電子墨水」的優點，但是沒看出它去掉了白紙黑字無法抹煞的可靠優點。換言之，後視鏡跟每一樣科技、每一種理論一樣，不可盡信，使用時須多加判斷。

然而，我們看後視鏡時，若是在眼睛裡多加上一粒真理的沙子——「小心：鏡子裡照出來的距離，可能比實際距離要短」（有次，我和我兒子賽蒙談到麥克魯漢的後視鏡使用時要注意些什麼，他跟我說了這句車子後視鏡上常見的警語）——那麼，我們手裡就有了一樣非常有用甚至必備的工具，可以用來衡量我們的未來。因為，未來，也唯有放在過去裡看，才有辦法作合理的衡量（這樣子解讀的話，現在——或說是開車——便像是剛逝去的過去和即將來到的未來二者間的假設性中點）。

而麥克魯漢本人關心的重點，其實是在通往現在的過去，而非通向未來的現在。追根究柢，他應該算是歷史學家，他最鮮活的譬喻，不是用過去的環境來作啟發式的比較（例如他的地球村），就是借用自別的環境（例如借用自爵士樂的「冷熱比」）。愛罵他的人，通常都忽略了他理論裡觸及的歷史背景有多深、有多廣，又有多細；要不就是把這項優點，扭曲成缺點，像麥唐納那句出名的「他將文化劫掠一空，從洞穴壁畫搶到《狂人》雜誌（*Mad*）‡，亂搶些斷簡殘篇，只為了支持他理論體系的廢墟」（引用於 Stearn, 1967, p.203）。但是，罵麥克魯漢的人，罵的也未必是無的放矢，因為，麥克魯漢的作品，依他陳述的模式，是找不到瞻望未來的明確指南。因為，麥克魯漢根本就沒有意思要當嚮導。探索和嚮導，是很不一樣的兩回事。

然而，把麥克魯漢的作品帶進未來，像我在這本書裡一直在試的，是注定要將麥克魯漢作品的焦點從過去轉向未來，至少，有一部分一定要如此。因為，將麥克魯漢的構念應用在目前的媒

---

* 譯注：寇美紐斯（原名 Jan Amos Komensky, 1592-1670），Comenius 是其原姓的拉丁拼法。捷克教育家、宗教領袖，提倡普及教育和「泛智論」（Pansophism），尊為現代教育之父。

† 譯注：祭司王約翰，傳說裡中古時代的一位國王，信奉基督教，有法力，曾經統治過遠東和衣索匹亞。

‡ 譯注：以美國高中生及大學生為讀者群的諷刺性漫畫雜誌。

體及其效應上面，起碼就是在將他建構於一九五〇、六〇、七〇年代的理論，推向新的世紀、新千禧年的開端——也就是說，要將這些構念用來探索未來的媒體及其應用。

所以，在下一節裡，我們就要談談，「召集」（marshalling）麥克魯漢的見解——不只是後視鏡而已，其他的見解也一起上陣——幫我們勾畫未來的道路時，會碰上哪些隱而未見的契機還有障礙。（好啦，我知道這雙關語〔指上一句裡的 marshalling，和麥克魯漢的名字 Marshall 是同一個字〕在這裡用得不好，但是，你們也知道，反正我就是耐不住嘛，遲早都要用出來的啦。而且，瞧，我不一直壓到這個時候了嗎，已經是這本書的倒數第二章了耶。）

未來的處方

一九七八年八月，我剛度假回到家裡，就發現電話答錄機裡有我最盼望，也最有幫助的留言。麥克魯漢在電話裡說，「我喜歡你這篇論文，」他知道我一聽就認得出來他的聲音，「但你弄錯了一件事，你說殷尼斯和我是『媒體決定論』這一派……」

他說的那篇論文，是我寫的〈人事重播：媒體演化理論〉（博士論文，New York University, 1979a），但我聽得出來，他雖然不想失禮，但是回答的口吻，和他那次當著眾多觀眾的面在電影《安妮霍爾》（1973）裡回答那位自負的教授認定電視是熱媒體時的口吻，如出一轍。我寫的博士論文可以得到麥克魯漢的回應，就算只是一半的肯定，已經教我十分高興了——麥克魯漢於當時，已經不只是一位我尊為二十世紀最偉大的媒體思想家（到現在我還是這樣想），也是一位相當親近的朋友——但我心底還是覺得，我把媒體決定論的帽子戴在麥克魯漢和殷尼斯兩人的頭上，並沒有錯；這次，錯的人是麥克魯漢自己（對不起，就算有人真的有謙虛的優點，但我可從來沒有過）。

我的論文裡，麥克魯漢特別注意的那一部分——我一、兩個禮拜前才把論文寄給他看，跟我把論文交給紐約大學同一時間，波斯特曼是我的論文指導教授，也是論文審查委員會的主席——是我把麥克魯漢說的，「人類，好像就此變成了機械世界的性器官……從事繁殖新個體、演化新物種的任務」（McLuhan, 1964, p.56；另請參見第三章有關這部分的討論），劃歸為媒體決定論。不過，值得注意的是，麥克魯漢和我在這問題上的差異，其實只是重點不同，而和實質沒有關係。我的論文畢竟是以媒體演化的理論為主——就是人類會選擇最適合自己需要的媒體，而讓這樣媒體存活下去。所以，我其實同意麥克魯漢所說之人類為媒體進行繁殖任務的話，我甚至還以這概念為基礎，推演出我的「適人」論（參見本章前文）。但是，麥克魯漢對這看法的說法，以及他認為我們會透過媒體對自己催眠（"Narcissus Narcosis", 1964，第四章），就教我覺得麥克魯漢把人類和媒體的關係，看作是人類是媒體的產物或是效應，而非媒體是人類的產物或效應。因此，我才把他這樣的看法（殷尼斯和他其他的看法也一樣），說成是「媒體決定論」，就是說：雖然人類手中還是有一些控制媒體的力量，但是，麥克魯漢和殷尼斯眼中，真正在發號施令的一方，是媒體。新媒體把舊媒體變成藝術類型，新媒體把世界改造成地球村；現行的媒體成了後視鏡，蒙蔽了我們認清新媒體影響的眼睛——雖然周遭有這麼多事情在發展，在推演，但是，我們只知道呆呆傻傻的把焦點放在內容上面。換言之，依麥克魯漢的看法，媒體最重要的特色，便是節制了資訊的流通，決定了事情的進展；而我們人類，只會瞪著媒體裡瑣碎但迷人的影像，呆呆的看，還騙自己，說我們才是發號施令的人。

在一九七八年時，這一點在我看來，就足以證明麥克魯漢的看法可以劃歸為媒體決定論。而如今，加上了事後之明——其實，就是在我的後視鏡裡倒回去看麥克魯漢和我早年寫他的作品——我現在看得出來，雖然我還是認為他們那樣的看法，是把人類放在比科技還要低的位置；但是，「媒體決定論」這樣的封號，可能不是最恰當的形容。我現在還是不同意麥克魯漢把重點放在科技上面，矮化了人類控制的力量。但是，我現在也了解，他為什麼那麼堅持要脫掉媒體決定論的帽子。這應該和他不願預測未來有關。

波普在他批評馬克思主義的文章裡（例如 Popper, 1945, 1957），已經詳細討論過研究歷史和「歷史主義」（historicism）有什麼不同：研究歷史，做的是描述過去的事、解釋過去的事，「歷史主義」，則是要從這樣的解釋裡，抽析出涵括人類形形色色的社會及其演化歷程的宏大理論。後一種作法，在馬克思主義裡有充分的發揮，很容易把塑造歷史的一件重大事件，依該事件繼續在預計的道路上發展，而引申成未來一定會是什麼樣子。也因此，馬克思主義才會說，經濟關係決定了社會裡每一個人的生活；再進而假定，在最進步的社會裡，勞工一定會領悟到這一真理，起而將他們生活和社會的控制權抓在手裡；還認定革命到後來，一定會蔓延到世界各地。但這些，大家當然也知道，根本就沒發生。在一九五〇年代，即使馬克思派共產主義於世界的勢力正盛，馬克思對世界未來的預言走向也沒實現過。世界的情勢，走的是相反的方向：俄國和中國發生革命時，都是世上經濟最落後的國家，才不是最進步的國家。列寧先前曾經為了解釋在俄國為什麼會偏離了馬克思的預言，而說，西方的帝國主義出現了始料未及的優點，因而暫時為這些資本主義社會注入了馬克思當年沒有料到的活力。不過，到了蘇聯在二十世紀的最後十年裡崩潰，顯然，馬克思主義，以及資本主義一定會被人民推翻或是自動萎縮的預言，在未來的潮流裡絕對沒有容身之地。除了馬克思主義特有的問題之外，我們還能從這事情裡學到一點——而是波普早在一九四〇和五〇年代，就以科學哲學家的身分提出——未來，是絕對無法憑一則概約一切、大而無當的決定論來進行預測。人類的生活裡，變數太多。（有件事情很有意思，艾西莫夫在他的科幻小說《基地》系列裡，也得出了相同的結論；在他的小說裡，有一種叫作「心理史學」〔psychohistory〕的學科，這學科想按照統計數據裡預測的集體行為來規畫未來、控制未來，但最後還是失敗，要不也必須把心理歷史的預測裡沒有預見到的其他事情，也主動納入考慮才行；參見 Asimov, 1951, 1952, 1953。）

撇開馬克思到底有多「馬克思」不談，我們看得出來，在麥克魯漢的看法裡，媒體決定論的色彩——只要把經濟換成媒體，把勞動和財富換成資訊管理的方式，就看得出來了——也只在馬克思理論的前半部而已。也就是說，麥克魯漢注意到了媒體決定社會其他面向的方式——包括政治、藝術、教育、商業，以及本書裡談及的諸多人類活動——進而探索這些方式。但是，麥克魯漢對未來會如何，從來沒提出任何確切的說法。其實，他連媒體在過去是**怎樣**運作的，都未曾提出任何概括的大理論——他在看媒體的影響時，連方向會朝哪裡走都不提——他只強調，媒體的運作，於過去、現在，都有特出的重要地位，以致，常常壓過人類選擇的自由。因此他留給我們的，不是理論，也不是理論難免要提出來的預測，而是見解而已——媒體即訊息、後視鏡等等見解。見解，當然還是可能產生特定的預測，但是，除非見解全都隸屬於某一宏大的理論，否則，沒道理要假定各色見解所產生的預測，一定是指向同一方向。

我在這方面，有兩點和麥克魯漢的意見不同。但是，這兩點不同意見，最後殊途同歸，還是歸結到了同一個開放、莫測、不定的未來——其實，我們的這兩點歧見，彼此抵銷。第一，我真覺得媒體的演化，有概括的模式可循，也就是說，媒體的演化路線，是愈來愈契合前科技時代的人類傳播模式，但也依然繼續由我們的想像推動，橫跨時間、空間而一路在擴張（就是我的媒體「適人」演化論）。然而，第二，由於我認為這過程，基本上還是掌握在人類的手裡——有時，我們還會明確而且刻意的運用理性，發明出補救型媒體——因此，不論是放在媒體演化的概括模式還是其他裡看，我都不認為媒體會壓倒我們的選擇自由。我們或許會被媒體嚇傻，或是困住，但也只是暫時。這章通篇的要點，一直是在證明，我們可以把眼睛從後視鏡上掉開。薩諾夫早在一九一五年就已經看出來，收音機當大眾媒體的音樂盒用最好；尼爾森等多人也很快就看出來，電腦真正的用處是在傳播。此外，我們當然也可以斜眼一看後視鏡，或換個角度看後視鏡，像我們談到紙張有便利和持久的優點，因此主張電子墨水應該保留這兩項優點了，而且，最好是連電子文本整體及其未來都能如此。

這本書若是寫在一九七五年我向紐約大學申請讀博士班之時，那這本書大概就寫到這裡為止了。但是，麥克魯漢還是老樣子，又藏了一個驚喜給我。這驚喜，算不上是媒體的理論。這驚喜跟「冷熱比」、「透光／打光比」、「後視鏡」一樣，只是一樣診視的工具。但是，這工具跟別的工具都不一樣。因為，這樣工具涵括了一切——不只涵括了歷史，也涵括了麥克魯漢對媒體和歷史的所有看法；這樣工具，試圖將這些全都籠括淨盡。而且，在這樣「工具裡的工具」，還內建了一樣預測未來的機制。這說的不是包羅萬象、統一一切的大未來，絕不是決定論那種認定世界一定會怎樣的理論，而是從科技的無限可能衍生出來的複合式（multiplicity）甚至萬象式（myriad）未來，像具萬花筒般，展現日前媒體於未來繽紛萬千的潛勢。

換言之，這工具有兩大教人稱奇之處，一是這工具試圖將歷史全都化約成一組公約數，二是這工具試圖將這些公約數指向未來。然而，以麥克魯漢那人對任何可能發展全不設防的脾氣來看，他不提出這工具，才怪！

他這工具最早是出現在一篇小文章裡，收錄於一九七五年一月出版的《科技與文化》。但我是在兩年後走進我的老師波斯特曼的辦公室時，才第一次讀到這篇文章。波斯特曼除了是我博士論文的領航員外（也是我博士論文的指導教授），那時還擔任《其他種種》的總編輯，這份期刊是「國際普通語意學會」出版的刊物。我進門時，尼爾正深鎖眉頭，這是他苦思時的一貫表情；一根菸提溜在指尖，只剩半吋就要燒到手了。

「保羅，」他抬頭看我進門，伸手示意我坐下，「你想這篇文章怎樣？」

他把一份薄薄的稿子，從桌上推到我面前。

稿子的標題是：「麥克魯漢的媒體律」——就是我們下一章的主題。

第十五章　媒體演化的螺旋

Law of media

媒體律

麥克魯漢在他一九七七年六月刊載於《其他種種》的文章裡，一開頭就說，「當我讀到波普說，科學上所謂的『假說』（hypothesis），是指可以證明為假的說法，我便決定自己也來寫一份假說，就叫作『媒體律』」（1997a）。

在這裡，我們就看得出來，麥克魯漢的幽默有多高，他對涵括人類行為的大理論到底有何科學意義（像馬克思主義）始終不相信的心理有多強：以致，他自己也要寫個理論，寫套原則或規律，弄得像有科學意義的樣子；因為，這樣的規律，向來可以證明為假；也因此，寫寫又沒什麼壞處。

不過，既然如此，又何必弄出個理論來？或說是有點像科學規律的工具？

這答案，當然就是麥克魯漢覺得這規律對我們了解媒體還是有些幫助。而且，事實上，他的這套規律是真的有幫助，幫助還不小，足可以將他的重要見解全都縮合起來，甚至作些釐清——像他說音響空間被電子媒體放大，印刷被這同一批大眾媒體淘汰（從我們現在來看，可以說是前電腦時代的媒體），這些媒體在地球村裡重拾了村莊的特質，以及後來終究又轉化成很不一樣的電子環境，也就是數位線上時代，還有這時代為我們擴展了互動的能力，削減了關卡的障礙，等等——但這就是麥克魯漢生前來不及見的了。

麥克魯漢提出來的媒體效應四大規律——放大、淘汰、重拾、轉化——其實是麥克魯漢的天鵝輓歌。但是，這四大律，比起他其他互不相干的零散見解，像地球村和後視鏡所帶出來的見解，也只是略微清楚一點。而且，在許多方面上，這四大律因為是開放式的——媒體可以轉化成的東西不只一樣，如電視，就可以轉化成有線電視、錄放影機、立體攝影，幾乎是可以合理推論出來的東西都可以算是——而使這四大律，跟他早年的想法差不多，都可以把那些不喜歡他大膽譬喻的人氣得要死。

波斯特曼從一九五〇年代起，就一直很欣賞麥克魯漢的論述風格及原創力。一九七七年二月那天，我坐在波斯特曼的桌前，讀他遞給我的「媒體四大律」稿子時，他再問了我一次，「你覺得怎樣？」

我對他略述了一下我從這篇文章得出了什麼看法。

「好，」波斯特曼說，「你何不把你說的寫成短文，由我交給《其他種種》的編輯？」其實，波斯特曼甚至要把我的短文放在麥克魯漢的文章前面，當成序文。他把這份序文送給麥克魯漢過目，結果，麥克魯漢沒有不高興，教我既驚又喜。麥克魯漢那篇加了我寫的序的文章，在一九七七年六月刊出——我們在之前一個月左右，第一次見面。翌年三月，麥克魯漢和兒子艾瑞克，到狄金遜大學來，參加我舉辦的一場「四大律」（tetrad，麥克魯漢喜歡用這個辭兒來說四大律）的研討會。

然而，四大律不論是寓意、意義或是應用的方式，在那時都還不清不楚。

麥克魯漢一九七九年九月中風時，正拚命在寫這份長度算得上是一本書的四大律。著名的出版社，雙日書屋，在一九七四年曾經答應要替麥克魯漢出版這本四大律，但是，答應後就始終不滿意他寫的稿子。馬坎曾經引述雙日書屋加拿大分公司的總編輯，寇爾森（Betty Corson）的話（1989, p.243），說麥克魯漢這本書「拿給我看時，稿子還不像可以出版的樣子」；但我在一九七〇年代末看見他的稿子時，他這份稿子，比起他其他已經出版的書，讀起來並沒有比較差——我這意思是說，他這稿子的寫法，還是麥克魯漢正宗的格言式寫法；但是，若是願意花時間好好讀一讀，你絕對如入寶山，可拾得盈箱累篋的寶貴見解而歸。無論如何，麥克魯漢死於一九八〇年十二月三十一日的除夕那天，他這一死，等於是卸下了雙日書屋肩上的出版責任。

翌年一月的頭一個禮拜，我便打電話給這本書在雙日紐約分公司的責任編輯，貝瑞特（Loretta Banett），督促他們趕快將書出版。一月七日，我再追加一封兩頁長密密麻麻的信，在信裡說，「雙日書屋出版《媒體律》一書，勢將成為媒體研究最重要的大事，大家應該都在翹首以待」（Levinson, 1981e）。但是，雙日書屋不為所動。麥克魯漢當時的名聲已走下坡，而我當時在學術圈籍籍無名，連敲開雙日書屋的大門都沒辦法。

所以，麥克魯漢的這本書，就還是得由兒子艾瑞克勤加奔走，而在一九八八年，終於付梓成書（M. McLuhan & E. McLuhan. 1988）。我在一九九〇年為著名的《傳播季刊》寫了麥克魯漢這本書的書評（Levinson, 1990）——外加馬坎為他寫的傳記（1989）、麥克魯漢的《信札》（Molinaro, C. McLuhan & Toye, eds; 1987）、《地球村》（McLuhan & Powers, 1989）。四年後，我將這篇評論濃縮，重登在《連線》雜誌的第三期上（1993）；這份雜誌在他們的刊頭上，尊奉麥克魯漢為他們的「守護神」。

那時，數位革命已經在先前淘汰掉的大眾媒體的集體墓塚裡，將麥克魯漢的作品、名聲從暫時殉難的墓穴裡重新挖掘出來，這歷程，就要在下文裡詳述……

四大律的基本定理

麥克魯漢的四大律，其實就是對媒體的影響和發展，提出四大問：我們的社會或是人類的生活，有哪些部分，為這媒體所加強或放大呢？有哪些部分原本占據優勢，但在該媒體興起之後，卻因而光環盡失，甚至遭到淘汰的呢？又有什麼被該媒體從被淘汰的陰影裡，重新挖掘出來，拉進了舞台中央呢？該媒體在演化到了盡頭時，又搖身一變，轉化成了什麼別的東西呢？

我們若是隨便舉一種媒體，想想媒體周遭的環境，應該就會比較清楚這四大律的作用或是效應了。以收音機為例好了，收音機就將人類的聲音放大，立即傳輸到廣大的地區，供廣大的群眾收聽。收音機就此淘汰掉了先前的大眾媒體，印刷術，因為，我們現在可以由收音機裡收聽到重要新聞，而不必再等報紙發行號外。收音機重拾了古時鄉鎮傳報人的角色；古時的傳報人，就因為印刷術發明而被淘汰掉的。而音響式的收音機演化到了極限後，就又搖身一變，轉化成了音響式加視像式的電視。

這同一種歷程，在下一個新興的媒體——電視——又重演了一遍，而電視正是收音機轉化成的媒體。電視放大了人類的視覺能力，但是偏重在「音響」的「直接」特性這一邊，而非一對一的層次，像各人自己讀自己的報紙，讀的版面未必一樣。而電視一出現，顯然就淘汰了收音機。電視重拾了視覺——現在看來，這點顯然簡單得不得了——但和收音機淘汰掉的印刷品的視覺不同。電視重拾的視覺，是全新的視覺，是先前媒體的視覺和當時的電子特質混合而成的視覺，是完全不同的視覺。待電視又推展到了極致，電視的螢幕就倏忽一變，成了個人電腦的螢幕。

然而，這兩個例子只要再多想想，就會覺得事情好像沒有這麼簡單。像電視，淘汰的不只是收音機，還有電影院：家裡的影音設備，不只取代了收音機的聲音謳說式媒體的功能，也害得電影院裡的觀眾人數銳減，拍給電影院的觀眾看的電影隨之跟著減少。而收音機呢，淘汰的不只是視覺式的印刷品，也淘汰掉了非電子式交談的部分面向：聽收音機裡的聲音，跟面對面和別人講話，到底就是不同。而且，如前所述，電視轉化的媒體，不只是個人電腦一種；二度空間的電視，還能轉化成三度空間的立體攝影；瞬息即變的電視，也轉化成了錄放影機：有記憶的電視。電視網的寡頭統治（這是從收音機遺傳來的），及其寥寥無幾的頻道，後來又轉化成了眾多的有線頻道。

我們在這裡可以學到的是——不過，也只是四大律能教給我們的許多課裡的一堂而已——四大律的四大效應絕少各自為政。媒體反而是放大、淘汰、重拾、轉化等四大效應，兼行並施在許多事上。而且，多種媒體也可以放大、淘汰、重拾、轉化等四大效應，同時作用在同一件事上。電視是轉化成了電腦，但是，如我們在這本書裡花了不少篇幅所討論的，書籍循另一條規律的發展，也轉化成了電腦。其實，電話也一樣轉化成了電腦。而且，就個人電腦作現場線上聊天的功能而言，個人電腦也可以看作是民間無線電（火腿族）依四大律所轉化而成的——民間無線電，在數位時代就是轉化成個人電腦。

依四大律路線發展的觀念，則將這種四線道分析法的另一重要特性，拉到了台前（也是這四大律應用法的重要一課）。如我在一九七七年為麥克魯漢那篇《媒體律》寫的序裡說的，媒體及其效應之間，有一種循環但前進式的關係；這關係，在依四大律剖析時，就會清楚起來了。像收音機淘汰掉的視覺就被電視重拾了回來。而這時，電視（同時也是收音機轉化而成的）又淘汰掉了純粹音響式的收音機。這裡有一種循環的關係，也因此，我才在一九七八年狄金遜大學舉辦的四大律研討會上的文章裡，叫這種始終不斷的媒體變化，為演化的「四大轉輪」（Tetradic Wheels of Evolution）（Levinson, 1978b）；麥克魯漢和他兒子艾瑞克，以及布雷克曼（Robert Blechman）、摩理斯（Jim Morriss）也都參加了。但其實，如我在那篇論文裡解釋的，這循環裡的過程，還是有前進的運動——絕不只是繞圈圈——因此，叫「螺旋」（spiral）可能會好一點。如上所述，電視重拾回來的東西，是先前媒體環境加上一些全新的特質而合成的全新混合物。或者可以說，雖然收音機轉化成電視，重拾了收音機淘汰掉的東西——在這裡是視覺——挽救回來的環境，還是因為被新媒體（電視）放大，走的路線因而和被淘汰前不一樣。

雖然分析四大律而得出來的這些面向，在麥克魯漢第一次——也是最後一次——提出四大律時（1975, 1977a），便已經存在於他的說法裡了；但，那時他並沒有點明這些要點，或是多作探討。其實，即使是我在狄金遜大學辦的那場四大律研討會，在學術界也乏人問津；不過，寇蒂斯倒是真的在他談搖滾樂的書裡，透過我的文化演化四大轉輪，以麥克魯漢的媒體律，作了很好的發揮。麥克魯漢和兒子合著的《媒體律》終於得以問世（M. McLuhan & E. McLuhan, 1988）後，裡面是有一小部分，簡略談到了「叢集」（cluster）（「一組四大律……轉化成同一模式的文化」），以及「鎖鏈」（chains）（「四大律裡的一條規律……轉化出去……為下一條規律……提供了放大的效應」）（p.130，例子在 pp.208-14；該處的討論和例證，用於四大律全體，而非轉化而已）。這些，等於就是我說的那四大交叉的轉輪，或是螺旋（但是，還有許多尚待析解）。

所以，我們在下一章裡就要共襄盛舉，一起析解、析解，特別要把重點放在媒體於下一個世紀裡會帶動怎樣的影響。

數位時代的精神

無線電視網所轉化成的有線電視，書籍和圖書館所轉化成的全球資訊網，其實連電視所轉化成的電腦螢幕都包括在內，這些，都是以「複合」，為其活性成分，而這樣的情況，絕不能以巧合一筆帶過。我們的這些媒體，每一樣內含的選擇都增加許多，顯然有聚寶盆的作用——這個聚寶盆吸引來的媒體愈多，它的法力就愈強。

黑格爾用來指稱這種效應契合的名詞，是「時代精神」。其實，除了提出這名詞來支持麥克魯漢父子所謂的「叢集」之外，黑格爾也提出另一樣更有名的工具，可以用來評估人類文化及其活動，而且，這工具還跟麥克魯漢的四大律相當類似：這就是「辯證法」（dialectic）。黑格爾著名的三段論法，涵蓋的領域，跟麥克魯漢的四大律差不多：「合題」（synthesis），等於是將先前被「反題」（antithesis）淘汰掉的「命題」（thesis）重拾回來；待合題成為新命題，而且產生新反題，就相當於四大律裡所說的轉化。

不過，這裡還是有重要的差別，因為，轉化如上所述，是將先前淘汰掉的元素重拾了回來，因此，就算轉化還是朝前走的，轉化等於是和過去有契合的地方。反之，黑格爾辯證論裡的新反題，和先前的出現過的東西（或是先前的合題），不必有任何關係：這新反題，只需要和新命題在某些重要面向相反就好。因此，辯證法帶有一股革命的野勁兒——未必需要向過去有任何致意的舉動——即使在馬克思站在它頭頂之前，就已經如此。然而，麥克魯漢的四大律，則堅持要在已知裡織入原創。這和麥克魯漢用譬喻、用後視鏡的方法是一致的，而使四大律變成比較好的濾網，可以用來篩檢歷史，也是比較有意義的投影機，可以投射到未來；而未來，也因為是人世的模式以新型態重演，而變得比較好理解。

當然，黑格爾的著作走在前面。因此，黑格爾的辯證法和麥克魯漢的四大律有雷同之處，便須歸因於黑格爾的思想對麥克魯漢有所影響；就算他極力要拉開他和邏輯、哲學之間的關係，甚至他的四大律和辯證論之間的關係，也一樣。他在一九七七年就這主題寫了許多字條給我，給了我很多指教——想想看，那時我剛讀完博士班一年級，卻幾乎每個禮拜都會收到伍爾夫拿來和達爾文、愛因斯坦、佛洛伊德相提並論的人的信——有次，他就不同意我的看法，特別是我那篇〈玩具、鏡子和藝術〉（1977b），他覺得我太依賴黑格爾的三段論法了。麥克魯漢（一九七七年九月八日）在字條上寫道，「我只是想提醒你，你的三段論不論在什麼情況都會變成四大律；也就是說，你的每一個玩具、每一面鏡子、每一樣藝術，都是一組四大律，合起來，就成了『少』了一樣東西的三段論。像一百五十九頁的重拾因子（第三項），是不是就是因為太敬畏黑格爾而刪掉的啊？」（McLuhan, 1977b）。（我在那一頁裡討論「玩具、鏡子、藝術」的辯證——就是我在科技裡發現的三大發展階段——和皮亞傑說的感覺動作〔sensorimotor〕、具體運作〔concrete〕、形式運作〔formal〕三階段的智力發展，麥克魯漢說的口語、書寫、電子三大傳播時代，佛洛伊德的口腔、肛門、生殖器三大性表達階段，翁恩〔Walter Ong〕*比較佛洛伊德三階段和麥克魯漢的三階段，寇斯特勒〔Arthur Koestler〕†以弄臣、聖人、藝術家為創造力施展的三大階段等等，都和辯證論有相似之處；參見本書第十一章有關〈玩具、鏡子和藝術〉的討論。）

麥克魯漢說的其實不錯；黑格爾的辯證論，是少了「重拾」這一項——也因此，如上所述，黑格爾的辯證論，沒辦法提供深厚的歷史基礎去投射未來。但是，我們也沒道理要因此而拋棄辯證論，改用四大律，或認為四大律不論用在哪裡都比較好。畢竟，三段論是比四大律要簡潔；而且，光憑這一點，就可以說是比較好的簡式。若說數位時代是每一份書報雜誌以及每一家廣播電台、電視台的「合題」，對我們是相當有意義、相當有幫助的；而為這新的數位「合題」尋找新「反題」，勢必是跟轉化同走在一個方向的，只是沒有四大律的歷史廣度或深度。

一九七八年，我去多倫多大學的「馬房」（Coach House），參加麥克魯漢每週一晚上在那裡開的研討課；我在課堂上說出我對三段論和四大律的上述看法，說完後，麥克魯漢朝我走來，臉上帶笑，「你知道嗎？我已經想出來你怎樣會在腦袋裡塞了那麼多邏輯、辯證論，卻又對我的作品那麼有共鳴；因為，你在搞邏輯前是搞音樂的！」（他這說的是我在一九六〇年代末期曾經寫過歌，製作過唱片；沒聽過？你放心，又不是你一個沒聽過；我的唱片賣出去的數字是負數。不過，我倒是把唱片放給麥克魯漢和寇琳聽過不只一次，他們聽得很樂；我甚至還把我一九七一年出的唱片《*Twice Upon a Rhyme*》送了一張給他們。）

---

* 譯注：翁恩（1912-2003），美國文學理論家、心理學家。

† 譯注：寇斯特勒，小說家，政治活動者，社會哲學家。

「我有邏輯也不是一天、兩天的事，」我回答他，「即使是寫歌，也是三個音符的和弦比四個音要好。」

當然，五個音、六個音一樣可以做出很美的和弦。我想，這三段論和四大律給我們帶來的訊息，就是：用來作社會分析的工具，其組成無所謂「魔術數字」。誠然，四大律是契合了許多四元組合的東西，從DNA的G、A、T、C，到「末世論的四位騎士」（four horsemen of the Apocalypse）＊，再到亞里斯多德的「四大因」（four causes），和中古時代的「四藝」（quadrivium），無不是四。麥克魯漢特別愛引用最後一個例子——十三世紀時，英國的劍橋大學規定攻讀文學碩士的研究生，一定要學算術、幾何、天文、音樂這四門科目——而大學部的學生（文學學士），只需要學「三藝」（拉丁文、修辭學、邏輯），所以，這就暗含了「四藝」高於「三藝」的意思。（他自然也一定會喜歡用這個相關語：三段論〔triad〕和四大律〔tetrad〕比起來，和瑣碎〔trivial〕的關係可能比較近。）不過，不管怎樣，三段式的結構，在歷史上的影響一樣不容小覷；像天主教的三位一體，還有那麼多童話和寓言裡許的願望都是三個。

其實，若「複合」便是數位時代的精神，那不論「三藝」、「四藝」，自然都包括在內——而「三藝」和「四藝」，後來也真的合成「七藝」——而且，也絕對不止於此。我們不妨這樣說：由於網路不只可以當作正式教育的載具，在我們生活裡，甚至比當教育的載具還要重要，因此，網路應該會將「七藝」淘汰出局，代之以界線比較寬鬆的課程組合，裡面可以包含數千門科目，而且藉由我們常在網路連結裡意外挖到寶藏的特性，而不斷整建、增修，以致淘汰了以往大學由諮議委員會制訂學科內容的作法。

我們不妨將這類新式的「反課程」（anti-regime）叫作：「數位綜藝」（digital arts）。

深入重拾以及數位綜藝

電視在這個過程裡，轉化出眾多的媒體，我們若看看這些媒體的特性——例如錄放影機可以長久保存節目內容，也可以供觀眾控制收看的時間；網路將文書和互動融合一氣；有線電視的節目選擇增多，立體攝影的第三度空間（雖然立體攝影在一九四〇年代末期就已經發明出來了，但卻是這幾類轉化體裡最不普及的一種）——便會發現，這些特性其實早已經存在於人類的感知和傳播裡了。人類想要將溝通的東西長久保存下來的意念，至少在一萬年前就已經展現在遠古人類的洞窟壁畫裡了。文字雖然比較新，但從象形文字開始，也有幾千年的歷史。我們希望增加對環境的控制力，希望人與人之間有來往，會分辨第三度空間——這些，全都是人類生命延續依賴的基礎，因而，也等於是早早就預示了我們的媒體應該要有怎樣的功能。

這些，都是媒體演化的重要出發點，因而，也是媒體演化的目標；這在我的「適人」論裡已

---

*聖經啟示錄裡的寓言人物，四位騎士分別代表戰爭、死亡、饑饉、瘟疫。

經有所說明。這些和後視鏡沒有多少關聯；後視鏡映照的是剛才逝去的切身往事，既可以轉移我們的注意力，也可以協助我們掌握比較準確的方向；而且，在我們剛進入新的媒體環境，力圖摸索出個大概時，常常是二種功能並行的。這些跟後視鏡不一樣；這些攸關人類存續、溝通的基本條件，是所有媒體演化的方向舵。這些，便是麥克魯漢說的重拾效應裡最深，因此也是最重要的組成條件。就是因為掌握到了這些，麥克魯漢才會在他寥寥數語的閒散調調兒裡，犀利的一語道破汽車重拾的是「身穿閃亮盔甲的武士」（M. McLuhan & E. McLuhan, 1988k, p.148）。也就是因為這些，我們現在才會注意到錄放影機重拾回來的東西裡，也包括了阿爾塔米拉、拉斯科和邵維等地的洞窟壁畫。這重拾的觸角探得那麼深，都伸到舊石器時代去了，而且重拾回來的東西還那麼明確。這便是四大律在應用方面能帶給我們的重要契機，而且還是辯證法裡不常找得到的。

此外，由於四大律的或然性這麼多，也促使我們不得不多作思考——因此，四大律算是「冷」調性的媒體，跟麥克魯漢的見解、構念、譬喻全都一樣。例如，三度空間的感知能力為什麼在上述之人類特性裡是最古老的一樣（因為，這能力顯然比人類的歷史還要早），卻是十九世紀及其後之媒體發揮或重拾得最少的一樣？我想得出來的最好答案就是：雖然，三度空間是我們前科技環境裡的組成，這點毫無疑問；但是，在攝影從「靜態」、「無聲」、「黑白」、「延後的第一表象」開始起步的演化歷程裡，三度空間的重要性，可能不及「運動」、「聲音」、「色彩」、「直接」等面向。此外，三度空間在二度空間的透視幻覺裡，其實已經重拾得相當不錯；

西方藝術從文藝復興時期開始，這方面便一直在發揮，而且，還在攝影術發明時自動孕育出來。依我在前一章裡討論過的「補救型」媒體概念來看，視覺媒體雖然欠缺實質的三度空間，但看來未必跟少了別的條件一樣，亟需補救。

而這不過是一個例子而已：只是一樣媒體，電視，其內含的四大律的四分之一（轉化）的一個面向而已。由這個例子可知，四大律是精心之作，絕不是像愛批評麥克魯漢的人說的一樣，隨隨便便，懶散、雜亂，急就章發表的著作（還是請再參見 Edmundson, 1997，他形容麥克魯漢的論述，擺出的是「鬆散凌亂的水牛陣」）；正好相反，四大律需要極為用心，需要費勁去了解，需要用上高超的想像力，才能將之推進到亢奮刺激的旅程裡去（在這裡我就忍不住要加一句：我總覺得我們一定要有些想像力，有些探求理解的熱情，才有辦法用心去理解別人的說法。少了這些，那些愛罵麥克魯漢的人怎樣會氣成那樣，就很好理解了）。

四大律所需的心力，正好像是為數位時代樹立了一個標竿，這也是電視轉化成個人電腦及網路而出現的另一特性。電視根本不需要我們下什麼工夫，你只要癱在沙發上呆呆的看就好了。但是，並不是這樣就不好；正好相反，就像我在那篇〈看電視的益處〉（The Benefits of Watching Television; 1980）裡說的一樣，有時手邊有這樣一種媒體，根本不需要我們費勁去管，也算不錯（另請參見 McGrath, 1997，文內談及我們大腦「停機」看電視的好處）。只是，這樣看來，也等於降低了電視的教育功能（雖然，電視觀眾在看某一節目時，還是可以獲得智能上的刺激，甚至啟發——我們在第三章和第九章裡曾經討論過，「媒體即訊息」放在非單調效應的媒體裡看最容易理解，而這便是一個很好的例子。）

個人電腦就不同了：個人電腦需要學習才會上手，網路也一樣。電腦可以自學而成——我很早便注意到學電腦時，最好的老師，便是使用者需要執行的工作或是解決的問題（學網路當然也是用這方法最快）——但怎樣也還算是學習。而需要學習，便是電腦和別的媒體的一大分野、一大轉化，不只是我們看電視的習慣變了，收音機、電影、攝影等媒體的使用習慣也都不一樣了。換言之，就是電報之後的所有媒體都包括在內，連書籍也不例外（讀書需要會認字）。

若說我們傳統裡的「文藝」（即三藝加四藝的七藝），目的在把我們教導成有用的公民，可以在以文化素養為驅力的世界裡盡棉薄之力。那麼，我們就可以說「數位綜藝」——不只是網路上有的東西，也包括在網路上找到、運用所需而必須具備的訓練和知識——便是我們在新千禧年裡要成為有用公民所不可或缺的條件，至少在新千禧年的前期是如此。

在數位時代裡，我們不只要「知道」，還要「知道」怎麼去「知道」。換言之，所謂的「知道」，還包括了去「做」。這一點在以前不太強調，現在和杜威的教育哲學正好不謀而合；杜威甚至還將「知道」和「做」劃上等號。這一點，也和麥克魯漢呼籲教師要「冷」一點的看法完全一致——麥克魯漢認為教師應該以輔助學習、引導學生參與為主，而非灌輸知識——從杜威到蒙特梭利、皮亞傑等教育理論家，個個都強調主動學習的優點（參見本書第九章）。

因此，線上教育除了可以教導我們平常的學科，如歷史、哲學之類，也教導我們如何在線上自己學習；而網路教學扭轉了以前被動的「聽講加讀書」教學法，和電視轉化成網路的時間，正好平行。其實，我們的連線教育網，從一開始就不停對學生解釋，特別是在線上教學剛興起的時候，最需要對學生解釋——其實，線上一切都還剛起步的時候，一概需要；在網路上上課，等於是上兩種課，除了明訂的課程之外，也在學習如何在網路上學習；或放大來講，如何在網路上教育自己。隨著網路飛快擴張，任何人只要有個人電腦，就可以上網去取用網路上的資訊；而網路上的資訊，不論深度、廣度、精確度，都比得上大部分的課堂，甚至大學圖書館。正式教育的許多目標和類別，很可能就此步上了淘汰之路；剩下的，可能只是官方核發的學位而已。屆時，我們不必再到學校去學怎麼上網，也不必再到學校去坐在教室裡聽老師講課。若是學校轉變的鈴聲匯聚得愈來愈大，文憑和學習之間的差距愈來愈明顯，文憑的價值可能就愈來愈低了。教育界的主管已經注意到這類警訊（參見 Bronner, 1998），紛紛憂心電腦科系的學生提早離開學校，去追求收入優渥的事業，像是去當網路設計師之類；而這些領域，也都是把才能放在文憑之上，以才能為最重要的條件。蓋茲不就連大學文憑都沒有嗎？

然而，麥克魯漢媒體律的真諦，絕不是要我們把數位時代看作是四大律的終點，而且，還集中在電視、教育、書籍、以及其他二十世紀載具英烈祠裡供奉的其他媒體上。麥克魯漢的媒體律，其實是具跳板，是個「折返點」，供後續的「假說時代」（hypothetical ages）躍進。

這本書到目前為止，談的一直限於數位時代的初期，以及麥克魯漢的見解可以讓我們從身邊的一切發展裡，看出來些什麼。

而在下一節裡，我們就要進而看看，數位時代若是演化到了極致，用盡了潛勢，走到了循環的末端時，數位時代會再轉化成什麼。

數位時代的轉化

四大律的一大特點，如上所述，便是轉化絕不全是之前東西的反題或是反面。因此，四大律不是李維史陀（Levi-Strauss）說的兩極對立，也不是黑格爾的辯證法。麥克魯漢的四大律連續體（continuity），有一部分是來自轉化時會重拾以前淘汰掉的元素。另一部分則是來自新媒體或是效應，會以類似後視鏡的作法，將前一個媒體的部分面向融入自身當中。因此，由電視變成的個人電腦保留了電視的螢幕，或說是電視一類的螢幕；有線電視和錄放影機也一樣。唯有立體攝影去掉了螢幕，但保留了電視的其他面向，特別是電視單向的影音呈現型態。

若說數位時代有一大特色，是世人可以透過視窗和網路瀏覽器將資訊的選擇個人化，那麼，我們應該可以預見在數位時代之後興起的時代，也會有類似的選擇工具，只是用的方法不一樣，目的不一樣，結果也不一樣。

保羅・范赫文拍的《星艦戰將》——一九九七年根據海萊恩（Robert Heinlein）一九五九年

的小說改編成的電影——描寫的便是這類未來，而且，描寫得非常生動。海萊恩小說裡的主軸，是地球人和外星人發生戰爭，地球那時已是斯巴達式的統一社會，全球的人民都必須服兵役，才可以取得完整的公民權，而唯有擁有完整的公民權，才可以投票。為了打敗外星人，地球人的心理也必須整體動員。換言之，就是宣傳戰；這在我們自己的第二次世界大戰裡做得相當成功，因為，那時的媒體比較容易由政府高層控制。然而，到了數位時代，關卡的功能削弱，網路教育助長個人主動選擇而非被動接受灌輸，電視網的寡頭控制已遭爆破，碎裂成成千上萬個特定的節目，任由使用者自行控制——在這樣絕對不利宣傳的網路數位環境裡，全球性的宣傳戰該怎樣去打，怎樣去做呢？

海萊恩在一九五九年寫這本小說時，當然不必去管這樣的問題。可是，由於范赫文是在一九九〇年代拍這部電影，因此，不管也不行。而他解決這問題的方法，可能就碰到了網路一個重要的轉化可能了：超文本連結的「模糊」特性，至少就使用者控制而言是這樣。在網路現在的型態裡，設計網頁的人當然可以在他的網頁裡決定要放進什麼連結，因而可以控制別人的連結選擇；在網路上衝浪的人，也只能選擇別人已經放進去的連結。但是，由於選擇實在太多，而且完全無法預測，因此，衝浪的人手中選擇資訊的自由還是大得要命——絕對比一九五〇年代任何電視螢幕上找得到的數量都要大得多，說不定大過好幾萬倍。

但是，若是超文本連結遭人設限，只有政府要人民接收的資訊，此外無他，那會怎樣呢？

范赫文在電影裡，就將這情況刻畫得很精到。在未來的網路裡，資訊雖然可以有許多類型，但是，政府一樣可以任意插入現場報導。不過，預錄的資訊都經過小心設計和組織，觀者在螢幕上會看見一小塊戰爭的快報，或是外星人又怎麼了；在螢幕上方，還有像視窗一樣的橫幅，列出選擇，可以連到進一步的資訊。電腦裡，同時還會傳來電視播報員之類低沉、迷人的嗓音，招呼觀者「想不想再知道別的？」而觀者在橫幅上點一下，出現的，就是另一類似的快報，和前一次出現的快報，是同一主題的宣傳片。所以，這些預先設定的選項，雖然傳達的資訊略有不同——有的是揭露外星人的真面目（「認清敵人」），有的是前線戰士的英勇表現——然而，全都是同一具狡黠的宣傳機器做出來的東西。尤有甚者，有些短訊——應該就是刻畫敵人暴行——的部分畫面還加以「查禁」。這時——至少對看電影的人是如此——顯然觀者的唯一選擇，就是離開，好結束這場宣傳。

依這情況看，我們目前在網路上的選擇是很多，但到了未來類似網路的媒體上，這些選擇可能就變成了幻覺。就四大律全都延續不斷的情況來看，這時，我們可能就應該要問：我們目前在網路上的選擇，有多少其實也是幻覺呢？我們選的其實也一樣是別人預設的選項呢？有些人擔心像微軟這樣的大公司，可能會把數位環境的許多控制權抓在手裡，事實也證明他們擔心的未必沒有道理。當然，以四大律的基礎來看，不是不可能出現中央集權復辟，而犧牲掉了個人的控制權。其實，四大律有一部分就是要提醒大家注意：每一種媒體及其效應裡，就暗藏了轉化的種籽。然而，我卻覺得這種籽其實是在政府那邊（因此，有人寫書評，罵我「在《柔刃之刀》裡寫了一份尖刻的訴狀指控〈傳播正俗法〉」；參見 Levinson, 1997b；該篇書評，參見 Aufderheide, 1997）——范赫文的看法看來跟我一樣——這和許多人認為政府可以抵抗大企業箝制網路自由的看法，正好相反。不過，我們還是同意，不是沒有危險——不論是從微軟那邊還是政府那邊，都可能有這樣的危險；此外，微軟和美國政府也互看對方有這樣的危險（參見 Levinson, 1998b，有更詳細的討論——我認為政府的危險比較大，因為，政府手裡有槍桿子）。

不過，誰的危險跑在比較前面，這個問題吵來吵去，倒是提醒我們注意，轉化裡有另一個也很重要的面向：目前，不論在什麼時候，就像我們現在，未來再轉化是有可能，是可以假定為可能，但尚未成真。媒體律裡的四大律用在新媒體上，也只有轉化這一項還沒有出現（顯然，四大律用在比較早的媒體，像收音機，倒是已經有了轉化的情形）。因此，特定規畫成的轉化，不僅可以討論——像我們討論其他三項規律一樣——也可以明瞭，進而加以控制。

然而，這可以預防嗎？

我在這本書及其他文章裡，都已經指明：在未來真正會威脅到我們選擇自由的，是政府，不是企業（傑佛遜也是這麼想，但我還要說：政府其實一直都在做這樣的事），然而，我這樣說，又可以造成什麼影響呢？我一直不願像麥克魯漢一樣避免作價值判斷，我也始終不同意他常常在因果關係裡，把科技放在人類上面；而我之所以如此，就是因為我認為人類的理性和價值判斷，

可以在未來發揮正面的作用——可以抓到方向舵，控制它前進的方向。

若真要做到這一點，我們就一定要作價值判斷。宣傳或許真是無所不在，怎樣也躲不了，像麥克魯漢還有艾略爾（Jacques Ellul）說的（例如，1965/1973）；但是，這並不表示我們不論什麼狀況，都必須接受宣傳的轟炸，或是任由我們的媒體到處進行宣傳、播放宣傳。我們在數位時代可以建立新的道德標準，標舉一項原則：資訊若要控制，那麼，由眾人個別控制，絕對比中央集權控制要好。良性的宣傳，有些時候可能需要：像第二次世界大戰，或是像電影《星艦戰將》裡必須對抗克連達蘇（Klendathu）的外星昆蟲這樣的時候。但是，即使在這種不得已的時候，我們還是看得出來，這有玩火自焚的危險，因而應該尋求控制之道。

所以，在最後一節裡，我們就要超越麥克魯漢——其實，就是把他認為人類被科技抱在懷裡的看法作番轉化——想想，我們可以怎樣加強我們控制未來的能力。當然，由於轉化的這個動勢，一定會包含導致轉化出現的系統裡的元素，因此，我們這裡的討論，除了超越麥克魯漢，也還包括麥克魯漢。

轉化媒體決定論

雖然，麥克魯漢絕對不是馬克思式的媒體決定論者，因而不會認為歷史可以解釋得簡單明瞭，也可以預測未來一定會朝哪個方向發展。但是，他談媒體及其效應時一些最鮮明的例子，還是以媒體怎樣在人類不甘不願、甚至不知不覺的情況下宰制人類的角度去選的。有誰會注意到他在網頁上讀一篇文章時，等於是在把音響空間的多重向度和字母出現前的世界給壓扁了？有哪個人在看電視時，會想到電視裡射出來的光正在閱讀我們，吸納我們，而看電影、看畫時，從銀幕或是畫面上反彈到我們身上的光就不會？有誰上網是刻意要加入新興的互動式地球村，同時也知道那個地球村還正在淘汰電視所孕育的偷窺式地球？

不只是麥克魯漢的著作，連這本書書一樣，都特別喜歡祭出這樣的例子，因為，頗有點嚇人的效果。就像敲記警鐘，要迷迷糊糊的世人注意媒體在社會裡造成了多大的影響。舉這樣的例子，其實是搞媒體理論的人最愛耍的花招。

不過，麥克魯漢說若沒有收音機就沒有希特勒，而尼克森輸掉一九六〇年的選舉是因為他在當時的新媒體「電視」上的表現太熱，包括我在《柔刃之刀》裡（1997b）談媒體的歷史發展時，舉埃及法老英卡納唐（Ikhnaton）的一神論，是因為沒有字母所以才敗下陣來——我們說這些時，都不只是在說歷史，而是希望能用這樣的方法，為我們要說的事情多爭取到一些注意。

但是，只要再多想一下，就會發現，其實也不只是這樣。我們用這樣的例子，其實也是在說人類其實是有辦法應付科技發明，有辦法做修正，甚至指揮、推動科技發明，朝我們的理性和需求所指向的道路貼近，而不必一定要改革科技。若我們對媒體的效應，一點著力之處也沒有，那拿這些例子來嚇人幹嘛？而麥克魯漢用些聳動的說法來喚醒呆呆的世人注意媒體在我們身上的效應，當然也就是因為他覺得我們醒過來後，若是覺察到哪些效應是我們喜歡的，就可以延續這些效應，若是不喜歡，自然也可以斬斷或削弱這些效應。

目前媒體是有轉化的可能，但還不算事實，加上四大律的效應同都具有複合的特性，便證明假設人類有能力調整科技、控制科技的看法，其實也被麥克魯漢用硬連線的方式連在他的媒體律裡了。我們或許可以說，媒體律的第四條——轉化——即寓示人類應該採取主動，說不定還應該說是認定人類應該採取主動。因此，媒體律的第四條，不同於亞里斯多德的第四因，即最終因：轉化，是人類先天的宿命，是人生道路最終的目的地，是人類伸手可及的東西。

而決定論之轉化，即從地球出現生命開始。無生命的反應，幾乎跟一加一等於二一樣，可以準確預測；生命體則是由一堆堆「莫測」注入生命。放在個別的層次上看，「莫測」，當然可以走向死亡，或是走向成功。不過，就生命的整體而言，這決定論的雜音卻因為突變，而成了轉化的源頭，因此，也成了演化的尖端。

待演化孕育了人類的智慧，決定論就又碰上了轉化的效應，而且，轉化得既深且鉅，一如程式開放修改的生命出現時的轉化一般。想像，便是將單一而且固定的結果，朝無限可能擴散出去。而將眾多想像匯聚成實質的技術，就又將無限的可能作了大幅的約束——因為，實體事物不像理念那麼容易產生——然而，即使只是一點點新技術，即使只是兩種，一樣可以打破加在單一、固定的結果上的魔咒。

而補救型媒體即證明了個別的科技裡的決定論可以轉化。像先前提過的窗子，我們不就發明了窗簾來補救，而非任由偷窺狂肆虐嗎？我們不就發明了錄放影機把我們喜歡的影像錄下來，而非任其飛逝無蹤嗎？我們不就發明了電腦的文字處理功能，而不必再忍受寫成白紙黑字的辛苦嗎？跳到遠處來看，這些轉化，都可以看作是窗戶、電視、寫作等媒體，在走到了功能發展的外緣時，自動而且必然會出現的結果。但是，實際上，這些都是人類刻意運用理性所激發、創造出來的結果。人類這種主動的能力、完成的能力，並不是把轉化的過程朝反方向拉——或是反轉過來——而是指揮、導正、改變這一過程，一如人類出現在這世界，就改變了螞蟻、鳥類、海獺，其實就是所有生物已經存在的技術條件一樣。

網際網路及其所包含、演繹、促進、領導的數位時代，便是放大的補救型媒體——是電視、書籍、報紙、教育、工作模式，幾乎就是此前曾經出現的每一種媒體及其效應內含的缺陷，集體的轉化結果。這些補救，雖然有許多不像錄放影機一樣，是刻意針對電視瞬息即變的缺點而產生的；但是，這些媒體集中在新千禧年裡，協力解決先前媒體形形色色的問題，顯然絕非巧合。刻意要補救某種媒體缺失而發明出的新媒體，和無意間解決了別的問題的媒體，二者間的差別也因數位媒體傳播之速度和簡易，而告縮小：人類的理性因數位傳播之助而擴張；而在這擴大的理性裡，任何媒體都會變成補救型媒體。

就是因為這樣，我們的未來才顯得有點不確定，也就是因為這樣，我才對未來覺得很樂觀。

從某一方面來看，媒體演化的速度已經將我們帶到了目前這個關頭，而且是前途相當光明的關頭；所以媒體的力量一定會再將我們扔進轉化的道路；在那轉化的道路上，個人的選擇和控制會變成邪惡關卡的裝飾，關卡的大門雖然洞開，但是，關卡後面的疆土，卻是早就決定好的。從超文本連結連到政府檢查過的網頁，即使只改動一點點，連上的也不算是窗子，而是鏡子——好看是好看，但也不過是一小撮民選的公職人員先為我們決定什麼可以看、什麼不可以看，而後重播給我們看的而已；而且，這還算是好的呢。

但在另一方面，將我們帶到了目前這關頭的前進速度，卻也將前所未見的個人選擇和理性領導的機會，帶到了表面。比較起來，傑佛遜的理性時代給予公民權的對象，只是有錢的男性白人——這不過是古希臘式的民主，將「蠻族」隔離在外的民主——如今，正需要我們將這民主的幼苗重新找回來，悉心照顧，使之有機會完全開花結果。

在新的數位地球村裡，沒有所謂的「蠻族」。身為新時代的公民，我們手裡握有的雖非一無所限，但是前所未有的權力；這權力，可以阻止不符合人類最佳利益的轉化之勢；要不，也至少可以減緩其前進的速度，以利我們喜愛的媒體環境得以保存或是發展。

因此，不論是麥克魯漢一生的論述，或是高踞他論述巔峰的媒體律，都為我們掀開了媒體及其效應內蘊的動勢；而這些媒體，挾其莫可遏抑還常出人意表的效應，靠著這股動勢，在我們這數位時代，不僅增加了世人的智慧，也增加了世人節制媒體的力量。這些全拜數位發明之賜。而世人所增加的智慧，麥克魯漢的貢獻，可占了不小的一部分。

而他，當初可曾想到後來會變成這樣呢？

還是媒體決定論因數位時代而轉化了過來，麥克魯漢著作裡對此的解析和暗含的預測，正是所有出人意表的結果裡最大的一個？

你可別要我或誰來替你解答。

去讀麥克魯漢的著作吧，讀別人寫他著作的著作吧，讀這本書吧，然後，你自己作決定……

參考資料

作者序使用

Bazin, André (1962/1967) Qu'est-ceque le cinema? Trans. Hugh Gray, What Is Cinema? Berkelely: CA: University of California Press.

Evangelista, Benny (2011) "Facebook, Twitter and Egypt's upheaval," SF Gate, 13 February. http://www.sfgate.com/cgibin/article.cgi?f=/c/a/2011/02/12/BUGN1HLHTR.DTL

Gray, Thomas (1751) "Elegy Written in a Country Churchyard," poem.

Levinson, Paul (1999) Digital McLuhan: A Guide to the Information Millennium. London & New York: Routledge. 李文森，宋偉航譯，《數位麥克魯漢》，台北：貓頭鷹出版社，二〇〇〇。

——(2009/2013) New New Media. New York: Pearson. 萊文森，何道寬譯，《新新媒介：第2版》，上海：復旦大學，二〇一四。

——(2011) "Marshall McLuhan, North Africa, and social media," lecture at St. Francis College,

Brooklyn, NY, 23 February, video: http://youtu.be/FVX5m7P0Zsg

—— (2014) "The Kindle Arrives in Time and Makes Everyone a Publisher," Journal of Visual Culture, 13/1, 70-72.

——(2015) "Excellent, McLuhanesque Hillary Clinton Announcement Video," Infinite Regress blog, 12 April. http://paullevinson.blogspot.com/2015/04/excellent-mcluhanesque-hillary-clinton.html

McLuhan, Marshall (1962) The Gutenberg Galaxy. New York: Mentor. 麥克魯漢，賴盈滿譯，《古騰堡星系：活版印刷人的造成》，台北：貓頭鷹出版社，二〇〇八。

——(1964) Understanding Media, 2nd ed. New York: Mentor. 麥克魯漢，鄭明萱譯，《認識媒體：人的延伸》，台北：貓頭鷹出版社，二〇〇六。

——(1972) Take Today: The Executive as Dropout. New York: Harcourt Brace Jovanovich.

——(1977) "The Laws of the Media," Preface by Paul Levinson, et cetera (34) 2: 173–179.

Toole, John Kennedy (1980) A Confederacy of Dunces. Baton Rouge, LA: Louisiana State University Press. 圖爾，莫與爭譯，《笨蛋聯盟》，台北：寶瓶文化，二〇一三。

內文使用

Advertisement (1998) for *Interactive Excellence* by E. Schlossberg, *The NewYork Times,* 23 July: G8.

Agassi, J. (1968) *The Continuing Revolution,* NewYork: McGraw-Hill.

—(1982) "In search of rationality–a personal report," in P. Levinson (ed.) (1982).

Annie Hall (1973) Motion picture directed by Woody Allen.

Asimov, I. (1945) "The mule" (concluding part 2) *Astounding Science Fiction,* December: 60–97, 148–68.

—(1951) *Foundation,* NewYork: Gnome.

—(1952) *Foundation and Empire,* NewYork: Gnome.

—(1953) *Second Foundation,* NewYork: Gnome.

Aufderheide, P. (1997) Review of *The Soft Edge: A Natural History and Future of the Informa-tion Revolution* by P. Levinson, *In These Times,* 19 October: 32–3.

Barlow, J.P. (1994) "The economy of ideas," *WIRED,* March: 84–90, 126–9.

Bazin, A. (1967) *What Is Cinema?,* trans. H. Gray, Berkeley, CA: University of California Press.

Beatty, J. (1998) "A capital life," Review of *Titan: The Life of John D. Rockefeller, Sr.* by R. Chernow, *The NewYork Times Book Review,* 17 May: 10–11.

Bedazzled (1967) Motion picture directed by Stanley Donen.

Bell, D. (1975) "Technology, nature, and society," in *The Frontiers of Knowledge,* Garden City, NY: Doubleday.

Benzon, W. (1993) "The United States of the blues: On the crossing of African and European cultures in the 20th century," *Journal of Social and Evolutionary Systems,* 16, 4: 401–38.

Bester, A. (1957) *The Stars My Destination,* NewYork: Signet.

Birkerts, S. (1994) *Gutenberg Elegies: The Fate of Reading in an Electronic Age,* Boston: Faber and Faber.

Bliss, M. (1988) "False prophet," Review of *Letters of Marshall McLuhan,* selected and edited by M.Molinaro, C.McLuhan and W.Toye, *Saturday Night,* May: 59–60, 62.

Blisset, W. (1958) "Explorations," *Canadian Forum,* August.

Brand, S. (1987) *The Media Lab,* NewYork: Viking.

—(ed.) (1985) *The Whole Earth Software Catalog for 1986,* San Francisco, CA: Point.

Broder, J. (1998) "Gore to announce 'Electronic Bill of Rights' aimed at privacy," *The New York Times,* 14 May.

Bronner, E. (1998) "Voracious computers are siphoning talent from academia," *The New York Times,* 25 June: A1, 14.

Brooks, J. (1976) *Telephone: The First Hundred Years,* NewYork: Harper & Row.

Brooks, T. and Marsh, E. (1979) *The Complete Directory to Prime Time Network TV Shows, 1946-present,* NewYork: Ballantine.

Bush, V. (1945) "As we may think," *The Atlantic Monthly,* July: 101–8.

Butler, S. (1878/1910) *Life and Habit,* NewYork: Dutton.

Butterfield, F. (1997) "Crime fighting's about-face," *The New York Times,* 19 January, sec. 4:1.

Campbell, D.T. (1974a) "Evolutionary epistemology," in P.Schilpp (ed.) *The Philosophy of Karl Popper,* La Salle, IL: Open Court.

—(1974b) "Unjustified variation and selective retention in scientific discovery," in F.J. Ayala and T.Dobzhansky (eds.) *Studies in the Philosophy of Biology,* Berkeley, CA: University of California Press.

Capra, F. (1975) *The Tao of Physics,* NewYork: Bantam.

Carpenter, E. (1972/1973) *Oh, What a Blow that Phantom Gave Me!* NewYork: Bantam.

—and McLuhan, M. (eds.) (1960) *Explorations in Communication,* Boston: Beacon.

Carson, R. (1962) *Silent Spring,* Boston: Houghton Mifflin.

Cohn, D.L. (1951) Review of *The Mechanical Bride* by M.McLuhan, *The NewYork Times,* 21 October.

Curtis, J. (1978) *Culture as Polyphony: An Essay on the Nature of Paradigms,* Columbia, MO: University of Missouri Press.

(1987) *Rock Eras: Interpretations of Music and Society, 1954–1984,* Bowling Green, OH: Bowling Green State University Popular Press.

Cziko, G. and Campbell, D.T. (1990) "Comprehensive bibliography: Evolutionary epistemology" *Journal of Social and Biological Structures,* 13, 1:41–82.

Dawkins, R. (1976) *The Selfish Gene,* NewYork: Oxford University Press.

Dennis the Menace (1993) Motion picture directed by Nick Castle.

Dizard, W., Jr. (1997) *Old Media, New Media,* 2nd ed., White Plains, NY: Longman.

Dunlap, O.E., Jr. (1951) *Radio and Television Almanac,* NewYork: Harper & Bros.

Dyson, E. (1997) *Release 2.0:A Design for Living in the Digital Age,* NewYork: Broadway.

Ebert, R. (1995) Review of *Theremin: An Electronic Odyssey, Chicago Sun-Times,* 15 December.

Edmundson, M. (1997) Review of *Marshall McLuhan: Escape Into Understanding: A Biography* by W.T. Gordon, *The NewYork Times Book Review,* 2 November: 38.

Ellul, J. (1965/1973) *Propaganda: The Formation of Men's Attitudes,* trans. K.Kellen and J. Lerner, NewYork: Vintage.

Engdahl, S. (1990) "The mythic role of space fiction," *Journal of Social and Evolutionary Systems,* 13, 4:289–96.

Ferrell, K. (1996) Personal conversation about *Omni* magazine with its former editor, White Plains, NY, 12 July.

Forster, E.M. (1951) *Two Cheers for Democracy,* NewYork: Harcourt, Brace & World.

Freud, S. (1930) *Civilization and its Discontents,* trans. J. Riviere, New York: Cape and Smith.

From the Earth to the Moon (1998) Cable-tv series, HBO-TV, produced by Tom Hanks, Part 12, 10 May.

Fromm, E. (1941) *Escape from Freedom,* NewYork: Rinehart.

The Fugitive (1993) Motion picture directed by Andrew Davis.

Genie (1991–1998) (formerly: General Electric Network for Information Exchange) Online discussion in the Science Fiction Round Table.

Gibson, C.R. (n.d.) *The Wonders of Modern Electricity,* Philadelphia, PA: McKay.

Gordon, W.T. (1997) *Marshall McLuhan: Escape Into Understanding: A Biography,* NewYork: Basic Books.

Gore, A. (1998) Commencement address at NewYork University, 14 May.

Grave, W.W. (1954) "Cambridge University," *Encyclopedia Britannica,* vol. 4, Chicago: Encyclopedia Britannica.

Gray, T. (1751) "Elegy written in a country churchyard," reprinted in O. Williams (ed.) *Immortal Poems of the English Language,* NewYork: Washington Square Press, 1952.

Greenhouse, L. (1997) "Court, 9–0, protects speech on Internet," *The NewYork Times,* 27 June: A1, 20.

Head, S.W. and Sterling, C.H. (1987) *Broadcasting in America,* 5th ed., Boston: Houghton Mifflin.

Heelan, P. (1983) *Space-Perception and the Philosophy of Science,* Berkeley: University of California Press.

Heim, M. (1987) *Electric Language,* New Haven, CT:Yale University Press.

Heinlein, R. (1959) *Starship Troopers,* NewYork: G.P. Putnam's.

Heyer, P. (1995) *Titanic legacy,* Westport, CT: Praeger.

Hiltz, S.R. and Turoff, M. (1978) *The Network Nation: Human Communication via Computer,* Reading, MA: Addison-Wesley. Revised edition (1993) with Foreword by S. Keller, Cambridge, MA: MIT Press.

Hogarth, S.H. (1926) "Three great mistakes," *Blue Bell,* November.

Innis, H. (1950) *Empire and Communications,* Toronto: University of Toronto Press.

—(1951) *The Bias of Communication,* Toronto: University of Toronto Press.

Josephson, M. (1959) *Edison,* NewYork: McGraw-Hill.

Keepnews, P. (1976) "The latest do-it-yourself fetish: computers," *NewYork Post,* 9 June: 47.

Kelly, P. (1997a) "Evolutionary epistemology and media evolution," *journal of Social and Evolutionary*

Systems, 20, 3:233–52.

—(1997b) "Self-organization in media evolution: A theoretical prelude to the Internet," M.A. thesis, The New School for Social Research.

—(1997c) Unpublished Letter to the Editor of *The New York Times* about M. Edmundson (1997), 5 November.

Leave it to Beaver (1997) Motion picture directed by Andy Cadiff.

Lehmann-Haupt, C. (1989) Review of *Marshall McLuhan: The Medium and the Messenger* by P. Marchand, *The NewYork Times,* 20 March: C17.

Levinson, P. (1976) "'Hot' and 'cool' redefined for interactive media," *Media Ecology Review,* 4, 3:9–11.

—(1977a) Preface to M.McLuhan (1977a).

—(1977b) "Toy, mirror, and art: The metamorphosis of technological culture," *et cetera,* 34, 2:151–67. Reprinted in L.Hickman and A.al-Hibri (eds.) *Technology and Human Affairs,* St. Louis, MO: C.V.Mosby, 1981. Reprinted in L.Hickman (ed.) *Philosophy, Technology, and Human Affairs,* College Station, TX: Ibis, 1985.

Reprinted in L. Hickman (ed.) *Technohgy as a Human Affair,* NewYork: McGraw-Hill, 1990. Reprinted in P.Levinson (1995b).

—(1978a) "The future of technology," Seminar with Marshall McLuhan, Centre for Culture & Technology, University of Toronto, 10 November.

—(1978b) "Tetradic wheels of evolution," Paper presented at Tetrad Conference (1978).

—(1979a) "Human replay: A theory of the evolution of media," Ph.D. diss., NewYork University.

—(1979b) Review of *Culture as Polyphony* by J.Curtis, *Technology and Culture,* 20, 4: 835–7.

—(1980) "Benefits of watching television," *ERIC* microfiche, #ED 233404.

—(1981a) "McLuhan and rationality," *Journal of Communication*, 31, 3:179–88.

—(1981b) "McLuhan's contribution in an evolutionary context," *Educational Technology,* 22, 1:39–46.

—(1981c) "McLuhan's misunderstood message," Letter to the Editor, *The NewYork Times,* 24 February: A18.

—(1981d) "Media evolution and the primacy of speech," *ERIC* microfiche, #ED 235510.

—(1981e) Personal correspondence to Loretta Barrett, Doubleday editor, about publication of *Laws of Media,* 7 January. (1982) "What technology can teach philosophy," in P. Levinson (ed.) (1982).

—(1984) "The New School online," unpublished report prepared for The New School for Social Research, December. Excerpted as "Basics of computer conferencing, and thoughts on its applicability to education," in P. Levinson (1995b).

—(1985) "Impact of personal information technologies on American education, interpersonal relationships, and business, 1985–2010," report prepared for the U.S. Army Research Institute, February. Reprinted in P. Levinson (1995b).

—(1986) "Marshall McLuhan and computer conferencing," *IEEE Transactions of Professional Communications,* March: 9–11. Reprinted in P. Levinson (1995b).

—(1988a) Letter to the Editor, *Saturday Night,* August: 6.

—(1988b) *Mind at Large: Knowing in the Technological Age,* Greenwich, CT: JAI Press.

—(1989) "Intelligent writing: The electronic liberation of text," *Technology in Society,* 11, 3:387–400. Reprinted in M.Fraase, *Hypermedia Volume Two,* Chicago, IL: Scott, Foresman, 1990. Reprinted in P. Levinson (1995b).

—(1990) "McLuhan's space," Essay/Review of *Marshall McLuhan: The Medium and the Messenger* by P.Marchand; *Laws of Media* by M.McLuhan and E.McLuhan; *The Global Village* by M.McLuhan and B.R.Powers; and *Letters of Marshall McLuhan* selected and edited by M.Molinaro, C.McLuhan, and W.Toye, *Journal of Communication,* 40, 2: 169–73.

—(1992) *Electronic Chronicles: Columns of the Changes in our Time,* San Francisco, CA: Anamnesis Press.

—(1993) Review of *Marshall McLuhan: The Medium and the Messenger* by P.Marchand; *Laws of Media* by M.McLuhan and E.McLuhan; *The Global Village* by M.McLuhan and B.R.Powers; and *Letters of Marshall McLuhan* selected and edited by M.Molinaro, C. McLuhan, and W.Toye, *WIRED,* July-August: 104–5.

—(1994a) "Burning down the house," *WIRED,* March: 76.

—(1994b) "Telnet to the future?" *WIRED,* July: 74.

—(1995a) "The chronology protection case," *Analog: Science Fiction and Fact,* September: 100–18. Reprinted in C.G. Waugh and M.Greenberg (eds.) *Supernatural Sleuths,* New York: ROC Books, 1996. Reprinted in *Infinite Edge,* June, 1997. Reprinted in J.Dann (ed.) *Nebula Awards 32: SFWA's Choices for the Best Science Fiction and Fantasy of the Year,* NewYork: Harcourt Brace, 1998.

—(1995b) *Learning Cyberspace: Essays on the Evolution of Media and the New Education,* San Francisco, CA: Anamnesis Press.

—(1995c) "Web of weeds," *WIRED,* November: 136.

—(1997a) "Learning unbound: Online education and the mind's academy," *Analog: Science Fiction and Fact,* March: 48–57.

—(1997b) *The Soft Edge: A Natural History and Future of the Information Revolution,* London and

New York: Routledge.

—(1998a) "The book on the book," *Analog: Science Fiction and Fact,* June: 24–31.

—(1998b) "Leave Microsoft alone," *The Industry Standard,* 8 June: 36.

—(1998c) "Way cool text through light hot wires," Paper presented at Symposium on Marshall McLuhan (1998).

Levinson, P. and Schmidt, S. (forthcoming) "From gatekeeper to matchmaker: The shape of publishing to come."

Levinson, P. (ed.) (1982) *In Pursuit of Truth: Essays on the Philosophy of Karl Popper,* Atlantic Highlands, NJ: Humanities Press.

Lippmann, W. (1927) *The Phantom Public,* New York: Macmillan.

Lohr, S. (1998a) "Microsoft fight will be waged on wide front," *The New York Times,* 20 May: A1, D4.

—(1998b) "Software and hardball: Potential grip of Microsoft, via Internet, on many industries is at center of dispute," *The New York Times,* 14 May: Al, D3.

MacDonald, D. (1967) "He has looted all culture…," in G.E. Stearn (ed.), 1967.

Marchand, P. (1989) *Marshall McLuhan: The Medium and the Messenger,* New York: Ticknor & Fields.

McGrath, C. (1997) "Giving Saturday morning some slack," *The New York Times Magazine,* 9 November, sec. 6: 52.

McLuhan, M. (1951) *The Mechanical Bride: Folklore of Industrial Man,* NewYork: Vanguard.

—(1960) "Report on project in understanding new media", typescript published by the National Association of Educational Broadcasters, US Department of Health, Education, and Welfare, Washington, DC, 30 June.

—(1962) *The Gutenberg Galaxy,* NewYork: Mentor.

—(1964) *Understanding Media,* NewYork: Mentor. Reprint edition (1994), with an Introduction by L.Lapham, Cambridge, MA: MIT Press.

—(1967a) "Casting my perils before swains," Preface to G.E.Stearn (ed.), 1967.

—(1967b) *Verbi-Voco-Visual Explorations,* NewYork: Something Else Press.

—(1969) "Playboy interview: Marshall McLuhan–a candid conversation with the high priest of popcult and metaphysician of media," *Playboy,* March: 53–74, 158.

—(1970) *Culture is Our Business,* NewYork: Ballantine.

—(1975) "McLuhan's laws of the media," *Technology and Culture,* January: 74–8.

—(1976) "Inside on the outside, or the spaced-out American," *Journal of Communication,* 26, 4:46–53.

—(1977a) "The laws of the media," with a Preface by P.Levinson, *et cetera,* 34, 2: 173–9.

—(1977b) Personal correspondence to Paul Levinson, 8 September.

—(1978) "A last look at the tube," *NewYork,* 3 April: 45. McLuhan, M. and Fiore, Q. (1967) *The Medium is the Massage: An Inventory of Effects,* New York: Bantam.

—(1968) *War and Peace in the Global Village,* NewYork: Bantam. McLuhan, M. and Hutchon, K. and McLuhan, E. (1977) *City as Classroom,* Agincourt, Ontario: Book Society of Canada.

McLuhan, M. and McLuhan, E. (1988) *Laws of Media: The New Science,* Toronto: University of Toronto Press.

McLuhan, M. and Nevitt, B. (1972) *Take Today: The Executive as Dropout,* New York: Harcourt Brace Jovanovich.

McLuhan, M. and Parker, H. (1968) *Through the Vanishing Point: Space in Poetry and Painting,* NewYork: Harper & Row.

—(1969) *Counterblast,* NewYork: Harcourt, Brace & World.

McLuhan, M. and Powers, B.R. (1989) *The Global Village,* NewYork: Oxford University Press.

McLuhan, M. and Watson, W. (1970) *From Cliché to Archetype ,* NewYork: Viking.

McNeill, W. (1982) *The Pursuit of Power,* Chicago, IL: University of Chicago Press.

McWilliams, P.A. (1982) *The Personal Computer Book,* Los Angeles: Prelude.

Medium Cool (1969) Motion picture directed by Haskell Wexler.

Meyrowitz, J. (1977) "The rise of 'middle region' politics," *et cetera,* 34, 2:133–44.

—(1985) *No Sense of Place,* New York: Oxford University Press.

Miller, J. (1971) *Marshall McLuhan,* New York: Viking.

Mission Impossible (1996) Motion picture directed by Brian de Palma.

Molinaro, M., McLuhan, C. and Toye, W. (eds.) (1987) *Letters of Marshall McLuhan,* Toronto: Oxford University Press.

Morrow, J. (1980) "Recovering from McLuhan" *AFI Education Newsletter,* 3:1–2.

Mortimer, J. (1988) "Tedium is the message," Review of *Letters of Marshall McLuhan,* selected and edited by M.Molinaro, C.McLuhan and W.Toye, *The Sunday Times* (London), 13 March: G1.

MSNBC-TV (1997) *Time and Again,* Rebroadcast of Frank McGee's commentary on Khrushchev–Nixon "Kitchen" debates, originally broadcast 24 July 1959, rebroadcast 24 July 1997.

Nee, E. (1998) "Surf's up," *Forbes*, 27 July: 106–13.

Nelson, T. (1980/1990) *Literary Machines,* Sausalito, CA: Mindful Press.

Office of the Independent Counsel (1998) "Referral to the United States House of Representatives,"9 September.

Orwell, G. (1948/1949) *1984,* NewYork: Harcourt Brace.

Perkinson, H. (1982) "Education and learning from our mistakes," in P. Levinson (ed.) (1982).

Peterson, I. (1998) "Rethinking ink," *Science News,* 20 June: 396–7.

Plato. *Phaedrus,* in B. Jowett (trans.) (n.d.) *The Dialogues of Plato,* New York: Scribner, Armstrong.

Popper, K.R. (1945) *The Open Society and its Enemies,* London: George Routledge & Sons.

—(1957) *The Poverty of Historicism,* London: Routledge & Kegan Paul.

—(1972) *Objective Knowledge: An Evolutionary Approach,* London: Oxford.

—(1974) "Autobiography," in P. Schilpp (ed.) *The Philosophy of Karl Popper,* La Salle, IL: Open Court.

Postman, N. (1985) *Amusing Ourselves to Death,* NewYork: Viking.

—(1992) Technopoly: *The Surrender of our Culture to Technology,* NewYork: Knopf.

—(1994) "John Culkin Memorial Talk," New School for Social Research, NewYork City, 16 February.

—(1998) "Six questions about media," Paper presented at Symposium on Marshall McLuhan (1998).

Pulp Fiction (1994) Motion picture directed by Quentin Tarantino.

Reservoir Dogs (1992) Motion picture directed by Quentin Tarantino.

Rheingold, H. (1993) *The Virtual Community,* Reading, MA: Addison-Wesley.

Richards, I.A. (1929) *Practical Criticism,* London: K. Paul, Trench, Trubner.

Rosenthal, R. (ed.) (1968) *McLuhan: Pro and Con,* Baltimore: Penguin.

Sawyer, R. (1990/1996) "WordStar: A writer's word processor," available on http://www.sfwriter.com/wordstar.htm.

Schmidt, S. (1989) "Pure art and electronics," *Analog: Science Fiction and Science Fact,* September: 4–12.

Schreiber, F. (1953) "The battle against print," *The Freeman,* 20 April.

Schwartz, T. (1973) *The Responsive Chord,* Garden City, NY: Anchor/Doubleday.

Shannon, C. and Weaver, W. (1949) *The Mathematical Theory of Communication,* Urbana, IL: University of Illinois Press.

Skagestad, P. (1993) "Thinking with machines: Intelligence augmentation, evolutionary epistemology, and semiotic," *Journal of Social and Evolutionary Systems,* 16,2: 157–80.

—(1996) "The mind's machines: the Turing machine, the Memex, and the personal computer," *Semiotica,* 111, 3/4: 217–43.

Sokolov, R. (1979) Review of *The Printing Press as an Agent of Change* by E.L. Eisenstein, *The New York Times Book Review,* 25 March: 16.

Specter, M. (1998) "Europe, bucking trend in U.S., blocks genetically altered food," *The New York Times,* 20 July: Al, 8.

Starship Troopers (1997) Motion picture directed by Paul Verhoeven.

Stearn, G.E. (ed.) (1967) *McLuhan: Hot & Cool,* NewYork: Dial.

Stevens, H. (1987) "Electronic organization and expert networks: beyond electronic mail and computer conferencing," in *Proceedings of IEEE Conference on Management and Tech nology: Management of Evolving Systems,* NewYork: Institute of Electrical and Electronics Engineers.

Strate, L. and Wachtel, E. (eds.) (forthcoming) *The Legacy of McLuhan,* NewYork: Fordham University Press.

Symposium on Marshall McLuhan (1998) Fordham University, New York City, 27–8 March.

Tedford, T.L. (1985) *Freedom of Speech in the United States,* NewYork: Random House.

Tetrad Conference with Marshall McLuhan (1978) Fairleigh Dickinson University, Teaneck/Hackensack, New Jersey, 10 March.

Theall, D. (1971) *The Medium is the Rear-View Mirror: Understanding McLuhan,* Montreal: McGill-Queens University Press.

Theremin: An Electronic Odyssey (1995) Motion picture (documentary) directed by Steven M. Martin.

Tipler, F. (1994) *The Physics of Immortality,* NewYork: Doubleday.

Titanic (1997) Motion picture directed by James Cameron.

Titanic: Secrets Revealed (1998) Television documentary, produced by Tribune Entertainment, broadcast on WPIX-TV (NewYork City), 25 June.

Turoff, M. (1985) "Information and value: the internal information marketplace," *Journal of Technological Forecasting and Social Change,* July, 27, 4:257–373.

Vacco, D. (1998) Comments on CNN (Cable News Network) TV, 19 May.

van Gelder, L. (1985) "The strange case of the electronic lover," *Ms.,* October: 94ff.

Wachtel, E. (1977/1978) "The influence of the window on Western art and vision," *The Structurist,* 17/18: 4–10.

—(1997) "McLuhan for beginners," comment entered on the Media Ecology listserv on the Internet, 3 November.

Will, G. (1998) Review of *The Last Patrician: Bobby Kennedy and the End of American Aristocracy* by M.K. Beran, *The NewYork Times Book Review,* 24 May: 5–6.

Winner, L. (1977) *Autonomous Technology,* Cambridge, MA: MIT Press.

Wolfe, T. (1965/1967) "What if he is right?" in G.E. Stearn (ed.) (1967).

Wolff, M. (1998) "Louis the un-Wired," *The Industry Standard,* 18 May: 10.

Wynn, M. (1977) *The Plug-In Drug,* NewYork: Viking.

Digital McLuhan: A Guide to the Information Millennium
Copyright © 1999 by Paul Levinson
Published by Agreement with the author Paul Levinson.
Traditional Chinese Edition Copyright © 2000, 2015, 2023 by Owl Publishing House, a Division of Cité Publishing Ltd.
All rights reserved.

數位麥克魯漢：
當麥克魯漢從電視走進網路世界，回顧傳播媒體的經典理論

作　　者　保羅・李文森（Paul Levinson）
譯　　者　宋偉航
責任副主編　王正緯（三版）
編輯協力　徐慶雯
校　　對　陳雅娟、童霈文
版面構成　張靜怡
封面設計　許紘維
行銷統籌　張瑞芳
行銷專員　段人涵
出版協力　梁嘉真
總 編 輯　謝宜英
出 版 者　貓頭鷹出版

發 行 人　凃玉雲
發　　行　英屬蓋曼群島商家庭傳媒股份有限公司城邦分公司
104 台北市中山區民生東路二段 141 號 11 樓
劃撥帳號：19863813；戶名：書虫股份有限公司
城邦讀書花園：www.cite.com.tw　購書服務信箱：service@readingclub.com.tw
購書服務專線：02-2500-7718~9（週一至週五 09:30-12:30；13:30-18:00）
24 小時傳真專線：02-2500-1990~1
香港發行所　城邦（香港）出版集團／電話：852-2877-8606 ／傳真：852-2578-9337
馬新發行所　城邦（馬新）出版集團／電話：603-9056-3833 ／傳真：603-9057-6622
印 製 廠　成陽印刷股份有限公司
初　　版　2000 年 3 月／二版 2015 年 6 月／三版 2023 年 5 月
定　　價　新台幣 510 元／港幣 170 元（紙本書）
新台幣 357 元（電子書）
I S B N　978-986-262-629-0（紙本平裝）／ 978-986-262-627-6（電子書 EPUB）

有著作權・侵害必究
缺頁或破損請寄回更換

讀者意見信箱　owl@cph.com.tw
投稿信箱　owl.book@gmail.com
貓頭鷹臉書　facebook.com/owlpublishing

【大量採購，請洽專線】(02) 2500-1919

城邦讀書花園
www.cite.com.tw

國家圖書館出版品預行編目資料

數位麥克魯漢：當麥克魯漢從電視走進網路世界，回顧傳播媒體的經典理論／保羅・李文森（Paul Levinson）著；宋偉航譯. -- 三版. -- 臺北市：貓頭鷹出版：英屬蓋曼群島商家庭傳媒股份有限公司城邦分公司發行, 2023.05
面；　公分.
譯自：Digital McLuhan: a guide to the information millennium
ISBN 978-986-262-629-0（平裝）

1. CST：麥克魯漢 (McLuhan, Marshall, 1911-1980)
2. CST：學術思想　3. CST：大眾傳播
4. CST：網際網路

541.83　112002671

本書採用品質穩定的紙張與無毒環保油墨印刷，以利讀者閱讀與典藏。